体育保健学

高维纬　主编

北京体育大学出版社

策划编辑：钱春华
责任编辑：钱春华
责任校对：赵红霞
版式设计：曹　诤　李沙沙

图书在版编目（CIP）数据

体育保健学 / 高维纬主编. -- 北京 ： 北京体育大学出版社，2011.10（2025.1重印）
ISBN 978-7-5644-0831-2

Ⅰ. ①体… Ⅱ. ①高… Ⅲ. ①体育保健学－高等学校－教材 Ⅳ. ①G804.3

中国版本图书馆CIP数据核字(2011)第218805号

体育保健学
TIYU BAOJIAN XUE
高维纬　主编

出版发行：北京体育大学出版社
地　　址：北京市海淀区农大南路1号院2号楼2层办公B-212
邮　　编：100084
网　　址：http：//cbs.bsu.edu.cn
发 行 部：010-62989320
邮 购 部：北京体育大学出版社读者服务部 010-62989432
印　　刷：北京昌联印刷有限公司
开　　本：787mm × 1092mm　　1/16
成品尺寸：185mm × 260mm
印　　张：17
字　　数：414千字
版　　次：2011年10月第1版
印　　次：2025年1月第5次印刷
定　　价：50.00元

编　委　会

主　编： 高维纬

编委会成员（按姓氏笔画排序）：

毛杉杉　王　艳　王　琳　张培珍

陆一帆　黄　鹏

序

“体育保健学”是体育学二级学科本科专业的主干课程。为实现“大力发展公共体育事业，加强公共体育设施建设，广泛开展全民健身运动，提升广大群众特别是青少年的体育健身意识和健康水平”，体育事业全面发展的目标，切实地保证与全面提高高等教育教学质量，在北京体育大学教学主管部门的支持下，我们通过一年多的努力，完成了本教材的编撰工作。

本教材各章的编撰者分别为：王艳（第一章和第二章）、高维纬（第三章、第四章和第七章）、毛杉杉（第五章）、王琳（第六章和第九章）、张培珍（第八章）、黄鹏（第十章）和陆一帆（第十一章和第十二章）。全书由高维纬统稿，王艳承担了全部的学术秘书工作。

本教材按《中共中央国务院关于加强青少年体育增强青少年体质的意见》精神和《学校体育工作条例》的相关规定分章成书，力求阐明体育运动实践中基本的体育保健学问题，为受教育者全面系统掌握体育保健学知识搭建教育教学平台。本教材的编写者是长期卓有成效地工作在体育保健教学和科研领域的运动医学工作者。正是他们在繁忙工作之余的辛勤劳动，才使得本教材能够顺利完成。与本教材同时开始撰写的还有配套的《实验指导与习题集》，在本教材出版之后也会相继面世。编写者们真诚希望这套教材能对提高体育高等教育的教学质量尽绵薄之力。

编　者

2011年5月1日

目录 CONTENTS

第一章 身体形态的测量与评价

身体形态测量是研究人体的生长发育规律、体质水平、营养状况和运动员选材必不可少的手段，是定量化研究人体外部特征的重要方法。形态测量，包括观察与计量两个过程，测量内容主要有身体姿势、体格、体型和身体成分测量等。身体姿势的检查包括脊柱弯曲度、胸廓形状、下肢形状的测量；身体体格测量是指对人体整体及各部位的长度、宽度、围度、重量所进行的测量；身体成分是指身体内各种成分的含量（如肌肉、骨骼、脂肪、水和矿物质等），常用体内各种物质的组成和比例表示，目前主要是对人体脂肪成分进行测量，从而判定机体是否肥胖以及肥胖的程度。

本章将通过阐述身体发育的基本规律，介绍身体形态测量的意义、主要测量内容、评价标准、基本测量仪器的操作方法及注意事项，使学生能初步掌握身体形态测量主要指标的测试方法，能够对测量结果进行正确地评价，从而指导体育运动参加者更好地进行体育锻炼，提高运动成绩，增进身体健康、预防疾病。

第一节 概 述

身体形态（structure），系指身体的概观性特征，包括器官的外形结构、体格（physique）、体型（body type）和姿势（posture）。形态测量，包括观察与计量两个过程，属于前者的有姿势的观测，属于后者的有身高、体重和胸围等指标的测量。

身体形态的测量内容较多，根据“国际体力测定标准化委员会（ICPFT）”所提出的方案，结合国内外相关资料，概括起来主要有体格测量、体型测量、身体姿势的测量和身体成分测量等。

一、测量与评价身体发育水平的意义

人体生长发育受遗传、环境的双重因素影响。遗传决定生长发育的可能性，环境决定生长发育的现实性。人体生长发育的潜力可以通过适宜的体育运动得到更充分的发展和有效利用。因此，在体育教学和体育锻炼的过程中，定期或不定期地通过测量身体形态等方面的指标来评价青少年身体的发育状况，是体育保健学研究体育运动参加者身体健康水平的重要方法之一。

（一）能够正确反映儿童、青少年生长发育的水平

在身体发育状况的测量与评价中，只要将测量的资料与当地的发育标准进行比较，就能清楚地了解其发育是否正常，属于什么等级，发展趋势如何等。测量和评价的结果不仅可以为评价该地区青少年健康状况提供重要依据，而且有助于了解体育锻炼等生活条件对生长发育的综合影响。

（二）能够正确反映儿童、青少年生长发育的速度

通过追踪测量某个体在一年、几年或整个生长发育期的发育速度并与标准水平进行比较，可以了解其发育趋势是向上发展还是停滞不前。

（三）能确切表达个体体格的匀称程度

将身体形态测量的一些重要指标如身高、体重、胸围等之间的比例关系表达出来用于说明体育运动参加者的体型属于瘦高型、矮胖型、还是匀称型。不同的体型对运动员的选材、判断某些疾病都有着重要的参考价值。

二、儿童、青少年身体发育的特点

儿童、青少年身体生长发育的一般规律包括：阶段性和程序性、速度的不均衡性、时间顺序性及统一协调性。

（一）生长发育的阶段性和程序性

1. 生长发育的阶段性

人体的生长发育是一个连续过程，在这一过程中既有量的变化，也有质的变化，因此由不同的发育阶段组成。根据发育阶段的特点，加上生活、学习环境的不同，可将人体生长发育过程划分为以下几个时期：婴儿期（出生～1岁）、幼儿期（1～3岁）、学龄前期（3～6、7岁）、学龄期（6、7岁～11、12岁）、青春期（10～20岁）和青年期（18～25岁）。这样的分期一般适合体育保健工作的需要。值得一提的是，任何年龄分期的划分都是人为的，实际上相邻年龄之间并没有明显的界限。

2. 生长发育的程序性

人体的生长发育有一定的程序，各阶段顺序衔接，不能跳越。前一年龄段的发育为后一年龄段的发育奠定必要的基础；任何一个阶段的发育出现障碍，都将对后一阶段产生不良影响，致使后一年龄段延缓达到。

胎儿和婴幼儿期发育遵循“头尾发展律”。从生长速度看，胎儿期头颅生长最快，婴儿期躯干增长最快，2～6岁期间下肢增长幅度超过头颅和躯干。因此，儿童的身体比例不断变化，由胎儿2个月时特大的头颅（占全身4/8）、较长的躯干（3/8）、短小的下肢（1/8）发展到6岁时较为匀称的比例（头约占1/8强，躯干占4/8弱，下肢占3/8）。从动作发育看，儿童会走路前必须先经过抬头、转头、翻身、直坐、爬行、站立等发育阶段。

儿童期、青春期发育遵循“向心律”。身体各部位的形态发育顺序是：下肢先于上

肢，四肢早于躯干，呈现自下而上、自肢体远端向中心躯干的规律性变化。青春期足的生长突增是最早开始，也是最早停止生长；足突增后小腿开始突增，然后是大腿、骨盆宽、胸宽、肩宽、躯干长，最后是胸壁厚度。上肢突增的顺序依次为手、前臂和上臂。手的骨骺愈合也由远及近，顺序表现为指骨末端－中端－近端，掌骨－腕骨－桡骨、尺骨近端。

（二）生长发育速度的不均衡性

整个生长期内人体的生长速度有时快，有时慢，是不均衡的。因此，生长发育速度曲线并不是随年龄呈直线上升，而是呈波浪式上升。从胎儿到成人，先后出现两次生长突增高峰：第一次从胎儿4个月至出生后1年；第二次发生在青春发育期，女性比男性早两年左右出现。身长在胎儿4～6月增长约27.5cm，占新生儿身长的一半左右，是一生中生长最快的阶段；体重在胎儿7～9月增长约2.3kg，占正常新生儿体重的2/3以上，也是一生中增长最快的阶段。出生后第二年，身长增长约10cm，体重增长约2～3kg。2岁后至青春期前，生长速度减慢并保持相对稳定，平均每年身高增长4～5cm，体重增长1.5～2.0kg，直到青春期开始。青春期开始后生长速度再次加快，身高一般每年增长5～7cm，处在生长速度高峰时一年可达10～12cm，男性增幅大于女性。体重一般每年增长约4～5kg，高峰时一年可达8～10kg，青春期突增后生长速度再次减慢，女性约在17～18岁，男性在19～20岁身高停止增长。男性突增期增幅较大，生长持续时间较长，故进入成年时其大多数形态指标的数值均高于女性。

（三）各系统生长模式的时间顺序性与统一协调性

根据不同组织、器官的不同生长发育时间进程，可将全身各系统归纳为四类不同的生长模式。

1. 一般型

包括全身的肌肉、骨骼、主要脏器和血流量等，生长模式和身高、体重基本相同，先后出现胎婴儿期和青春期两次生长突增，其余时间稳步增长。青春发育中、后期增长幅度减慢，直到成熟。

2. 神经系统型

脑、脊髓、视觉器官和反映头颅大小的头围、头径等，只有一个生长突增期，其快速增长阶段主要出现在胎儿期至6岁前。由于神经系统优先发育，出生时脑重已达成人脑重的25%，而此时体重仅为成人的5%左右；6周岁时脑重约1200g，达成人脑重的90%。头围测量在评价学龄前儿童（尤其3岁前）神经系统发育方面有特殊重要的意义。

3. 淋巴系统型

胸腺、淋巴结、间质性淋巴组织等在出生后的前10年生长非常迅速，12岁左右约达成人的200%。其后，伴随免疫系统的完善，淋巴系统逐渐萎缩。体检时对儿童的淋巴系统状况进行评价，不应以成人标准来衡量。

4. 生殖系统型

生后第一个10年内，生殖系统外形几乎没有发展；青春期生长突增开始后生长迅猛，并通过分泌性激素，促进机体的全面发育成熟。

综上所述，机体各系统的发育既不平衡，又相互协调、相互影响和适应，这是人类在长期生存和发展中对环境的一种适应性表现。任何一个系统的发育都不是孤立的，而任何一种作用于机体的因素都可对多个系统产生影响。例如，适当的体育锻炼不仅促进肌肉和骨骼发育，也促进呼吸、心血管、神经系统功能水平的提高。

（四）生长发育有个体差异，一般符合正态分布

由于遗传、后天环境条件的不同，每一个体在形态、功能或心理上的发育都存在着个体差异。即使在同性别、同年龄段的群体中，每一个体的发育水平、速度、体型特点、达到成熟的时间等方面，都会各不相同。生长发育的这种差异一般符合生物学上的正态分布。

在外环境无特殊变化的条件下，个体儿童的发育过程比较稳定，呈现一种轨迹现象。该轨迹有动态的、复杂的调控系统，其中遗传基因起关键作用。它能使正在生长中的个体在群体范围中保持有限的上下波动幅度。一旦发生较大的波动，应严密观察，进一步做其他检查寻找原因。

三、身体形态测量的要求及注意事项

身体形态测量时，必须使用精密的测量仪器和标准化的测量方法、按照规定的姿势和测量点定位、严格遵守形态测量的各项规则进行测量，才能获得准确的测量数据资料。

（一）基本要求

1. 一般采用直立姿势。

直立姿势是人体测量的基本姿势。国际人类学会曾规定：活体测量除在测量坐高或对头部进行测量时应取坐位姿势外，一律采用直立姿势，并注意保持眼耳水平位（即左右耳屏点与右侧眶下点在同一水平面）。

2. 必须严格按规定的测量点进行操作，必要时可在皮肤上做出标记。

3. 测量某些长度如上下肢各段长度等既可用直接法测量，也可用间接法测量，即采用两种高度（垂距）相减的方法。

（二）注意事项

1. 进行测量前，必须向被测量者详细介绍测量的程序、测量的指标及具体要求。

2. 男性着装为上身裸露、下着短裤、赤足；女性为上着背心、下着短裤、赤足。

3. 除进行测量的目的是比较左右两侧肢体的对称性之外，一般只需测量右侧。

4. 测量仪器必须按照《中华人民共和国计量法》的规定，由法定计量部门定期进行校准和调整。每次使用前，必须要用合适的标准量度再次进行常规校正测量仪器。大样本测量中应在经过一定人数的测量后，随时校对仪器，以保证测量数据的准确与可靠。

5. 在测量仪器读数时，测试人员的视线应与测量仪器上的标度水平，不可斜视，避免产生测量误差。

6. 测试前受试者应排便排尿。

7. 测量长、宽、围度时以 cm 为单位；皮脂厚度以 mm 为单位；体重以 kg 为单位。

8. 测量中，应注意尽量减少测量误差。长度测量误差：除身高及较长的身体部位不

得超过 0.5cm 外，其余肢体环节长度的测量误差均不得超过 0.2cm，体重测量误差不得超过 0.1kg。

9. 使用带尺测量围度时，带尺的位置应与人体的中轴相垂直，同时不可用力过大。

10. 用直角规或弯角规进行测量时，应将直角规的两直脚或弯角规两弯脚的圆端轻轻靠在测量点上，不可用力压于测量点。

第二节 身体姿势的测量与评价

一、概 述

（一）姿势的概念

身体姿势（posture）是指人的头、颈、躯干、四肢在空间的相对位置，彼此之间的相互关系。反映了人体骨骼、肌肉、内脏器官、神经系统等各组织器官的力学关系。身体作为一个整体，必须使身体各部分协调，才能保持稳定的姿势。如果说体型主要受遗传因素的影响，那么姿势则主要受后天因素的影响。

良好姿势是身体各部分空间位置处于省力状态，活动时消耗能量也少，不妨碍机体内脏器官的功能，可降低肌肉的疲劳程度，体现出人体精神和身体健康的均衡与协调，是衡量健康状况的重要外部标志。而不良姿势会使骨骼、肌肉、关节、内脏器官受到异常力的作用，引起形态畸变，必然影响正常生长发育，引起内脏器官机能失调，久之，人的体质和健康水平也会下降。正处在生长发育期的青少年身体姿势变化较大，因此身体姿势的测量就显得尤为重要。通过对姿势的检查，可以了解青少年生长发育的一般情况，为及时发现错误姿势、制订具有矫正作用的锻炼方案提供客观依据。

人体姿势分为静态姿势和动态姿势。静态姿势是指坐、立、卧等相对静止的姿态，测量方法有观察分析法、图谱对照法、照片分析法等。动态姿势是指人体活动时所具有的姿态或运动的样式，测量方法一般采用影像分析法。本节重点介绍直立位静态姿势检查，包括脊柱、胸廓、腿和足的形状检查。

（二）良好身体姿势应具备的条件

良好身体姿势的先决条件是具备适当的肌肉力量。发育正常的人，应是肩部平直，胸部饱满，腹部平坦，肌肉坚实；而发育不良的人，则往往表现为脊柱的正常生理弯曲度改变，呈驼背或其他异常胸廓，肩部下沉，胸部扁平或下陷，胸骨下角（肋弓角）狭小，腹部膨隆，肌肉纤细。姿势的这种差异，一般表现为脊柱、胸廓、上肢、下肢和足的变形，所以这 5 个指标大致可以做为评定身体姿势的主要内容。

直立位标准姿势应当是：从背面观，头颈、脊柱和两足跟间应在同一垂直线上，两肩峰的高度、两髂嵴的高度应当一致；从侧面观，头顶、耳屏前、肩峰、股骨大转子、腓骨小头和外踝尖各点应在同一垂直线上，脊柱呈正常生理弯曲。

良好的身体姿势应具备如下条件：

1. 具有能使机体处于稳定状态的力学条件；
2. 肌肉为维持正常姿势所承受的负荷不大；
3. 不妨碍内脏器官功能；
4. 表现出人体的美感和良好的精神面貌。

二、姿势的检查内容、方法与评价

（一）脊柱弯曲度的检查

脊柱（Spine）是支持体重，保持正常的立位及坐位姿势的重要支柱。正常人身体直立时，从背面观，脊柱应该是笔直的；从侧面观，脊柱有4个前后方向的弯曲，即颈椎段稍向前凸、胸椎段稍向后凸、腰椎段明显向前凸、骶尾椎段则明显向后凸，类似“S”形，称为脊柱的生理性弯曲。

脊椎弯曲包括脊柱侧弯、脊柱后弯、脊柱前弯。引起脊柱弯曲异常的原因很复杂，按照性质可分为以下两种情况：

情况之一：功能性（姿势性）脊柱弯曲异常。

常发生在学龄期儿童，是由于长期不正确的坐、站、走、劳动、运动的影响，导致脊柱周围的肌肉用力不均衡，这类脊柱弯曲畸形并不严重。如长期伏案作业、单肩背书包、挑水、射击运动员等易引起脊柱的侧弯；经常弯腰工作者、乒乓球、自行车运动员易发生胸段过度后弯，导致驼背。

情况之二：病理性脊柱弯曲异常。

由于各种疾病引起的脊柱骨骼变形。如脊柱结核、佝偻病、关节炎、小儿麻痹或外伤、脊髓灰质炎、压缩性骨折等使肌肉的张力不平衡所致。发病年龄愈小，弯曲畸形也愈严重。

严重的脊柱弯曲会引起身体各系统功能受到不同程度的影响，使人变得驼背、骨盆倾斜，肩不等高、背不等平、腿不等长，身体扭曲、矮小。因为外形的异常，会使人产生自卑心理，不喜欢和人交往，久而久之会影响心理的健康，严重的会发展成自闭症。

1. 脊柱侧弯的检查

脊柱侧弯是指脊柱各棘突连线偏离人体后正中线超过1厘米。

（1）观察法

令受试者身着短裤（或游泳衣），取自然立正姿势站立。测试者立于其正后方，观察受试者两肩是否等高，两肩胛骨下角是否在同一水平面，与脊柱的间距是否相等；脊柱各棘突是否在同一直线并垂直于地面，根据以上几点判定脊柱有无侧弯。

（2）重锤法

测量仪器：重锤线、测量尺。

测量方法：令受试者自然站立，足跟靠拢。测量者立于其后用一长线，下系重锤，线上端按于被测者枕骨粗隆中心点，线的下段让其自然下坠，让此垂线正好对准臀裂，观察各棘突是否偏离垂线。如棘突偏离此线，说明存在有侧弯，并可测量侧弯的程度。

偏离距离若小于1.0cm者为正常；1.1～2.0cm者为轻度侧弯；2.1～5.0cm者为中度侧弯；5.1cm以上者为重度侧弯。

（3）捋压法

是临床上最简单、常用的检查脊柱胸腰段有无侧弯的方法。方法是：检查者食、中指伸直并拢沿脊椎的棘突尖以适当的压力从上往下划压，划压后皮肤出现红色充血线，以此线为标准，来观察脊柱有无侧弯。

对判断为脊柱侧弯的受试者，令其活动身体，以确定侧弯性质。如在活动时侧弯消失，则判定为习惯性侧弯；如在活动时侧弯仍不消失，则判定为固定性。然后按照侧弯的方向、部位、性质予以记录。

（4）前屈试验

嘱患者站立，两足并拢，膝伸直，腰前屈，双手并齐，两臂下垂，检查者从受试者的前、后及侧面观察背部两侧是否有一侧高、一侧低和后凸或前凸畸形。用脊柱侧凸尺测量不对称的角度，如果在5~7°，则X线上Cobb角在15~20°。病人站立位可以检查有无躯干的倾斜，判断脊柱的柔软性，另外需要检查双肩、两侧髂前上棘是否等高。

根据上述各种检查方法的结果，若有单纯向左或向右偏移，称为“C”型弯曲；若脊柱上段向左、下段向右偏，或上段向右、下段向左偏，称为“S”型弯曲（图1-1）。

2. 脊柱前后弯的检查

测量仪器：脊柱测量仪。

测量方法：受试者身着短裤、背心立于测量计底板，“三点”（足跟、骶骨、背部）紧靠立柱，测试者立于受试者侧面，首先观察其耳屏、肩峰、大转子是否在同一垂线上，然后将测量计上的小棍前推，使其密切接触受试者的身体。观察小木棍移动的距离，以厘米为单位，若超过3~5厘米即为异常（图1-2）。

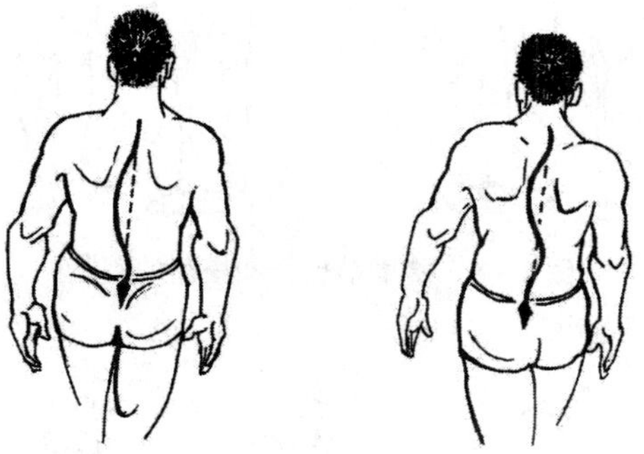

“C”型侧弯　“S”型侧弯

图1-1　脊柱侧弯类型

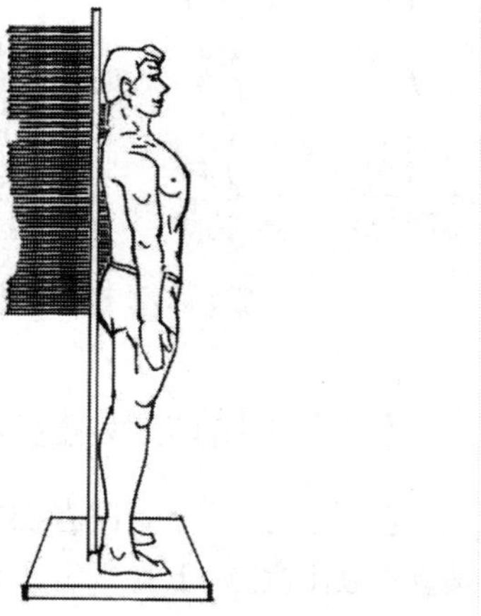

图1-2　脊柱前后弯的测量

根据以上两种方法可以将背的形状分为四种类型（图1-3）：

（1）正常背　脊柱呈正常生理弯曲，胸弯呈均匀弧形；

（2）驼背　胸段后弯程度加大似驼峰，腰弯前凸减小；

（3）平背　胸、腰弯均减小，又称直背（多见于脊柱长期负担过重或强直性脊柱炎）；

（4）鞍背　胸弯后凸加大，腰弯前凸加大（大于5cm），形似马鞍。

（二）胸廓形状的检查与评价

胸廓的形状由其前后径和横径（左右径）的比例来决定（图1－4）。儿童少年时期，两者的绝对值相同。随着年龄的增长，横径逐渐加大。正常成人胸廓横径（左右径）与前后径的比例为4∶3，依此为标准可将胸廓的形状分为：

1. 正常胸：胸廓横径与前后径的比例为4∶3。

2. 扁平胸：胸廓呈扁平状，横径与前后径的比例大于4∶3。

3. 桶状胸：胸廓呈圆柱状，横径与前后径的比例约等于1。

4. 鸡胸、漏斗胸：胸廓的前后径略长于左右径，胸骨下端常前突，胸廓前侧壁肋骨凹陷，称为鸡胸；若胸骨剑突处显著内陷，形似漏斗，谓之漏斗胸。两者均为佝偻病所致的胸廓改变，多见于儿童。

5. 不对称胸：胸廓两侧不对称，一侧膨隆常见于胸腔积液、气胸、代偿性肺气肿。一侧平坦或下陷常见于肺不张、广泛性胸膜增厚、粘连等。异常的胸廓会对机体呼吸和循环机能产生一定的影响，这样的人不适合参加对心肺机能要求较高的运动项目，如长跑等。

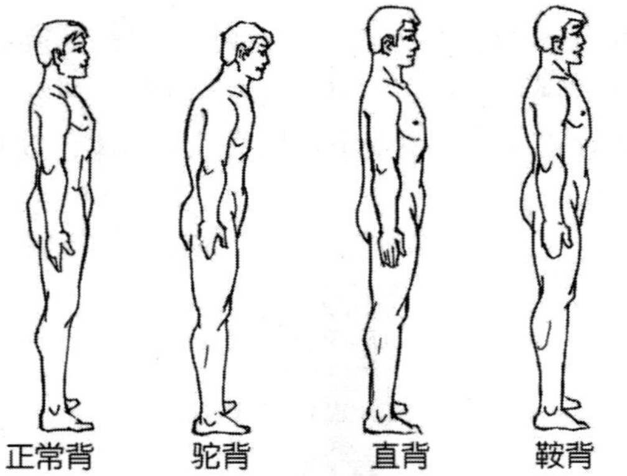

图1－3　脊柱的形状

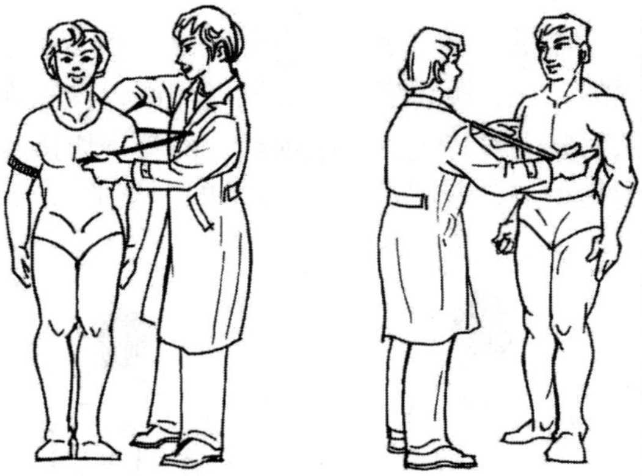
图1－4　胸廓前后径和横径的测量

（三）腿的形状检查与评价

测量方法：令受试者裸露双腿取立正姿势站立。测试者立于受试者正前方，观察并测量受试者正常站立时两膝、两踝之间是否存在间隙以及间隙的大小，以判断下肢的形状。一般腿的形状分为三种类型（图1－5）。

1. 直型腿：正常站立时两膝部、两腿内侧、足跟均可并拢或间隙不超过1.5cm，此种腿型为正常。

2. “O”型腿：正常站立时两膝部、两腿内侧不能并拢，两踝之间可并拢，两膝间隙大

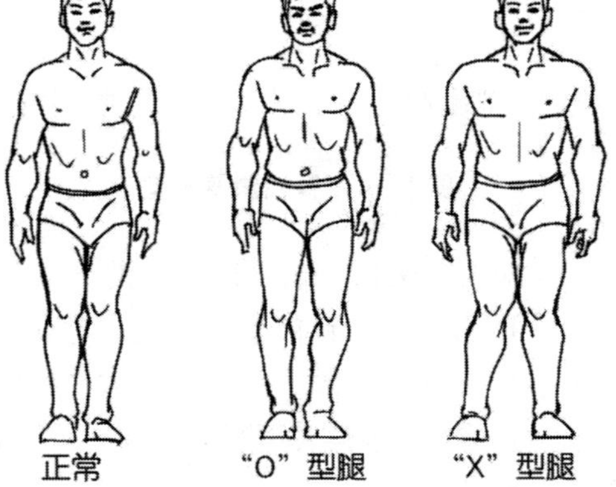

图1－5　腿的形状

于1.5cm以上。

3. “X”型腿：正常站立时两膝部可并拢，但两小腿内侧及两踝之间不能并拢，且间隙大于1.5cm以上。

（四）足的形状检查与评价

足的检查又称为足弓测量，是判断扁平足及其程度的一种检查方法。扁平足常分为轻、中、重度。常用的测量方法有足印法、纸印法，测量后再用比例法或画线法判定（图1-6）。

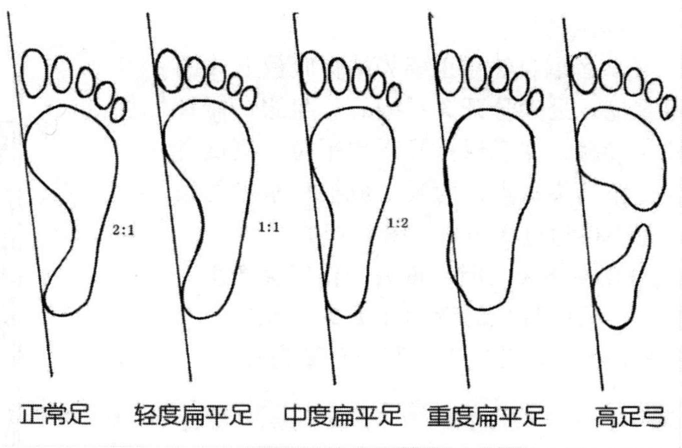

图1-6　比例法评价标准

第三节　身体体格的测量与评价

在体育保健学的实际工作中，身体体格测量是指对人体整体及各部位的长度、宽度、围度、重量所进行的测量。它是研究人体外部形态结构、生长发育和营养状况以及体质发展水平，对运动员的选材也是必不可少的研究手段。

一、体　重

体重是指身体的净重，在一定程度上代表人体骨骼、肌肉、脂肪和内脏器官综合发育状况的整体指标。

（一）测量仪器

杠杆体重计、电子体重计等。

（二）测量方法

测量前应将体重计放于平坦地面上，校对0点。令受试者轻上、立于秤台中央。

（三）注意事项

体重主要受饮食和运动时排汗量的影响，一般选择在上午10时左右测量比较适宜。

标准体重（Broca改良公式，单位：kg）＝身高（cm）－105

二、长　度

（一）身　高

身高指人体直立时头顶点至身高计底板之间的垂直距离。

1. 测量仪器：身高坐高计。

2. 测量方法：受试者取自然立正姿势站在底板上（两臂自然下垂，足跟靠拢，足尖分开3～4cm），足跟、骶骨和两肩胛间与立柱相接触，注意保持耳眼水平位。测试者将水平压板下滑，轻压其头顶点，两眼与压板呈水平位读数并记录，测试误差不得超过0.5cm（图1－7）。

3. 注意事项：身高在一天内因受重力的作用会产生一定波动，据研究报道一天内身高的变动在1.5cm左右。清晨起床时最高，夜晚最低，因此以上午测量身高为宜。

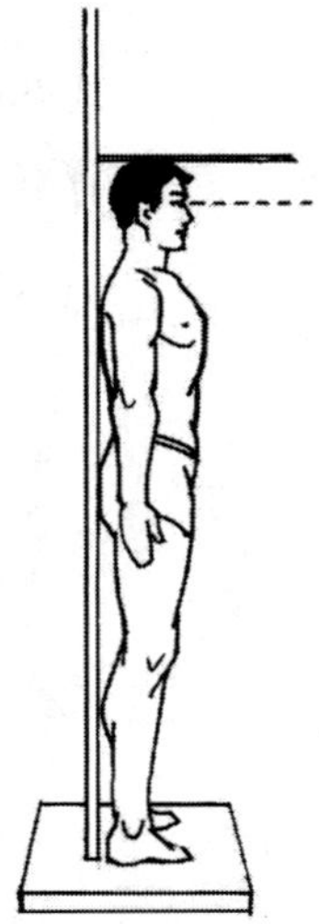

图1－7　身高测量

（二）坐　高

坐高指坐位姿势时头顶点至座板平面之间的垂直距离。

1. 测量仪器：身高坐高计。

2. 测量方法：令受试者坐于身高坐高计座板上，躯干与头部自然正直，保持耳眼水平位，骶骨及两肩胛间紧贴立柱。上臂自然下垂，大腿与地面平行并与小腿成直角，注意不要用手撑座板。测试者将水平压板沿立柱缓慢下滑，轻压受试者头顶部。测试者两眼与压板呈水平位时进行读数并记录。测量误差不得超过0.5cm。

（三）中指间距

两上肢向左右做水平伸展时两中指尖之间的直线距离。

1. 测量仪器：指距尺或带滑板2m以上刻度的钢尺（每米误差不超过0.2cm）。

2. 测量方法：将测量尺固定在平台上，受试者两脚分开，两臂侧平举，上体伏在测量尺上，一手指尖固定于零位，另一侧上肢尽量向侧伸展，手掌（掌心）、臂、胸紧贴尺面，两臂成一直线，测试人员面对受试者，测量两中指尖之间的直线距离。另外还可将钢卷尺或直尺与地面平行固定在墙壁上，令受试者面对墙壁站立，两臂侧平

图1－8　中指间距测量

举，测量两中指尖之间的直线距离（图1－8）。测量误差不得超过0.5cm。

（四）手足间距

1. 测量仪器：直立标尺，或把带尺固定在垂直于地面的墙上。

2. 测量方法：令受试者直立于标尺杆一侧，以右上肢尺骨侧贴近标尺尽量上举，此时双足并拢，不得提踵。测量右手中指尖至足底平面的垂直距离（图1－9）。

（五）上肢长

1. 测量仪器：带有游标的直尺。测试前要用标准钢尺校正，每米的误差不得超过0.2cm。

2. 测量方法：受试者两足分开与肩同宽，自然站立，臂伸直下垂，五指并拢伸直。测试者在受试者的侧方，先以尺的固定端对准肩峰外侧缘中点（肩峰点），再移动尺的游标至中指尖（指尖点）。两点间的距离即为上肢长（图1－10）。测试误差不得超过0.5cm。

3. 注意事项：受试者的手掌与前臂必须成一条直线。

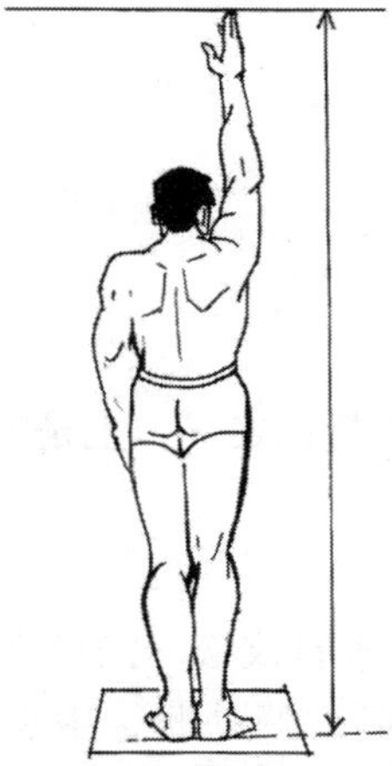

图1－9　手足间距的测量

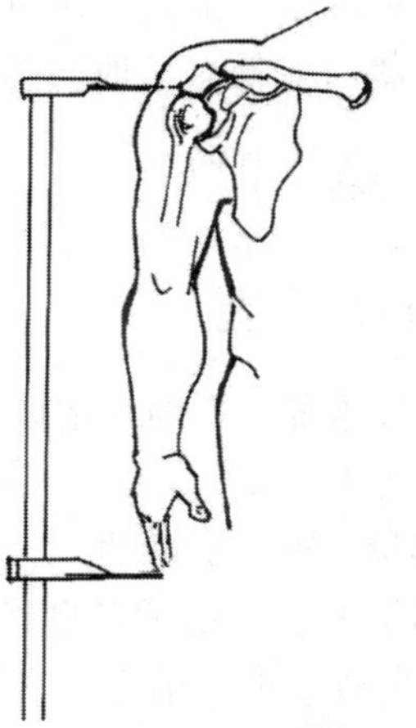

图1－10　上肢长测量

（六）下肢长

1. 测量仪器：带游标的直尺。

2. 测量方法：受试者直立，两臂下垂，取立正姿势。测试者在受试者一侧，测量股骨大转子尖经外踝尖到地面的距离，即为下肢长。但这个长度比实际下肢长度略短。在体育测量中习惯称为下肢长B。因为大转子点不易确定，还可采用以下的方法来表示下肢长度（图1－11）。

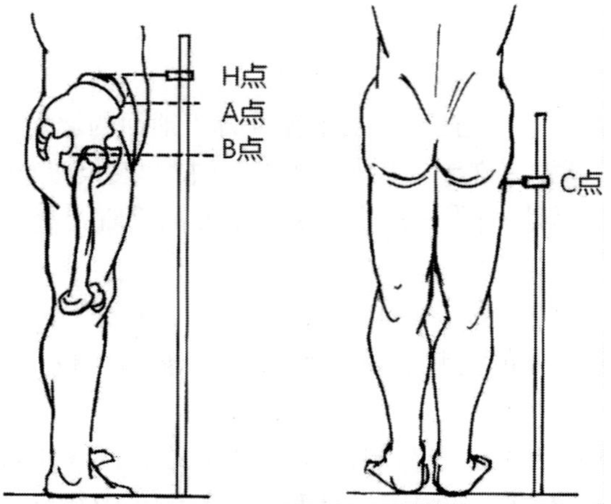

图 1－11　下肢长测量

（1）身高减坐高。

（2）髂嵴点至地面的垂直距离，称为下肢长 H。

（3）臀纹线至地面的垂直距离，称为下肢长 C。

（4）髂前上棘点至地面的垂直距离，称为下肢长 A。

三、宽　度

（一）肩　宽

肩宽与体重、胸围等指标有关，是反映体型特征的重要指标之一，也是形态测量的常用指标（图 1－12）。

1. 测量仪器：游标直尺。

2. 测量方法：受试者自然站立，两足分开与肩同宽，两肩放松。测试者站在受试者背面，先用双手拇指沿左右肩胛骨的肩胛冈，自内向外摸到肩峰外侧缘中点（即峰点），然后用游标直尺测量两点之间的距离。

3. 注意事项：受试者两肩要放松，不可耸肩。

（二）骨盆宽

1. 测量仪器：游标直尺。

2. 测量方法：受试者自然站立，两足分开与肩同宽，两肩放松。测试者站在受试者前面，用食指摸到髂嵴点（骨盆最宽处），用游标直尺测量两点之间的距离（图 1－13）。

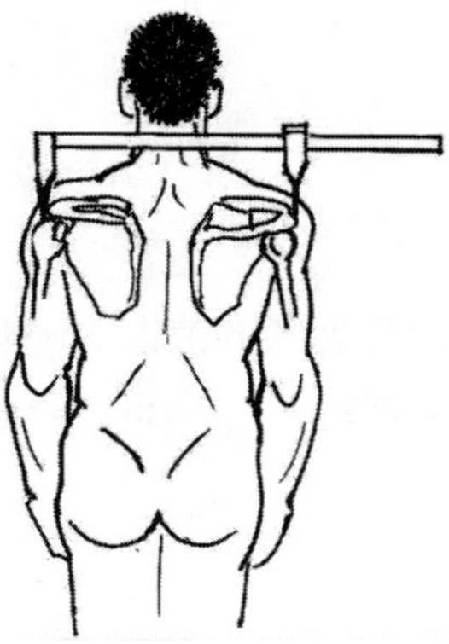

图 1－12 肩宽测量

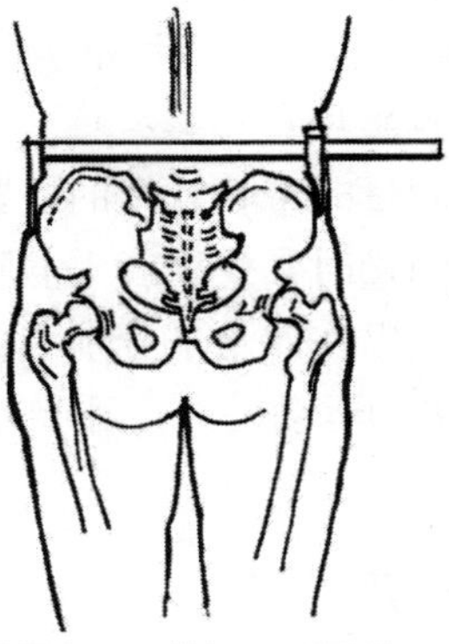

图 1－13 骨盆宽的测量

（三）胸廓的横径（左右径）

通过胸廓横径的测量可以评价胸廓的形态特征及发育程度。

1. 测量仪器：测径规。

2. 测量方法：受试者取立位姿势，两臂外展 60°左右。测试者站在受试者前面，将测径规的两端置于腋窝腋中线与第四肋或乳头水平线交点的位置，在平静呼气之末读数（见图 1－4）。

3. 注意事项：测径规两端的位置一定要位于同一水平面，受试者不得低头含胸。

（四）胸廓的前后径

1. 测量仪器：测径规。

2. 测量方法：测试者站在受试者左侧，受试者自然站立，两臂放松下垂。将测径规的一端置于胸骨与第四胸肋关节水平处，另一端水平置于背侧后正中线的对应棘突上，测量前后两点间的距离（见图 1－4）。

3. 注意事项：测量时测径规两端的位置呈水平位。

四、围　度

围度也是用来评价身体发育的常用指标。围度指标受年龄、性别、劳动和生活条件等因素的影响，经常参加体育锻炼的人，由于肌肉较为发达，身体各部位的围度比一般人要大（腰围除外）。

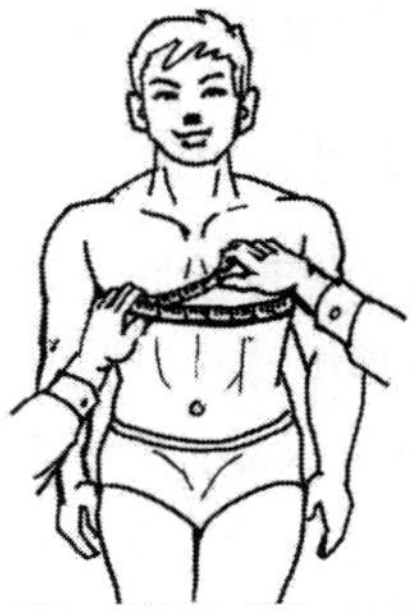

图 1－14 胸围的测量

（一）胸　围

胸围可用来反映呼吸器官、胸部肌肉和脂肪的发育情况（图 1－14）。

1. 测量仪器：带状软尺。

2. 测量方法：受试者两足分开与肩同宽，两上肢自然放松下垂。测试者面对受试者，将带尺上缘经背部肩胛骨下角下缘绕至胸前。男性和乳房未发育的女性，带尺的下缘可经乳头点测量，而乳房已发育的女性，则带尺下缘应经第四胸肋关节测量。

3. 注意事项：

（1）测量时带状软尺的松紧度要适宜。

（2）测量时嘱受试者平静呼吸。

（3）可以在此水平分别测量最大吸气、呼气时胸围，两者的差值即为呼吸差。

经常参加运动的人，呼吸差较大，运动员的呼吸差平均约 7～10cm，一般人平均 5～7cm。

（二）臂　围

1. 上臂围

上臂围反映上臂肌肉发达的程度。一般分别测量上臂肌肉收缩和放松时的围度（简称上臂紧张围和放松围）。

（1）测量仪器：带状软尺。

（2）测量方法：受试者两足分开与肩同宽。令受试者将上臂斜向前方平举（约 45°），掌心向上握拳并用力屈肘。测试者站在受试者的侧方，将带尺绕肱二头肌肌腹最粗处测量上臂紧张围；带尺的位置不变，让受试者将肘关节伸直，臂下垂，再测量上臂放松围（图 1－15、图 1－16）。

图 1－15　上臂围的测量

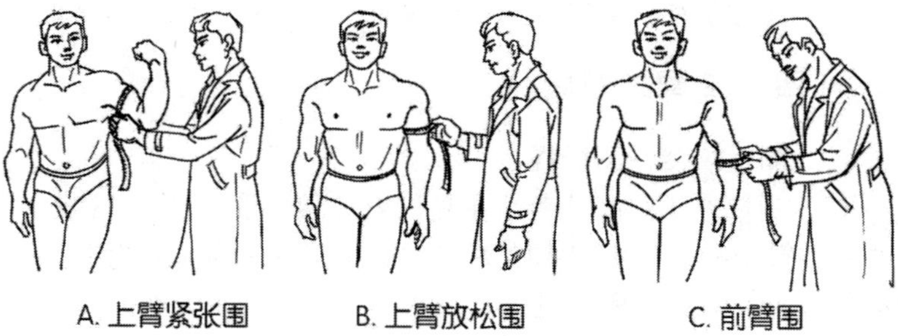

图 1－16　上臂紧张围、放松围和前臂围的测量

2. 前臂围

（1）测量仪器：带状软尺。

（2）测量方法：前臂伸直下垂，用带尺在前臂最粗的位置测量（图 1－16）。

（三）腰　围

腰围主要反映腹壁肌肉和腹部脂肪的情况，体育锻炼可使脂肪减少，腹肌张力增加，因而可使腰围减小（图 1－17）。

1. 测量仪器：带状软尺。

2. 测量方法：受试者直立，两足分开 30～40cm，将带状软尺水平放在右侧腋中线髂嵴上缘与第十二肋骨下缘连线的中点，沿水平方向围绕腹部一周测量其围度。

3. 注意事项：注意带尺的位置是否呈水平位。在正常呼气末测量，不得俯身或挺腰。

4. 评价：男性<85cm，女性<80cm（中国肥胖工作组建议的成人腰围标准）。

（四）臀　围

1. 测量仪器：带状软尺。
2. 测量方法：测量臀部的最大周径。
3. 评价：常用腰臀比值（WHR）来评价肥胖类型。男 >0. 95，女 >0. 85 为判断向心性肥胖的标准。

（五）腿　围

1. 大腿围（图 1-18A）

（1）测量仪器：带状软尺。

（2）测量方法：受试者两足分开与肩同宽，双肩放松。测试者站在受试者的侧方，将带状软尺置于大腿臀大肌皱纹（臀纹点）处水平绕一周，测量其围度。

（3）注意事项：应帮助受试者将臀纹点外露，并监督受试者保持正确测试姿势。

2. 小腿围（图 1-18B）

（1）测量仪器：带状软尺。

（2）测量方法：受试者两足分开与肩同宽。带尺经过腓肠肌最粗处水平环绕一周，测量其围度。

（3）注意事项：使受试者保持正确姿势，身体的重量平均落于两腿上。

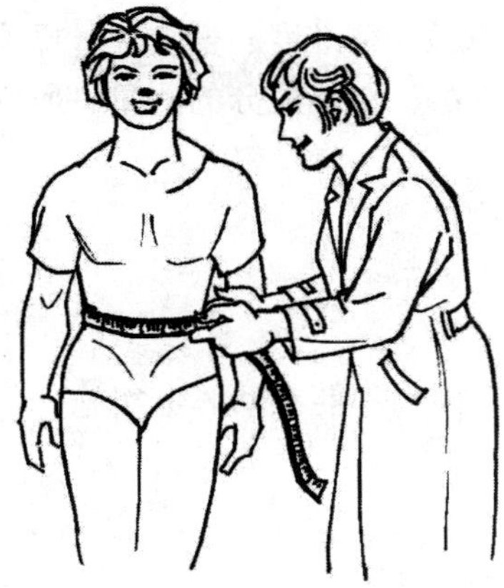

图 1-17　腰围的测量

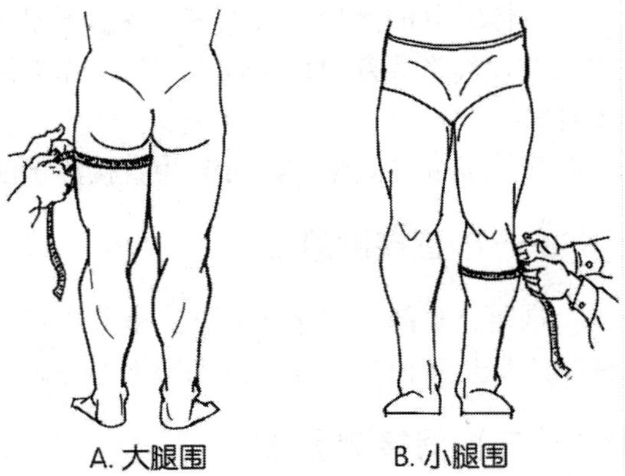

图 1-18　下肢围度的测量

第四节　身体成分的测量与评价

身体成分（body composition）是指身体内各种成分的含量（如肌肉、骨骼、脂肪、水和矿物质等），常用体内各种物质的组成和比例表示，其总重量就是体重。它包括脂肪成分和非脂肪成分两大类。前者的重量称体脂重，体脂重量占体重的百分比称体脂率

（F%），后者包括内脏、骨骼、肌肉、水分、矿物质等各种成分的重量，又叫瘦体重（Lean Body Weight，LBW）或去脂体重。身体成分能反映人体的体质状况、体型特征和身材大小，其中脂肪成分又能反映人体胖瘦程度。

目前，身体成分的测量与评价主要是对人体脂肪成分进行测量与评价。相同年龄、性别、身高、体重的人，身体成分并不一定相同。脂肪成分过少的人，表明营养不良或有某种疾病；而脂肪成分过多的人，则表明运动不足、营养过剩或有某种内分泌、代谢系统的疾病。随着科学技术的发展，人们已经深刻认识到，身体各组成成分的相对平衡，对维持正常的生命活动和健康水平极为重要。一旦机体内部各成分比例失衡，不仅会使人体正常结构和功能遭到破坏，而且还会影响人体的生长发育和体质水平。因此，在世界范围内，身体成分的分析与评价，已成为判断身体健康状况、预防疾病等工作中不可缺少的一类重要指标，在运动、临床等研究领域的应用中得到了很好的推广。

一、身体成分测量与评价的意义

（一）掌握儿童青少年在生长发育阶段身体成分的变化规律。

（二）有助于进一步理解身高、体重等形态指标测量数值的真正含义。

（三）有助于科学控制某些运动项目运动员的身体成分，最大化地发挥其运动潜能。

（四）有助于科学化地指导能量摄入和膳食中营养素摄入的比例。

（五）作为预防疾病、增进健康、合理制订体育锻炼计划的重要依据。

二、测量身体成分的常用方法

身体成分的测量方法很多，各种测量仪器在测量原理、精准度、安全性、操作性、适用人群、价格等方面存在较大差异。选取适宜的测量方法，对体成分的测量、研究具有重要意义。

身体成分的测量方法常分为直接测量法和间接测量法。

（一）直接测量法

是通过解剖学和化学的方法来分离各种身体成分，因而不能在活体上实施。但是，这种方法却是其他各类分析技术产生的理论和物质基础。

（二）间接测量法

活体脂肪成分只能通过间接的方法测量，主要有以下几种方法。

1. 皮褶厚度法

皮褶厚度法是用皮褶厚度计测量身体某些部位的皮褶厚度，再计算身体密度、体脂百分比、体脂重和瘦体重的方法。它比水下称重法简便易行，仪器轻便容易携带，适宜于群体测量。

（1）测量仪器：皮褶厚度计。

（2）测量方法：受试者自然站立，暴露测试部位。测试者选准测量点，用左手拇指和食指、中指将皮褶捏起，右手持皮褶厚度计将卡钳张开，卡在捏起部位下方约 1cm 处，待指针停稳，立即读数并作记录。测量 3 次取平均值或取其中 2 次相同的值，以 mm 为单位。

（3）测量部位：一般选取右侧，常测量的部位如下。

上臂部：上肢自然下垂，取肩峰与上臂后面尺骨鹰嘴突连线中点，皮褶走向垂直（与肱骨平行）。

肩胛下部：肩胛下角下方约1cm处，皮褶走向与脊柱呈45°夹角，方向斜下。

胸部：在腋前线和乳头连线的中点（男性）或1/3位置（女性），斜捏起皮褶。

腹部：脐旁1cm处，皮褶走向垂直。

髂部：髂嵴上缘脐水平线与腋中线相交处，皮褶走向垂直。

大腿部：大腿前部股骨中点处，皮褶走向垂直（与股骨平行）。

小腿部：小腿三头肌中点处，皮褶走向垂直。

（4）计算方法

计算身体密度（D）：将测得的皮褶厚度数值代入身体密度推算回归方程中计算身体密度（表1－1）。

表1－1 身体密度推算回归方程式

年龄（岁）	男子	女子
9～11	$D=1.0879-0.00151X_1$	$D=1.0794-0.00142X_1$
12～14	$D=1.0868-0.00133X_1$	$D=1.0888-0.00153X_1$
15～18	$D=1.0977-0.00146X_1$	$D=1.0931-0.00160X_1$
成人	$D=1.0913-0.00116X_1$	$D=1.0897-0.00133X_1$
成人	$D=1.0863-0.00176X_2$	$D=1.0709-0.00105X_2$
成人	$D=1.0872-0.00205X_3$	$D=1.0711-0.00164X_3$

注：D＝体密度（body density）；X_1＝肩胛下部皮褶厚度（mm）＋上臂部皮褶厚度（mm）；X_2＝腹部皮褶厚度（mm）；X_3＝髂部皮褶厚度（mm）

计算体脂百分比（F%）：$F\% = [(4.57 \div D) - 4.142] \times 100\%$

计算体脂重（F）：$F = W \times F\%$

其中 W＝空气中的体重（kg）

计算瘦体重（LBW）：$LBW = W - F$

（5）评价标准（表1－2）

表 1－2　用皮褶厚度法评价肥胖程度的标准

性别	年龄（岁）	轻度肥胖		中度肥胖		重度肥胖	
		皮褶厚（mm）	体脂肪（%）	皮褶厚（mm）	体脂肪（%）	皮褶厚（mm）	体脂肪（%）
男	6～8	20	20	30	25	40	30
	9～11	23	20	32	25	40	30
	12～14	25	20	35	25	45	30
	15～18	30	20	40	25	50	30
	成人	35	20	45	25	55	30
女	6～8	25	25	35	30	45	35
	9～11	30	25	37	30	45	35
	12～14	35	25	40	30	50	35
	15～18	40	30	50	35	55	40
	成人	45	30	55	35	60	40

注：皮褶厚度＝肩胛下部皮褶厚度（mm）＋上臂部皮褶厚度（mm）

2. 生物电阻抗法（Bioelectric impedance Analysis，BIA）

生物电阻抗法是一种简便易用、准确度高、安全、无创性的测量身体成分的方法。其基本原理是，生物组织对外加电流场具有不同导电作用，含水较多的肌肉组织是良导体，而含水较少的脂肪组织导电性能较差，近似为绝缘体。因此根据测定不同组织的阻抗值就可计算出身体内不同成分的含量（如去脂体重、脂肪的百分比）。人体整体阻抗主要由手臂和腿的阻抗决定，通过测量手臂或腿的长度和电阻就可精确地预测人体成分。

目前，随着科学技术的不断发展，人们逐渐认识到测试身体成分可以很好地为控制体重、减脂、肌肉训练、营养平衡和诊断疾病等提供一定的科学依据。因此，在一些医院、健康管理中心、运动科研中心及体育健身等场所已广泛采用生物电阻抗法来测试身体成分。

身体成分测试仪常输出的指标有：身体水分总量、蛋白质、无机盐、人体脂肪含量、肌肉重量、去脂体重、体重指数（Body Mass Index，BMI）、体脂百分比、腰臀比（WHR）等多项指标。

（1）测试方法：受试者双手握住手部电极，大拇指轻压在电极上，赤足站在底座足部电极上，即脚后跟踏在底座的圆形电极，脚掌压在前部椭圆形电极上，静立约 40～60 秒钟的时间即完成全部测量。

（2）评价

身体成分测试仪测试的指标中，常选用体脂百分比、体重指数（BMI）来评价人体是否肥胖以及肥胖的程度（表 1－3 和表 1－4）。

表 1－3 WHO 根据体重指数（BMI）评价成人肥胖程度的标准

BMI（kg/m^2）	评 价
≤18.5	体重过低
18.5～24.9	正常
25.0～29.9	超重
30.0～34.9	一级肥胖
35.0～39.9	二级肥胖
≧40.0	三级肥胖

引自：中华人民共和国卫生部疾病控制司．中国成人超重和肥胖症预防控制指南（试行），2003.

表 1－4 用体脂百分比评价肥胖程度的标准

体脂百分比（F%）		评 价
男	女	
7.0～9.9	14.0～16.9	体脂过低
10.0～12.9	17.0～19.9	低体脂
13.0～16.9	20.0～23.9	正常
17.0～19.9	24.0～26.9	高于正常体脂
20.0～24.9	27.0～29.9	体脂很高
≥25	≥30	肥胖病

3. 水下称重法

水下称重法为经典的体成分估算方法，是目前公认的测定体脂“金标准”，优点为精确度高、重复性好，缺点是太复杂，只能用于科学研究，且受试者应着泳装入水，故不宜被接受。

该方法的基本原理是当人体浸于水中时，其浮力等于身体排开水的重量。通过人体在水中和陆上的体重变化来计算人体体积和身体密度，从而推算出体脂百分比、体脂重和瘦体重。

4. 空气置换法

空气置换法的技术原理与水下称重法基本相同，只是水下称重法是通过水下称重求得人体的体积；而空气置换法通过人进入测试舱（BOB POD）前后舱内空气体积变化来计算人体体积，精确地分析身体成分，确定脂肪及瘦体重的基准值，包括身体密度、体脂量、体脂率、瘦体重等。

5. 双能量 X 线吸收法（Dual Energy X－ray Absorptiometry，DEXA）

DEXA 法最常用于研究领域和医疗机构，是一种直接评估身体成分的方法。认为是继“水下称重法”之后，测定人体组织成分的另一种“金标准”。其原理是应用两种能透过机体的不同能量的弱 X 线，在不同密度的组织中，其 X 线衰减程度的不同。计算出各种组织的含量。

DEXA 法的优点是安全、方便、精确度高，已有统一的判断标准；缺点是价格昂贵。

6. CT/MRI 扫描法

CT 扫描法是通过 X 线扫描断面或节段脂肪组织的面积或体积，计算局部体脂或总体脂。优点是快速、精确；缺点是价格昂贵，有 X 线辐射。

MRI 的优点是无创性和安全性，避免了电离辐射。但技术要求高，价格昂贵，目前尚无统一的正常值，在实际应用中有一定的局限性。

本章提要

1. 身体形态测量是研究人体的生长发育规律、体质水平、营养状况和运动员选材必不可少的手段。

2. 身体形态系指身体的概观性特征，包括身体的外形结构、体格、体型和姿势。

3. 身体形态测量，包括观察与计量两个过程，属于前者的有姿势的观测，属于后者的有身高、体重和胸围等指标的测量。

4. 测量与评价身体发育水平能够正确反映儿童、青少年生长发育的水平、速度，确切表达个体体格的匀称程度。

5. 儿童、青少年身体生长发育的一般规律包括：阶段性和程序性、速度的不均衡性、时间顺序性及统一协调性。

6. 身体形态测量要求采用直立姿势、严格按规定确定测量点进行操作。

7. 身体姿势（posture）是指人的头、颈、躯干、四肢在空间的相对位置，彼此之间的相互关系。反映了人体骨骼、肌肉、内脏器官、神经系统等各组织器官的力学关系。

8. 身体姿势检查的内容包括脊柱弯曲度、胸廓形状、腿的形状、足的形状检查。

9. 脊柱的弯曲包括脊柱侧弯、后弯、前弯；按照发生性质可分为功能性（姿势性）脊柱弯曲异常和病理性脊柱弯曲异常。

10. 人体背的形状可分为正常背、驼背、平背、鞍背四种类型。

11. 根据胸廓前后径与左右径的比例，可将人体胸廓的形状分为正常胸、扁平胸、桶状胸、鸡胸、漏斗胸、不对称胸等多种类型。

12. 根据人体正常站立时两膝、两踝之间是否存在间隙以及间隙的大小，将腿的形状分为直型腿、“O”型腿和“X”型腿。

13. 体格发育检查主要包括对人体各部位的长度（如身高、坐高等）、宽度（如肩宽、骨盆宽等）、围度（上臂围、腿围、腰围、臀围等）、体重等的测量和评价。

14. 身体成分是指身体内各种成分的含量（如肌肉、骨骼、脂肪、水和矿物质等），常用体内各种物质的组成和比例表示。

15. 测量身体成分的方法有直接测量法和间接测量法。其中间接测量法包括皮褶厚度法、生物电阻抗法（BIA）、水下称重法、空气置换法、双能量 X 线吸收法（DEXA）、CT/MRI 扫描法等。

16. 瘦体重是指身体非脂肪的重量，包括肌肉、骨骼和内脏。

17. 目前用于判断是否肥胖、肥胖程度及类型的常用指标有标准体重、体重指数(BMI)、体脂百分比、腰围、腰臀比等。

推荐阅读文献

[1] 孙庆祝. 体育测量与评价［M］. 北京：高等教育出版社，2006.
[2] 黄海. 运动人体机能实验学［M］. 北京：人民体育出版社，2006.

参考文献

[1] 高维纬. 体育保健学［M］. 沈阳：辽宁教育出版社，1995.
[2] 黄海. 运动人体机能实验学［M］. 北京：人民体育出版社，2006.
[3] 孙庆祝. 体育测量与评价［M］. 北京：高等教育出版社，2006.
[4] 曲绵域，于长隆. 实用运动医学（第4版）［M］. 北京：北京大学医学出版社，2003.

第二章　身体机能的检查与评价

身体机能检查（physical function test）是客观了解和掌握体育运动参加者身体机能状况和不同器官系统功能水平的重要手段和方法。根据身体机能检查和评价的结果，可以进一步指导体育运动参加者选择适合于自己身体机能状况和不同器官系统功能水平的运动形式以及运动强度，判定体育锻炼对身体的影响效果。身体机能检查最初来源于医学科学领域中对身体各器官系统生理功能的检查与评定。随着社会的进步和体育运动的蓬勃发展，体育运动中进行的身体机能检查，在内容上已经远远超出医学上单纯的生理功能检查与评价，在实践中逐步形成了一类具有明显体育特征的检查与评价方法。

在体育保健学中，身体机能检查的一个突出特点，就是通过在检查过程中给予各种不同形式和不同强度的运动负荷，从而实现了解、判断和分析身体各器官系统潜在机能能力的目的，因此，又有人称这类身体机能检查为运动机能检查。在一定意义上来说，这种身体机能检查既指被检查者现在所具有某种程度的运动能力，又指将来可以提高到何种程度的潜在运动能力。

身体机能检查的方法常以机体的器官系统进行分类，如运动系统、心血管系统、呼吸系统、神经系统等机能检查；也可以按照所采取的运动负荷形式进行分类，如跑台试验、功率自行车试验、台阶试验等。

本章通过详细介绍身体机能检查的内容、操作方法及评价标准，使学生能初步掌握人体各系统（运动、心血管、呼吸、神经系统等）机能检查的常用指标及评价意义，尤其是对心血管机能检查中不同类型的运动负荷试验测试程序、监测指标、注意事项等要求重点掌握，使学到的理论知识能更好地应用到体育实践中，更好地为竞技体育和全民健身服务。

第一节　运动系统机能的检查与评价

运动系统的机能检查，主要从肌肉力量、肌肉耐力、关节活动幅度三方面进行检查和评价。人体通过体育锻炼所获得的效果，在运动系统机能上主要表现在肌肉力量、耐力的提高和关节活动幅度的增加三个方面。

一、肌肉力量

肌肉力量（muscle strength），简称肌力，是人体活动的动力。是指在神经系统支配下，肌肉收缩产生最大收缩力的能力，又称最大肌肉力量或绝对肌肉力量。无论是在日常生活和工作中，还是在体育竞技运动项目中，肌肉力量都具有至关重要的作用。在大多数体育项目中，运动员在其他条件相同的情况下，肌肉力量的大小是决定运动成绩的主要因素。

（一）等长肌力测试

等长肌力（isometric muscle strength）测试是肌肉力量测试的主要手段。在检查过程中，被检查的肌肉或肌群进行等长收缩，基本不产生关节运动。等长肌力测试的优点是方便、省时、不需要昂贵的设备，缺点是测试结果易受关节角度大小的影响。此外，老年人、患有心血管疾病的人不宜采用此类测试。

等长肌力测试一般包括握力、背力、臂力、腿部力量的测试。常用的测量方法有握力计、背力计等，测试过程一般进行 2 ~3 次，取最好成绩。

（二）等张肌力测试

等张肌力（isotonic muscle strength）测试又称动态力量测试。此类检查是测试身体在某一特定姿势下，肢体在关节特定的运动范围内所能承受的一次最大负荷的重量。

等张肌力测试常用屈臂、杠铃上举、仰卧蹬腿、半蹲起、俯卧屈膝等手段。最大等张肌力的评价通常用能够成功完成一次的最大重量，即用 1 次重复重量（one repetition maximum，1 – RM）表示。

测试过程中，不同肌群 1 – RM 测量的起始重量通常应低于 1 – RM 重量，在成功完成该负荷的测定后，休息 2 ~3 分钟，继续完成新的重量，直至 1 – RM 重量。一般情况下，根据所测肌群的不同，每次增加重量的幅度不要超过 1. 5kg，以保证测试的精确性、安全性。

等张肌力测试的优点是方便、省时、不需昂贵设备且测定过程和结果与动态肌肉活动有较好的一致性（表 2 – 1）。其不足之处是测量过程中较易造成肌肉损伤。

（三）等速肌力测试

等速肌力（isokinetic muscle strength）测试是在 1969 年由 Perrine 等提出并建立的一种新型力量测定与训练的方法。由于在运动中阻力可随关节运动角度的变化而自动调节，因此这类方法可以准确地测定某一肌肉或肌群在整个运动过程中的最大肌肉力量。

表2－1　部分等张肌肉力量的评价标准（1bs）

性别	测试方法	优秀	良好	一般	较差	很差
男子	屈臂	>0.65	0.55～0.64	0.45～0.54	0.35～0.44	<0.34
	杠铃上举	>1.00	0.90～0.99	0.75～0.89	0.60～0.74	<0.59
	仰卧蹬腿	>1.30	1.15～1.29	1.00～1.14	0.85～0.99	<0.84
	半蹲起	>1.85	1.65～1.84	1.30～1.64	1.01～1.29	<1.0
	俯卧屈膝	>0.65	0.55～0.64	0.45～0.54	0.35～0.44	<0.34
女子	屈臂	>0.45	0.38～0.44	0.32～0.37	0.25～0.31	<0.24
	杠铃上举	>0.50	0.42～0.49	0.32～0.41	0.25～0.31	<0.24
	仰卧蹬腿	>0.85	0.70～0.84	0.60～0.69	0.50～0.59	<0.49
	半蹲起	>1.45	1.30～1.44	1.00～1.29	0.80～0.99	<0.79
	俯卧屈膝	>0.55	0.50～0.54	0.40～0.49	0.30～0.39	<0.29

引自：David J. Anspaugh, et al. Wellness concept and applications, McGraw Hill publishers, 2000

注：表中数据均为1－RM重量（kg）与体重（kg）的比值，单位为1bs

20世纪80年代，我国开始引进等速肌力测试系统，有Cybex、Biodex、Merac、IsoMed等不同型号，目前常用的是Cybex、Biodex两种。此测试系统是国际公认的测力仪器，通过选择不同的运动收缩速度，可以分别对慢速肌肉力量、快速肌肉力量和肌肉耐力进行评定，结果准确、客观。目前等速肌力测试系统已成为体育科学、康复医学和临床医学等多个学科肌肉力量检测与评价的重要方法，被广泛应用于肌肉功能评价和运动员选材等方面的研究。

二、肌肉耐力

肌肉耐力（muscle endurance），是指肌肉在对抗较大负荷时，能维持较长时间的能力或抗疲劳的能力。可用肌肉克服某一固定负荷（最大力量的30%以上）的最多重复次数（动力性力量）或最长时间（静力性力量）来表示。肌肉耐力不但是运动员所必须具备的身体素质，也是每个人在日常生活中所需要具备的基本素质。

有许多方法可以测量肌肉耐力，通常根据测试肌肉的不同分为上肢、躯干和下肢的肌肉耐力测试。如引体向上、屈臂悬垂主要测试上肢肌肉耐力，仰卧起坐或仰卧起身则主要测试腹肌的耐力，俯卧撑测试的是肩部、臂部和胸部的肌肉耐力，蹲起主要测试下肢的肌肉耐力等。

在评价肌肉耐力测试的结果中，通常以有效完成练习的数量或机体维持某一身体姿势的时间长短来评价肌肉耐力（表2－2）。此外，也可以通过计算肌肉耐力指数，对不同部位的肌肉耐力加以评价。

肌肉耐力指数＝负荷强度×练习重复次数/体重

表 2-2 中国成年女子 1 分钟仰卧起坐评价标准（次/分）

年龄（岁）	1 分	2 分	3 分	4 分	5 分
20～24	1～5	6～15	16～25	26～36	>36
25～29	1～3	4～11	12～20	21～30	>30
30～34	1～3	4～10	11～19	20～28	>28
35～39	1～2	3～6	7～14	15～23	>23

引自：国家体育总局．国民体质测定标准手册［M］．北京：人民体育出版社，2003

三、关节活动幅度

关节活动幅度（Range of Motion，ROM）的检查是指对关节围绕某运动轴进行主动或被动运动时最大活动范围的检查，用于评价机体柔韧性的好坏。ROM 的大小不仅与关节本身的解剖结构有关，而且还受到关节周围的肌肉、肌腱和韧带等软组织的伸展性和弹性的影响。因此，ROM 的检查与评价，具有判定机体正常身体机能和体育锻炼效果的双重意义。

（一）检查前的基本姿势和准备活动

ROM 的检查，一般都是在相应关节处于运动状态下进行的。因此，可根据身体部位和关节运动轴的不同，在检查时分别采用立位、坐位、仰卧位、俯卧位等不同的姿势。在确定某一关节活动幅度检查姿势时，一定要以被检查的关节处于能进行自然活动的状态为基本原则。如脊柱运动幅度的检查，可取立位或坐位，不能取卧位；下肢关节活动幅度的检查，可取坐位或卧位，不能取立位。

进行 ROM 测试前的准备活动可能影响测量结果。不做准备活动就进行测量，得到的结果更为客观可靠。但是，从安全的角度考虑，测试前应该进行适当的准备活动，因此，在制定测试方案时，应对准备活动进行详细的说明和限定，包括活动的类型、持续时间等，使之标准化。

（二）关节活动幅度检查起点的确定

在进行 ROM 检查时，一般将各个关节所处的标准解剖位置，定义成 ROM 检查的起点位置，也称之为 0°位置（又称为中立位），只有在检查某些关节旋转度时，为方便测量而确定一些特殊起点位置。

（三）常用检查方法

根据 ROM 检查目的、对象的不同，目前有直接测量法、间接测量法。通常要求进行 3 次测量，取其测得的最大值作为特定关节的 ROM 值。也有学者建议，在做完准备活动后测量 3 次，取其平均值。

1. 直接测量法

目前，直接测量关节活动范围的仪器主要有关节角度测量仪、重力量角器和电子量角器三种。

（1）关节角度测量仪

关节角度测量仪可用金属或有机玻璃等材料制成。其基本结构包括固定臂、活动臂、角度刻度盘三部分，是测量关节活动幅度的专用仪器。

使用此种仪器测量关节活动幅度时，首先应明确被测关节的关节轴心位置、关节两端环节的纵轴线位置和关节的0°位置。测量时，角度刻度盘的中心对准关节轴心，固定臂对准近端环节的纵轴或其延长线，活动臂对准远端环节的纵轴。以中立位为0°，活动臂由中立位开始随肢体移动，测出关节屈、伸、内收、外展、内旋、外旋等的关节活动幅度。

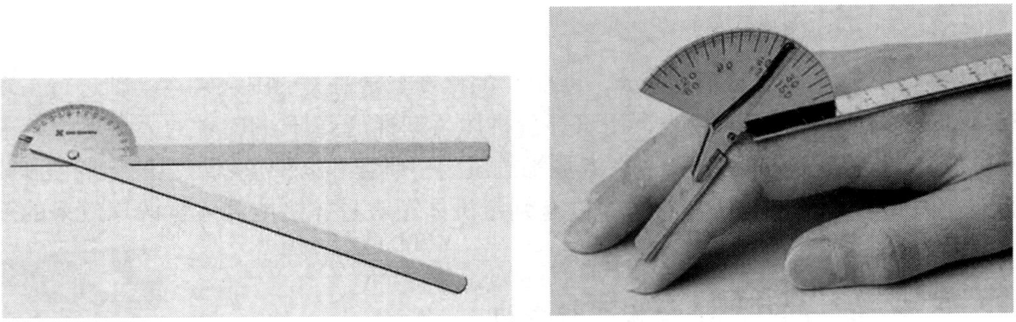

图2－1　关节角度测量仪

（2）重力量角器

重力量角器是利用重力，使指针永远向上。用此类量角器测量，可免去寻找关节轴心及环节纵轴，测量技术较易掌握，可测量的部位大大增加，且误差较小。

测量时尽量使被测关节上、下之中的一个环节，处于水平位或垂直位，测定另一环节与其之间的夹角，按中立位计算出关节活动幅度的角度。

（3）电子量角器

电子量角器测量关节活动幅度的方法与重力量角器基本相同，但测量结果直接以数字形式显示，因此使用时更为方便。电子量角器还可用于运动技术分析的测量。

2. 间接测量法

间接测量关节活动幅度的方法很多，根据测试关节部位的不同，可分别采用以下测试方法。

（1）坐位体前屈

主要反映受试者躯干和下肢各关节的活动幅度，以及下肢肌群、韧带的伸展性和弹性。

适用对象：适用于所有人群的测量。

测试器材：坐位体前屈测量计、薄垫子。

评价标准：坐位体前屈测量值越大，则受试者躯干和下肢各关节以及下肢肌群和韧带的伸展性和弹性就越好。

（2）持棍转肩

主要反映肩关节活动的幅度。

适用对象：20～39岁的人群。

评价标准：测量的握距越小，说明肩关节柔韧性越好。

（3）双手背勾试验

主要反映肩关节活动的幅度。

适用对象：40～59岁的人群。

评价标准：测试的双手中指距离越短，表明受试者的肩关节柔韧性越好（表2-3）。

表2-3 成年男子双手背勾试验评价标准（cm）

年龄（岁）	1分	2分	3分	4分	5分
40～44	-15.0～-9.0	-8.9～-0.8	0.9～5.7	5.8～10.5	>10.6
45～49	-17.7～-10.0	-9.9～-1.0	-0.9～-5.0	5.1～10.1	>10.2
50～54	-20.0～-13.0	-12.9～-2.0	-1.9～-3.5	3.6～9.5	>9.6
55～59	-25.0～-17.0	-16.9～-5.0	-4.9～-2.3	2.4～9.0	>9.1

引自：国家体育总局．普通人群体育锻炼标准［M］．北京：高等教育出版社，2003.

（4）俯卧背伸

主要反映受试者躯干和颈部的伸展能力。

适用对象：小学生～大学生。

测试器材：直尺。

评价标准：俯卧背伸的测量值越大，则受试者躯干和颈部的伸展能力就越好。

（四）注意事项

1. 颈、肩、躯干、上肢、下肢等部位的柔韧性，需要分别进行测试和评价，不可能用某一项测试来评价全身的柔韧性。

2. 在进行ROM检查的同时，还应该检查关节周围软组织的结构是否正常，如果在检查中发现有肌肉无力、周围软组织红肿等异常情况，应详细记录，这对于正确评价关节活动幅度的大小有十分重要的意义。

（五）人体各关节活动幅度的评价标准

不同的测量方法会导致人体各关节活动幅度的正常值有一定的差异（表2-4）。一般人关节活动幅度达到正常值的范围，可满足日常生活、工作的需要。运动员、杂技演员等经过特殊训练，其关节活动幅度会大大提高；女子的关节活动幅度会优于男子。

表2-4 人体各关节活动幅度范围的正常参考值（度）

部位	屈	伸	内收	外展	内旋	外旋
颈	0~45	0~45				
脊柱	0~80	0~25				
肩关节	0~180	0~50	0~45	0~180	0~70	0~90
肘关节	0~150	0				
前臂					0~90	0~90
腕	0~90					
髋关节	0~125	0~15	0~30	0~45	0~45	0~45
膝关节	0~150	0				
踝关节	0~20	0~45				

第二节　心血管系统机能的检查与评价

人体的心血管系统是由心脏和血管（动脉、静脉、毛细血管）组成的密闭管道，它的功能反映一个人的发育水平、体质状况和运动训练的水平。对心血管系统的机能作出较全面的评价，应当测量在相对安静状态、定量运动负荷及最大负荷状态下的机能反应（即三态反应）。因为在安静状态下，普通人和经常锻炼者或运动员的心脏机能表现无显著差异，只有在强度较大的负荷下，才能表现出明显的差异。

测试心血管机能好坏，一般都采用定量运动负荷的方法。虽然在最大负荷状态下能够很准确地区分不同个体之间的差异，但实际操作过程中存在着很大的风险，一般建议不要推广应用。

一、常用测试指标

用于检查心血管系统机能的常用指标有心率（安静时，运动中、后）、血压（安静时，运动中、后）。

（一）心　率

心率（heart rate，HR）是心脏每分钟跳动的次数。在正常生理状态下，成人安静时心率为60~100次/分，节律整齐，心率与脉搏一致。测量心率的方法主要有指触法、心音听诊法、心率遥测法、心电图记录法四种。

1. 测量方法

（1）指触法

用手指触摸身体浅表部位动脉的搏动速率，可以间接代表心率，此为心率的间接测量法。

测量部位：桡动脉（颈动脉、颞动脉、股动脉）。

测量仪器：秒表。

测量步骤：受试者静坐 5min，测试者将食指、中指和无名指放在受试者一侧手腕桡动脉搏动处，测量出 10 秒钟或 30 秒钟动脉脉搏，然后换算成 1 分钟脉搏记录。

（2）心音听诊法

心脏在收缩、舒张的过程中产生的心音可通过周围组织传递到胸壁，用听诊器在胸壁特定部位听诊能测量出心率，此为心率直接测量法。

测量部位：心尖搏动处。

测量仪器：听诊器、秒表。

测量步骤：将听诊器体件放于心尖搏动处，测量出 10 秒钟或 30 秒钟心脏的跳动，然后换算成 1 分钟心率。

（3）心率遥测法

测量仪器：心率遥测仪（Polar 表）。

测量步骤：用胸带将传感发射器固定在裸露的胸前，然后把手表遥测仪戴在手腕上，按“开始”键，进行心率的测定。

（4）心电图记录法

测量心电图上某一导联 3 ~ 5 个 P − P 或 R − R 间期，算出平均 P − P 或 R − R 间期（ms），代表一个心动周期的时程。然后用 60 除以这个数据就能计算出每分钟心跳的次数（心率）。

2. 评　价

（1）安静心率

成人一般为 60 ~ 100 次/分。

若心率 <60 次/分，称为窦性心动过缓。常见于经常参加训练、比赛的运动员，是对长期系统训练的适应，为身体机能状况良好的表现之一。优秀运动员心率一般在 40 ~ 50 次/分。

若心率 >100 次/分，称为窦性心动过速，常见于运动后、吸烟、饮酒后、紧张时。

（2）运动中心率

可用于判断机体的疲劳程度和控制运动强度。

一般情况下，运动时的心率与运动强度的增加成正比。如果在定量负荷中，运动中的心率较安静时心率增加不多，说明心血管机能较好。在递增负荷试验中，同一心率水平负荷强度越高、负荷量越大，则心血管机能越好。

（3）运动后心率

在定量运动负荷后测心率的恢复速度，可反映运动员的疲劳程度。身体机能良好的运动员心率恢复较快，疲劳时恢复速度减慢。

（二）血　压

血压（blood pressure），是指血液在血管内流动时，对血管壁产生的侧压力。一般测量的是肱动脉血压。

1. 测量方法

（1）测量仪器

水银血压计、听诊器。

（2）测量步骤

令受试者坐于测试者的右侧，右臂自然前伸平放桌面上，手掌向上。使血压计零位与受试者心脏和右臂袖带处于同一水平，然后将袖带松紧适宜地缠绕在被测量者的上臂上，离肘窝大约2~3cm。取听诊器的体件（感音胶质薄膜）平放在肘窝肱动脉搏动处，轻轻地压住动脉，使测试者可听到脉搏声音。拧紧螺栓打气入袋使水银柱上升，直到听不到肱动脉搏动声时，再打气升高20~30mmHg。扭开螺栓开关，缓慢放气，下降速率以2~6mmHg/秒为宜，放气至第一次听到“通、通”声的动脉音时，此时水银柱上的数值（高度）即为收缩压。继续放气，使压力继续下降，可以听到原来的动脉音逐渐增强，并变得清晰，不久又突然减弱或消失。动脉音明显消失或减弱的一瞬间，血压计水银柱上的数值即为舒张压。

（3）注意事项

测量前令受试者安静休息10~15min；袖带缠绕松紧要合适，并与心脏处于同一水平上；如需重复测定时，须将袖带内的空气放尽，使压力降至零（水银柱到零），然后再重新加压测量。

2. 评　价

（1）安静血压

成人正常收缩压为90~140mmHg，舒张压为60~90mmHg。血压的评价标准见表2-5。

表2-5　正常成人血压评价标准（mmHg）

类别	收缩压	舒张压
正常血压	<120	<80
正常高值	120~139	80~89
高血压	≥140	≥90
1级高血压	140~159	90~99
2级高血压	160~179	100~109
3级高血压	≥180	≥110
单纯收缩期高血压	≥140	<90

注：当测量的收缩压和舒张压分属不同的级别时，则以较高的分级为准。

运动员如果安静血压比平时升高20%左右且持续两天以上，可视为机能下降或过度疲劳的表现。

（2）运动中血压

一般情况下，运动中收缩压随运动强度的加大而升高，舒张压不变或有轻度的上升或下降。

（3）运动后血压

运动后血压恢复较快，表明身体机能较好；训练后收缩压明显上升、舒张压亦上升或血压反应与强度刺激不一致、恢复时间延长等说明机能状况不佳。

（三）主观感觉疲劳等级

主观感觉疲劳等级（Rating of Perceived Exertion，RPE）是1970年瑞典生理学家Borg首先提出的概念，是反映主观感觉疲劳程度的指标，它与心率、运动负荷强度等客观指标之间有较好的相关性。不同级别的RPE值乘以10（表2－6），大约相当于在相同状态下的心率值，如在某运动强度下受试者的RPE值为16时，当时的心率大约为160次/分左右。

表2－6 主观感觉疲劳等级表

RPE级别	自我感觉
	6
非常非常轻松	7
	8
非常轻松	9
	10
尚且轻松	11
	12
有些吃力	13
	14
吃力	15
	16
非常吃力	17
	18
非常非常吃力	19
	20

二、运动负荷试验的常用方案

常用于检查心血管系统机能的方法可以分为两大类：1. 安静状态下的心血管机能检查，此种方法操作简便、安全，但不能评价机体心血管系统存在的机能潜力；2. 运动负荷试验。通过给予受试者一定的运动负荷后，根据运动中、恢复期的心率、血压、主观感觉疲劳等级（RPE）等指标的不同变化，评价受试者在运动应激状态下的心血管机能状况。

运动负荷试验的步骤主要包括：

1. 测量安静状态下的心率、血压等生理指标。

2. 严格按照规定要求做运动负荷试验。

3. 测量运动后即刻、恢复期的心率、血压。

4. 计算评定指数或描记生理指标曲线图，并根据评定标准予以评价。

常用的运动负荷试验有：定量运动负荷试验（主要包括台阶试验、联合机能试验、12 分钟试验、PWC_{170}试验、1 英里走或跑、20m 往返跑）、递增运动负荷试验等。

（一）台阶试验

台阶试验（step test）是一种用于测定心血管系统机能的简便易行的定量运动负荷试验。以一定的频率、上下一定高度的台阶并持续一定时间，根据恢复期心率恢复速度的关系（台阶指数）来评价心血管机能的实验方法。

1. 标准哈佛（Harvard）台阶试验

哈佛台阶试验是博哈（Bouha）于 1943 年在美国哈佛大学疲劳实验室设计的定量负荷试验，在国际上有一定影响。

（1）测试器材

50cm（成年男子用）或 42cm（成年女子用）高的台阶、秒表、节拍器。

（2）测试方法

以 30 次/分钟的蹬阶频率，持续运动 5min。

（3）测试指标

分别测试运动后第 2、3、4min 前 30s 的心率，然后按台阶指数计算公式计算并按相关标准进行评价（表 2－7）。（注：运动持续时间的单位是秒。）

$$台阶指数 = \left(\frac{登台阶持续运动时间}{3\ 次心率之和 \times 2}\right) \times 100$$

表 2－7　哈佛台阶指数评价标准

等级	指数
优	>90
良	80～90
中	65～79
下	55～64
差	<55

（4）注意事项

若中途不能以规定节律完成动作，应命令停止运动，并记录已完成登台阶运动的实际时间；应严格按照所规定动作标准上下每一次台阶。

2. 改良的哈佛台阶试验

标准的哈佛台阶试验，最初只用于男大学生的心血管机能评价，所以不论是台阶的高度、运动时间或评定标准，均有很大的局限性，尤其是对儿童、少年及老年人不适用。

为了适应不同人群的特点和应用需要，各国学者在台阶高度、运动负荷持续时间等方面进行了修正，提出了多种改良的哈佛台阶试验方案。如我国《国民体质测定标准手册》中规定的成人台阶高度为男子30cm，女子25cm；《学生体质健康标准》中的台阶高度是根据不同年级制定的（表2－8），而上下台阶的频率、运动持续时间、计算台阶指数的公式与标准哈佛台阶试验相同。

表2－8 《学生体质健康标准》台阶试验高度（cm）

年级	男	女
小学五、六年级	35	35
初中	40	35
高中	40	35
大学	40	35

引自：国家体育总局．学生体质健康标准（试行方案）［M］．北京：人民体育出版社，2004.

评价标准：见表2－9。

表2－9 《学生体质健康标准》台阶试验评价标准

性别	年级	优秀	良好	及格	不及格
男	小学五、六年级	>63	63～51	50～41	<41
	初一	>58	58～48	47～40	<40
	初二	>57	57～47	46～40	< <40
	初三	>56	56～47	46～41	<41
	高一	>58	58～49	48～41	<41
	高二	>58	58～49	48～41	<41
	高三	>56	56～47	46～41	<41
	大学	>53	53～46	45～40	<40
女	小学五、六年级	>61	61～48	47～40	<40
	初一	>56	56～45	44～38	<38
	初二	>54	54～45	44～39	<39
	初三	>53	53～46	45～40	<40
	高一	>54	54～46	45～40	<40
	高二	>53	53～45	44～39	<39
	高三	>53	53～45	44～39	<39
	大学	>51	51～44	43～25	<25

引自：国家体育总局．学生体质健康标准（试行方案）［M］．北京：人民体育出版社，2004.

台阶测试虽然不是最好的评价心肺功能适应状况的方法，但它的优越性在于：可以在室内进行，能适合不同程度身体条件的人，且不需要昂贵的设施，并可以在很短的时间内完成。

（二）联合机能试验

联合机能试验，是指将两种或两种以上的一次运动负荷试验按照一定的顺序和时间连续进行，根据恢复期的脉搏和血压评价心血管系统机能的试验方法。由于试验的负荷强度较大、持续时间较长，适合于具有一定训练水平的运动员、健康者。

1. 测试器材

血压计、听诊器、秒表。

2. 测试步骤

（1）30 秒内 20 次深蹲起；

（2）原地疾跑 15 秒（要求以百米速度）；

（3）原地高抬腿跑 3 分钟，速度 180 步/分钟。

3. 测试内容

在上述每种运动负荷后不同恢复时间每分钟测定 1 次心率和血压（20 次蹲起后连测 3 分钟，15 秒疾跑后连测 4 分钟，原地高抬腿跑后连测 5 分钟）。

4. 终止运动试验的指征

（1）出现下述症状和（或）体征

乏力和（或）呼吸困难、胸痛、头晕眼花、恶心呕吐、随运动逐渐出现下肢的不适感或疼痛；面色苍白、皮肤出冷汗、收缩压下降超过 10mmHg 等外周循环障碍的症状。

（2）心电图

室性心动过速、早搏、ST 段的压低等。

（3）受试者要求停止。

5. 评　价

根据每一种运动负荷后所测定的心率、血压情况，发现受试者的反应类型一般有 5 种：

（1）正常反应

负荷后的心率与收缩压基本上同运动负荷成正比；舒张压不变或有所下降，而且在 3 ~5 分钟之内基本恢复至安静时的水平。

（2）紧张性增高反应

负荷后收缩压上升很高，甚至达到 180mmHg 以上，舒张压不变或升高 10 ~ 20mmHg，心率也显著增加，恢复时间明显延长。这是由于神经血管调节功能不完善或暂时性功能失调的表现。当运动量过大、比赛过多或过于紧张时，可见到这种反应。

（3）无力反应

负荷后收缩压上升不多，一般不超过 10 ~ 15mmHg，而心率明显增快，脉压减小，恢复时间延长。这是心脏泵血功能不良的反应。由于负荷后心肌收缩力减弱，每搏输出量相对减少，所以收缩压上升不多，但为了满足机体在运动中所需的血量，只能靠加快心率来增加心输出量，因而心率显著增加。当运动员过度训练或因病引起心脏功能不全时，均会出现这种反应。

（4）紧张性不全反应

负荷后，收缩压与心率均显著增加，舒张压极度下降，直到 0mmHg 处仍能清楚地听到有节律的声音，即出现无休止音。若无休止音仅在负荷后的第 1 分钟出现，且恢复较快，就应视为正常反应，在青少年中多见。若无休止音持续 2 分钟以上，收缩压上升不多，恢复期延长，是心血管调节功能失调的反应，为过度训练的早期征象之一。

（5）梯形反应

负荷后恢复期第一分钟的收缩压上升不多，而在第二或第三分钟才有明显上升，心率显著增加，舒张压上升或下降，恢复时间延长。恢复期收缩压的变化曲线，呈逐次上升，而后又逐次下降的“梯型”形状。梯形反应是心血管机能不良或恶化的早期征象，常见于过度训练的早期或病后身体机能尚未恢复正常者。正常人在不做准备活动的情况下，突然参加速度测试后也可能出现这种反应。梯形反应常见于 15 秒原地疾跑之后，偶尔也见于 3 分钟原地高抬腿跑之后。

除上述 5 种反应类型之外，还可能出现混合型反应，即两种类型的反应同时出现。联合机能试验的不同反应，除受上述种种因素的影响之外，还受人体其他器官系统的机能状态、年龄、性别、情绪及外界环境条件的影响。所以评价机能试验结果时，必须全面地分析各种因素的不同影响。

6. 注意事项

（1）三种定量负荷，应按规定时间紧密衔接，不得延误。

（2）受试者应按动作规定的要求，认真完成运动负荷。

（三）12 分钟运动试验

12 分钟运动试验（The 12 – minute test）是美国学者库伯（Cooper）博士在前人的基础上通过大量的调查研究于 1977 年总结出来的，所以有人称这类试验为库伯试验（Cooper´test）。是在 12 分钟内，让受试者以不同形式的运动为负荷，根据运动过程中所能完成的位移距离来评定身体心血管机能水平的实验。

目前，12 分钟运动试验不仅作为一项测定运动能力的方法被运动员所采用，而且还可用于评价不同年龄、性别、患有各种慢性疾病（如糖尿病、冠心病等）的人群身体健康状况的手段。由于花费的时间不长，运动量可以自我掌握在一定标准内进行，也被广大老年健身运动爱好者所接受。

随着国内外众多学者对 12 分钟运动试验的潜心研究和积极推广应用，12 分钟运动试验的形式也是多种多样，包括 12 分钟的走、跑、游泳、骑自行车、足球运球绕杆射门、篮球等。可以根据受试者的年龄、身体健康状况、从事的运动专项不同分别选择不同的运动形式。

1. 测试方法：不同运动形式的 12 分钟运动试验，都要求受试者在 12 分钟内，在可以度量的运动场地，以最大的能力来完成他所从事的运动，记录运动过程中的位移距离（m）。

2. 评价：参考相关运动形式的评价标准进行评定，一般采用优秀、良好、较好、一般、较差、极差 6 个等级（表 2 – 10）。

表2-10　12分钟跑测试评价心血管机能水平的参考标准

单位：km

评价等级	年龄（岁）					
	13~19	20~29	30~39	40~49	50~59	>60
男						
很差	<2.08	<1.95	<1.89	<1.82	<1.65	<1.39
较差	2.08~2.18	1.95~2.10	1.89~2.08	1.82~1.99	1.65~1.86	1.39~1.63
一般	2.19~2.49	2.11~2.39	2.09~2.32	2.00~2.22	1.87~2.08	1.64~1.92
较好	2.50~2.75	2.40~2.62	2.33~2.50	2.23~2.45	2.09~2.30	1.93~2.11
良好	2.76~2.97	2.63~2.82	2.51~2.70	2.46~2.64	2.31~2.53	2.12~2.49
优秀	>2.98	>2.83	>2.71	>2.65	>2.54	>2.50
女						
很差	<1.60	<1.54	<1.50	<1.41	<1.34	<1.25
较差	1.60~1.89	1.54~1.78	1.50~1.68	1.41~1.57	1.34~1.49	1.25~1.38
一般	1.90~2.06	1.79~1.95	1.69~1.89	1.58~1.78	1.50~1.68	1.39~1.57
较好	2.07~2.29	1.96~2.14	1.90~2.06	1.79~1.98	1.69~1.89	1.58~1.74
良好	2.30~2.41	2.15~2.32	2.07~2.22	1.99~2.14	1.90~2.08	1.75~1.89
优秀	>2.42	>2.33	>2.23	>2.15	>2.09	>1.90

引自：刘纪清. 实用运动处方［M］. 哈尔滨：黑龙江科学技术出版社，1993.

（四）PWC_{170}机能试验

PWC_{170}（physical work capacity）是指受试者在定量负荷运动中，当心率在170次/分钟的稳定运动状态下，机体单位时间内所做的功（kg. m/min），属于次极限运动负荷试验。PWC_{170}的值越大心血管机能水平就越高。

PWC_{170}机能试验的直接测定法要求条件复杂，需时较长，一般采用间接计算法。

1. 基本原理

卡尔普曼（Karphman）等学者通过大量的调查研究发现，当受试者的心率在120~180次/分钟之间的稳定状态中，其心率与机体的输出功率呈直线相关。让受试者在这个心率范围内先后完成两次稳态的定量负荷试验，利用两次运动负荷中所测出的心率（F1和F2）和负荷量（W1和W2）值，分别代入公式计算出PWC_{170}值。

$$PWC_{170} = W1 + (W_2 - W_1) \times \frac{170 - F_1}{F_2 - F_1}$$

W_1、W_2：第一、二次负荷的功率（kg·m）/min

F_1、F_2：第一、二次负荷后的心率（次/分钟）

2. 基本原则

（1）运动方式：凡是可以用力或功进行定量的运动，都可以用来进行PWC_{170}机能测试。

（2）运动强度：第一级负荷的运动强度应使稳定心率超过 110 次/分钟，第二级负荷的运动强度应使稳定心率接近 170 次/分钟。

（3）运动时间：在每级负荷运动中，持续时间一定要使受试者的心率达到稳定状态，一般为 3 ~5 分钟；两级负荷之间必须有足够的休息时间，通常为 3 分钟。

3. 测试的意义

PWC_{170}是一项反映人体心血管机能（有氧工作能力）的指标，教练员可根据不同时期运动员 PWC_{170}数值的变化作为评价训练效果、进行成绩预测、及时了解身体机能状况的客观指标。

（1）评价机体机能状况及训练效果

在运动员开始参加训练前建立健康档案时就应记录原始的 PWC_{170}值，然后在训练过程中定期测定。如果经过一段时间的训练，某运动员的 PWC_{170}值一直没有提高或有所下降，提示可能存在着训练方法不当或身体疲劳、患病的可能，需要进一步寻找原因。

（2）作为监督训练的手段

当运动员在训练中出现“练不动”时，可进行 PWC_{170}试验。如果试验结果低于平时正常水平，说明该运动员身体机能状况不良，需要调整训练计划或进行必要的治疗；如果试验结果正常，则应从思想或其他方面考虑“练不动”的原因。

（3）作为赛前调整及成绩预测的指标

赛前调整，可使运动员的机能状况在比赛时达到最佳状态。在这个过程中可选 PWC_{170}作为常用的一项监测指标，使教练员了解运动员的赛前身体机能水平，为确定参赛人选提供客观依据。同时，分析赛前 PWC_{170}值与比赛成绩的关系，可为预测以后的运动成绩提供相关依据。

4. 常用的测试方法

（1）功率自行车法

可根据不同性别、身体状况和运动能力安排测试负荷功率，从低到高标准如下：一般男、女性第一、第二次负荷可分别采用 300kg · m/min、150kg · m/min 和 600kg · m/min、300kg · m/min；男、女性运动员第一、第二次负荷可分别采用 600kg · m/min、300kg · m/min 和 900 ~1200kg · m/min、600kg · m/min。

令受试者先后进行两次各为 3 ~5min 的蹬踏功率自行车运动，两次负荷之间休息 3min。每级负荷即刻记录最后 1min 或 30 秒的心率，根据试验过程中记录的两级负荷的稳定心率和所完成的功率，按照公式进行计算。

（2）台阶测定法

如果没有功率自行车，可选用台阶试验来测定 PWC_{170}，但其准确性会有所下降。台阶的高度、上下台阶的频率，要根据受试者的身体状况进行选择。上下台阶的每级运动负荷功率，可按下列公式计算：

$$W = \left(\frac{4}{3}\right) \times \frac{PHN}{T}$$

P：体重（kg） H：台阶高度（m）

N：上下台阶的总次数（t） T：持续运动的时间（min）

5. 评　价

通常情况下 PWC_{170} 值越大，表示受试者身体工作能力包括心脏的做功能力越强。不同运动项目、不同性别之间 PWC_{170} 值会有明显的差异，一般耐力项目运动员的 PWC_{170} 值较高，男性 PWC_{170} 值高于女性。

（五）20m 往返跑

20m 往返跑试验（20 Meter shuttle test，20 – MST）是 Leger 等于 1982 年提出的以逐渐增加运动负荷的方式来评估心血管机能水平的方法。目前，此方法是欧洲各国、加拿大、美国、日本等许多国家常采用的评价心血管机能水平的方法。

1. 优　点

大量的研究证明，此种方法具有以下优点：

（1）具有较高的效度和可靠性；

（2）此试验可以在室内外进行，不受气候和场地的影响；

（3）不需要测量心率，仅需要一台录音机；

（4）可同时进行大量测试，具有广泛的适应性；

（5）与最大摄氧量（VO_2max）有高度相关性（相关系数：8 ~ 19 岁组为 0.89，20 ~ 45 岁组为 0.95）。

2. 测试方法

让受试者在两条相距 20m 的画线内来回往返跑，跑速受录音机的节拍控制，初级速度为 $8km \cdot h^{-1}$，每分钟增加 $0.5km \cdot h^{-1}$。测试过程中，受试者应尽最大努力，如果连续三次不能跟上节拍到达终点，或感觉难以坚持运动时即停止，记录受试者完成的最后一级的跑速，该跑速称为最大有氧跑速（Maximal acrobic speed，MAS），代入预测公式：

$$VO_2max\ (ml \cdot kg^{-1} \cdot min^{-1}) = -21.672 + 5.691 \times MAS\ (km \cdot h^{-1})$$

（六）递增运动负荷试验

递增运动负荷试验（GXT）是在试验过程中，逐渐增加负荷强度，同时测定某些生理指标，直到受试者达到身体所能承受的最大强度。

GXT 可用于临床上诊断某些心血管系统疾病（如冠心病）；用于评价运动员心脏功能，为运动训练方案的制订提供依据；根据 GXT 测试的结果，为患有慢性疾病的个体制定个性化的预防或康复运动处方，评价运动或康复的效果。

1. 测试仪器：功率自行车或固定跑台。

2. 测试方法

（1）功率自行车测试

根据受试者的身体情况决定起始负荷。耐力较好的青年男性，可从 50W 开始；老年人、没有运动习惯者可从 15 ~ 25W 开始；每 3 分钟增加一定的负荷（如耐力较好的青年男性，每 3 分钟增加 50W；老年人、没有运动习惯者每 3 分钟增加 15 ~ 25W），以此方案持续进行，直到受试者达到其最大运动强度。一般而言，总的运动负荷应控制在 7 级以内。

（2）固定跑台测试

目前，应用固定跑台进行 GXT 试验，常选用改良的 Bruce 测试方案，具体方案见表 2 –11。

表 2 –11 改良的 Bruce 跑台测试方案

级别	速度		坡度	持续时间
	(mph)	($km.h^{-1}$)	(%)	(min)
0	1.7	2.7	0	3
1/2	1.7	2.7	5	3
1	1.7	2.7	10	3
2	2.5	4.0	12	3
3	3.4	5.5	14	3
4	4.2	6.8	16	3
5	5.0	8.0	18	3
6	5.5	8.8	20	3
7	6.0	9.7	22	3

引自：杨静宜，徐俊华．运动处方［M］．北京：高等教育出版社，2005.

（3）测试指标

在每级运动负荷的最后 30 秒内分别测量心率、血压、心电图、主观感觉疲劳等级(RPE)、主观、客观表现等，决定是否终止试验。

运动中心率可采用遥测心率计测定、手工测试或通过“动态心电监测系统”进行测试；运动中血压可采用立式血压计或动态血压计进行测试；运动中测试的心电图，当出现心律失常、ST 段压低等异常心电图表现时，可立刻终止运动负荷试验。GXT 测试中的主观感觉方面应该注意有无头晕、耳鸣、恶心、胸闷、胸痛、极度疲劳等表现；客观表现应注意呼吸、排汗量、面色、表情等。

三、运动员心脏的检查与评价

1899 年瑞典医生 Henschen 发现比赛成绩优异的越野滑雪运动员的心脏出现增大，称为运动员心脏（Athlete's Heart)。从此，各国学者对运动与心脏的关系进行了深入细致的研究。大多数学者认为，运动员心脏是对长期运动的适应性变化结果，是身体机能良好的表现。目前用于检查心脏的方法主要有心电图、X 线、超声心动图和核磁共振（MRI）等。

（一）心电图（electrocardiogram，ECG）

通过心电图所描记的相关导联电压（振幅）的高低可用来反映心室大小。但根据大量的研究资料显示，与超声心动图、MRI 相比，用心电图的电压评价心脏大小的可靠性较差。

（二）X线

通过拍摄心脏X线片，了解心脏在胸腔中所占的比例，可以诊断心脏是否增大。但是X线不能区别是生理性还是病理性的心脏增大。

（三）超声心动图

利用M型的超声心动图可诊断心脏的大小、瓣膜的活动情况，评价心脏收缩、舒张功能，用于初步判断是生理性还是病理性的心脏增大。

（四）核磁共振成像（Magnetic Resonance Imaging，MRI）

MRI能够准确显示心脏的解剖形态、功能、血流灌注及心肌活性，是临床上检查心血管疾病的一种高度精确的影像技术。由于检查价格昂贵，目前在运动医学领域尚未广泛应用。

四、运动员心电图检查与评价

心电图是心肌电活动变化的体表记录，主要反映心脏激动的电学活动，是检查心脏情况的一项可靠、易行、无创的检查手段。根据机体身体状况和检查目的不同，心电图可分为普通心电图、动态心电图、运动试验心电图等多种类型。

目前心电图已成为运动员体格检查项目之一，用于运动员心脏疾病的诊断、评价运动员心脏机能状态、监测疲劳、指导运动训练等。

由于运动员长期高强度的训练使心脏结构、心肌细胞、非心肌细胞、泵功能及心脏内分泌功能等发生重塑，进而引起心电图改变，主要异常表现为窦性心动过缓、窦性心动过速、窦性心律不齐、期前收缩（室性、房性早搏）、房室传导阻滞、心室肥大及ST－T改变等。

（一）安静心电图

记录受试者在安静状态下的心电图，可初步评价心脏的功能、并作为运动心电图有无异常的基本判断依据。

（二）动态心电图

动态心电图（dynamic electrocardiogram），又称Holter监测心电图，是在1957年由Holter提出的一种心电图检查方法。能连续监测并记录24小时日常生活和训练时的心电图，捕捉常规安静状态下心电图不易发现的短暂发作性心律失常和一过性心肌缺血的心电变化，对诊断胸痛、晕厥的原因，评价运动员机能状态，科学安排训练和比赛有重要的指导意义。

（三）运动试验心电图

在进行定量或递增运动负荷试验时，利用动态心电监测系统可随时发现受试者在不同运动负荷下的心电图变化，及早发现可能出现的心律失常、心肌缺血等异常表现，从而确定受试者的运动训练强度，确保在运动中的安全性和有效性。

五、超声心动图

超声心动图（ultrasonic cardiogram）是利用超声波的原理检测心脏结构和功能的一种无创性诊断技术，包括 M 型（一维）超声心动图、B 型（二维）超声心动图和多普勒（Doppler）超声心动图三种类型。M 型和 B 型超声心动图均可用于观察心脏的形状、心室腔的大小和室壁的厚度，以及心壁、瓣膜和大动脉的运动情况；多普勒超声心动图用来检测血流的方向和速度。

在我国运动医学领域，由于超声心动图具有无损伤、操作简便、重复性好、能够动态评价心脏结构和功能等优点，已成为运动员心脏检查、机能评定和选材的重要手段之一。

（一）超声心动图的应用范围

1. 了解运动员的心脏结构、功能与运动项目、训练强度的关系。
2. 了解运动员在运动训练过程中心脏的适应性变化特点。
3. 对运动性心脏和病理性心脏进行鉴别。
4. 进行运动员选材和预防运动性猝死的筛选。

（二）M 型超声心动图常用的指标

1. 直接获取的指标

主动脉前后径（Aod）、左房前后径（LA）、左室舒张末期内径（LVDd）、左室收缩末期内径（LVDs）、左室流出道（LVOT）、左室后壁舒张末期和收缩末期厚度（LVPWd 和 LVPWs）、室间隔舒张末期和收缩末期厚度（IVSTd 和 IVSTs）、左室射血时间（LVEF）。

2. 根据上述指标推算出的衍生指标

（1）左室泵血功能的指标

心搏量（SV）$= LVDd - LVDs$

心输出量（CO）$= SV \times HR$（心率）

（2）左室收缩功能

$$射血分数(EF) = \left(\frac{Vd - Vs}{Vd}\right) \times 100\%$$

射血分数是反映左心室的收缩功能，正常值 $>50\%$。

第三节　呼吸系统机能的检查与评价

呼吸是机体与环境的气体交换过程。呼吸运动是以自主神经反射为主，有躯体神经参与支配的骨骼肌收缩活动。呼吸过程包括外呼吸、气体运输、内呼吸三个相互联系的环节。因此，呼吸机能主要从肺通气功能的量和对呼吸运动控制能力的质两个方面来测量与评价。肺通气功能的主要指标是肺活量，测量结果有绝对值和相对值之分，实际上相对值更能反映呼吸机能水平。屏息反映机体对呼吸肌收缩的控制能力。

一、肺活量

肺活量（vital capacity）是指在不限时间的情况下，一次尽力深吸气后，再尽力呼出的气体总量。一般认为，肺活量只代表一次呼吸时的最大通气量，在一定程度上反映肺的通气功能水平，不能显示呼吸系统功能的动态过程。肺活量的大小，主要取决于呼吸肌的力量、肺和胸廓的弹性等因素。

（一）测试的意义

测试肺活量，对了解人体呼吸系统机能状况、评价体育锻炼的效果等方面具有实际意义，可反映人体呼吸机能的潜在能力。从广义的角度来说，肺活量越大说明肺功能越好，肺活量检测数值低（与正常数值相比），说明机体摄氧能力和排出 CO_2 的能力差。

（二）测试方法及评价

1. 安静状态下的肺活量

（1）测试方法：多采用电子肺活量计进行测试。

令受试者面对仪器站立，手持吹气口嘴进行一、两次较平时深一些的呼吸动作后，用力吸一口气，向口嘴处慢慢呼出至不能再呼为止；吹气完毕后，液晶屏上最终显示的数字即为肺活量值（ml）。连测 3 次，每次间隔 15 秒，取其平均值。

（2）评价标准

成年男性：3500～4000ml；成年女性：2500～3500ml。

经常参加体育锻炼的青少年，肺活量可达 5000ml 以上。

2. 五次肺活量试验

五次肺活量试验，主要用以测定呼吸肌的耐力。

（1）测试方法

受试者在安静状态下取立位，每 15 秒钟测量 1 次肺活量，共测 5 次。15 秒时间，既包括吹气时间，也包括休息时间，因此在 75 秒钟之内连续测量 5 次肺活量。

（2）评价标准

5 次测量结果基本接近或逐次增加为机能良好；反之，逐次下降，尤其最后两次显著下降为机能不良。

3. 定量负荷后五次肺活量试验

（1）测试方法

先测量安静时的肺活量，然后做定量负荷运动（其负荷量应根据不同对象而定），运动后恢复期的每分钟测量 1 次肺活量，共测 5 次。

（2）评价标准

运动后的每次肺活量逐次增加，或保持安静时的水平，为呼吸机能良好或正常。反之，运动后的肺活量逐次下降，经 5 分钟仍不能恢复至安静时的水平，为呼吸机能不良。

二、时间肺活量

时间肺活量（time vital capacity）是指最大吸气后，以最快速度用力将气体全部呼出，同时分别记录第1、2、3秒末呼出的气量占肺活量的百分数。正常人分别占其肺活量的83%、96%和99%。在实践中，通常根据测试第1秒钟的时间肺活量，来了解肺的通气功能和弹性回缩能力。如呼吸运动受限的许多病理状态下，第1秒时间肺活量增加，并可提前呼完全部肺活量。所以，时间肺活量可作为鉴别阻塞性或限制性通气障碍的参考。

三、屏息试验

屏息试验（breath holding test）又称闭气试验。是指对受试者进行深吸气或深呼气后屏气时间的测定，来反映机体耐受低氧能力的一种简易方法。

（一）测试方法

受试者先安静休息，自然呼吸。当听到“开始”口令时，测试者开始计时，受试者做一次深吸气或深呼气后屏气，直到不能再屏气为止即停表，记录屏息时间。

（二）评价标准

表2－12　屏气试验评价标准

人群分类	屏气时间（s）	
	深吸气后	深呼气后
一般健康人		
男性	25～35	15～25
女性	35～45	20～30
长期锻炼者	>60	>40

说明：1. 由于屏气时间的敏感度较差，15秒以内的差值，一般无太多的实际意义。
2. 受试者主观意志力会影响屏气时间的长短。
3. 定量运动负荷后的屏气时间，正常者一般在5分钟内即可恢复到安静时的水平。
4. 研究认为，以最大深呼吸的75%呼吸深度进行屏气试验，屏息时间最长。

第四节　神经系统机能的检查与评价

神经系统（nervous system）是由位于颅腔和椎管内的脑和脊髓，以及与脑和脊髓相连、遍布于全身各部位的周围神经所组成，在人体各器官系统中占有十分重要的地位。神经系统借助于感受器可接受体内和体外的刺激，引起各种反应，调节和控制全身各器官系统的活动，使人体成为一个完整的对立统一体。例如，当人体进行激烈体育运动时，随着骨骼肌的强烈收缩，同时也会出现呼吸加速和心跳加快等一系列的变化。这些变化是在神经系统的调节和控制下，使各器官系统相互制约、相互协调，以适应机体代谢的需要，完成统一的生理功能。

神经系统的机能十分复杂，检查内容和方法也是多种多样。在体育运动领域，主要从感觉、运动和植物神经系统三个方面进行检查和评价。

一、植物神经系统的检查与评价

植物神经系统又称自主神经系统，具有特殊的生理功能。在维持人体的随意和不随意活动中起着重要作用，发生障碍后可以出现全身或局部症状。运动员在训练、比赛前由于过度疲劳、赛前紧张，会导致机体植物神经系统功能调节紊乱，出现心跳加快、呼吸短促、四肢颤抖，从而影响训练、比赛的成绩。

（一）直立试验

方法是受试者卧床休息 2～3 分钟后，先测 1 分钟的脉搏，然后站立起来，再测 1 分钟的脉搏。正常时，由卧位到立位，脉搏增加 12～18 次/分钟，当超过上述范围，表示交感神经兴奋性增强，而增加 <6 次/分钟，说明交感神经兴奋性减弱。

（二）卧倒试验

方法是先测定受试者直立时 1 分钟的脉搏，然后缓慢躺下，隔 15 秒钟后，再测 1 分钟的脉搏。正常时两次脉搏数减少 6～10 次/分钟。当超过上述范围，表示副交感神经兴奋性增强。

（三）皮肤划痕试验

用钝头针在前臂内侧或胸部皮肤上用力划痕 3～5 条，观察出现的皮肤反应。当划痕后，出现明显的白色痕纹，持续 30 秒以上，表示交感神经兴奋性增高；当划痕后出现红色痕纹，持续 20 秒以上，表示迷走神经兴奋性增高；当出现显著红色痕纹，且略肿胀突出，并持续 30 秒以上，表示迷走神经兴奋性显著增高。

（四）心率变异性

心率变异性（Heart rate variability，HRV）是指窦性心律在一定时间内周期性改变的现象，是反映机体交感－副交感神经张力及其平衡的定量指标。目前认为，HRV 分析是作为评价心脏自主神经活性、均衡性及其相关病理状态的无创检测最好、最常用的方法。

国内外有关 HRV 的基础和临床研究逐年增加。近年来 HRV 分析也逐步应用到体育科学领域，通过研究不同项目的运动员、不同运动训练方式、时期 HRV 的变化，找出自主神经均衡性的特点，为运动员选材、制订运动训练计划、训练效果评定及机能水平的评价提供一定的理论依据。

常用于 HRV 分析的仪器有 24 小时动态心电图、多功能心脏检测仪、某些型号的心率遥测仪（Polar 表）也具有 HRV 测试分析的功能。

目前 HRV 分析方法有时域分析法、频域分析法和非线性分析法三大类。时域分析法和频域分析法临床应用广泛，非线性分析法则仍处于研究探索阶段。HRV 分析心电信号长短不一，短者分析 5min 或 1h，长者可分析 24h，甚至几天，国内外普遍采用 24h 法。

1. HRV 时域分析法

时域分析法（time domain analysis methods）是对采集到的逐次窦性心律 RR 间期的数值，按时间顺序或心搏顺序排列直接进行统计学分析，可用标准差、方差、极差、变异系数等来表达。HRV 时域分析以长时程 24 小时为宜，可就自主神经对心率的调控作用作出总的评价，常用指标有：

（1）SDNN：所有正常窦性 RR 间期的标准差，单位：ms。是衡量整体 HRV 大小的最直观指标，低于 100ms 为中度降低，低于 50ms 为重度降低。

（2）SDANN：每 5min 窦性 RR 间期均值的标准差，单位：ms。是反映 HRV 中慢变化成分（相当于频域分析中的超低频功率）。

（3）SDNN 指数（SDNN Index）：每 5min 窦性 RR 间期标准差的均值，单位：ms。

（4）RMSSD：所有相邻窦性 RR 间期之差的均方根值，单位：ms。反映了 HRV 中快变化成分（相当于频域分析中的高频功率）。

（5）SDSD：所有相邻 RR 间期差值的标准差，单位：ms。

（6）NN_{50}：相邻 RR 间期差值超过 50ms 的心搏数，单位：个。

（7）PNN_{50}：相邻 RR 间期差值超过 50ms 的心搏数所占百分比，单位：%。

（8）三角指数：NN 间期的总个数除以 NN 间期直方图的高度，低于 20 为中度降低，低于 15 为明显降低。

（9）TINN：RR 间期的直方图近似三角形底边的宽度，单位：ms。

上述 9 项指标中以 SDNN、RMSSD、PNN_{50}和三角指数最为常用。

2. HRV 频域分析法

频域分析法又称频谱分析，是把心率变化信号分解为不同的频率成分并将其相对强度定量为功率，提供了各种频率成分的功率谱测定。频域分析可观察交感神经与迷走神经功能的变化，分析交感神经和迷走神经各自的活动和平衡状态，弥补了时域分析的不足。推荐选用 5min 短时程分析（严格控制受检者状态及环境条件，避免各种干扰因素的影响）。

常用指标有：

（1）总功率（TP，≤0.04Hz）：是信号总的变异性，代表 HF、VLF、LF 的总和。

（2）高频功率（HF，0.15～0.40Hz）：有迷走神经介导，主要代表呼吸变异。

（3）低频功率（LF，0.04～0.15Hz）受交感神经和副交感神经共同影响。

（4）极低频功率（VLF，0.003～0.04Hz）：可作为交感神经活动的指标。

（5）超低频功率（ULF，≤0.003Hz）：生理意义不明。

（6）LF/HF：代表交感－迷走神经张力的平衡状态。

对短时程（5min）分析可采用：总功率、VLF、LF、HF、LF/HF。

对长时程（24h）分析建议采用：总功率、ULF、VLF、LF、HF。

在上述众多指标中，相关研究认为，LF、SDANN、SDNN 是反映交感神经张力的主要指标；HF、RMSSD 和 PNN_{50}是反映迷走神经张力的主要指标；LF/HF 是反映交感神经张力与迷走神经张力平衡的指标。

由于 HRV 测定的操作方法、仪器、指标不尽相同，缺乏可比性，目前国内尚缺乏统一的正常值。表 2－13 和表 2－14 为欧美 HRV 专家委员会于 1996 年所提供的正常参考值。

表2-13　长时程（24h）时域分析正常参考值

参数	单位	正常范围（x±s）
SDNN	ms	141±39 （<100ms 为中度降低，<50ms 为明显降低）
SDANN	ms	127±35
RMSSD	ms	27±12
三角指数		37±15（采样间隔 1/128 秒） （<20 为中度降低，<15 为明显降低）

引自：中华心血管病杂志编委会心率变异性对策专题组．心率变异性检测临床应用的建议［J］．中华心血管病杂志，1998，26（4）：252-255.

表2-14　短时程（5min 安静平卧时）频域分析正常参考值

参数	单位	正常范围（x±s）
总功率	ms^2	3466±1018
LF	ms^2	1170±416
HF	ms^2	975±203
LF norm	nU	54±4
HFnorm	nU	29±3
LF/HF		1.5~2.0

引自：中华心血管病杂志编委会心率变异性对策专题组．心率变异性检测临床应用的建议［J］．中华心血管病杂志，1998，26（4）：252-255.

二、感觉、运动神经系统机能的检查和评价

感觉是指大脑对直接作用于感官的刺激物个别属性的反映。人的一切随意运动都是从感觉开始的，以心理活动为中继，以肌肉活动的效应而告终的一种反射。体育运动中，通过对感觉神经机能的测量，可使受试者体验到在身体练习中如何使用各种感觉机能更快地掌握技术动作，使教师和教练员准确诊断和解释学生和运动员正误动作的感觉，使之成为一种有效的教学、训练手段和方法。

在运动实践中，由于受评价中枢神经系统疲劳程度的生化指标测定方法的限制，通常采用反应时、（皮肤）两点辨别阈、闪光融合频率和视力、视野来评定神经系统的综合能力。

（一）反应时

反应时（reaction time，RT）是指由刺激作用于感受器开始，到效应器开始活动为止所需要的时间。它包括感觉器官所需要的时间，大脑加工花费的时间，神经传导的时间以及肌肉反应的时间。

反应时的长短与中枢神经系统的兴奋性有密切关系。当大脑皮层处于良好状态时，神经传导速度快，反应时短。许多运动项目，如射击、散打、乒乓球等都需要运动员具有灵敏、快速的反应速度，才能在比赛中取得优异成绩。因此，可根据运动员反应时的变化来评价运动员的功能状况，判断神经系统的疲劳程度。

根据测试方法的不同，反应时分为简单反应时、选择性反应时和复杂反应时；根据刺激方式的不同分为视觉刺激、声觉刺激、触觉刺激、味觉刺激、本体感觉刺激。因此，用于测试反应时的仪器也有不同的种类。一般情况下，多采用选择性反应时进行测试。

测试时，受试者中指按住“启动键”，等待信号发出，当任意信号键发出信号时（声、光同时发出），以最快速度去按该键；信号消失后，中指再次按住“启动键”，等待下一个信号发出，共有5次信号。受试者完成第五次信号应答后，所有信号键都会同时发出光和声，表示测试结束。测试两次，取最好成绩（表2－15）。

表2－15　20～39岁成年人选择反应时评分表（单位：s）

年龄	性别	1分	2分	3分	4分	5分
20～24	男	0.69～0.61	0.60～0.50	0.49～0.44	0.43～0.39	<0.39
	女	0.79～0.66	0.65～0.53	0.52～0.46	0.45～0.40	<0.40
25～29	男	0.73～0.63	0.62～0.52	0.51～0.45	0.44～0.39	<0.39
	女	0.82～0.69	0.69～0.56	0.55～0.48	0.47～0.42	<0.42
30～34	男	0.76～0.66	0.65～0.53	0.52～0.47	0.46～0.41	<0.41
	女	0.86～0.71	0.70～0.58	0.57～0.50	0.49～0.43	<0.43
35～39	男	0.78～0.67	0.66～0.55	0.54～0.48	0.47～0.41	<0.41
	女	0.86～0.74	0.73～0.59	0.58～0.51	0.50～0.44	<0.44

引自：国家体育总局．国民体质测定标准手册［M］．北京：人民体育出版社，2003.

（二）闪光融合频率

光刺激断续作用于人眼时，会引起闪烁的感觉。随着频率的不断增加，闪烁感觉就会逐渐消失，最后变成一个稳定的光，这称为光的融合。介于闪烁与稳定之间的能引起连续融合感觉的最小断续频率称为闪光融合频率（Flicker Fusion Frequency，FFF）。它是反映中枢神经系统疲劳状态（或大脑皮质兴奋水平）的重要指标。主要用于击剑运动员神经机能状态的评价、竞走裁判员观察能力的评价。

一般来说，闪光融合频率值随着中枢神经系统疲劳程度的加重而降低。如在正常情况下感到是闪光，而发生疲劳后则感到是连续光点，可以看作是视觉系统的兴奋水平下降，即大脑皮质功能水平降低。运动时FFF的变化，一般是随着运动开始，在一段时间里逐渐增大，随后就开始下降。运动量愈大，下降就愈快，并且下降的幅度也愈大。所以，根据FFF的变化，基本上可以推测中枢神经系统的功能状态。

常用闪光融合频率仪进行测试。其特点是测试方便，效果明显（表2－16）。

表2-16 闪光融合频率评价标准（Hz）

疲劳程度	正常参考值与测试值之差	恢复速度
轻度	1.0~3.9	休息后当日可恢复
中度	4.0~7.9	休息一夜可恢复
重度	>8.0	休息一夜后不能完全恢复

引自：冯连世，等．优秀运动员身体机能评定方法［M］．北京：人民体育出版社，2003.

注：正常参考值是指运动员正常状态下测定的 FFF 值（32~38Hz）。

（三）皮肤两点辨别阈

皮肤感觉能分辨出的最小距离称为皮肤两点阈（Two - Point Threshold）。在运动训练中，当运动员机体达到疲劳时，会造成神经系统机能紊乱，引起各种皮肤感觉敏感性下降。因此可以把皮肤两点辨别阈作为检测运动员疲劳和恢复的简单无创性指标。

常用两点辨别测试仪进行测试。人体经常活动的部位，其两点阈值相对要小，这说明此部位触觉定位的准确性高。相反，人体不经常活动的部位触觉定位的准确性低，两点阈值相对要大。

在训练课前或正常安静时的测定值作为正常值。当运动训练后皮肤两点辨别阈较安静时大 1.5~2 倍时，表明出现轻度疲劳；若大于 2 倍，则认为是重度疲劳。

（四）视力、视野

视力是指眼睛能分辨两点间最小距离的能力。视野是眼球固定注视正前方时所能看到的全部空间范围。

正常在篮球运动比赛中，运动员除了要有过硬的技术水平以及全队的默契配合之外，还应有良好的视力、意识、广阔的视野。通常所说篮球运动员的视野是指在比赛中，运动员在一瞬间所能观察到的场上情况及变化范围，实际上指的就是篮球运动员周边视野。运动员如果视野狭窄，则临场观察空间范围小，导致判断不准确，甚至观察不到进攻的空挡战机，即使技术再好，也不能取得优异的比赛成绩。

通过检查视野可以了解整个视网膜的感光功能，并有助于判断视觉传导通路以及视觉中枢的机能。在相同的条件下，白光的视野最大，依次为黄光、蓝光、红光，绿光视野最小。经过训练的运动员，绿光视野比一般人大。

本章提要

1. 身体机能检查是客观了解和掌握体育运动参加者身体机能状况和不同器官系统功能水平的重要手段和方法。

2. 运动系统的机能检查主要包括肌肉力量、肌肉耐力和关节活动幅度三方面。

3. 肌肉力量是指肌肉收缩产生最大收缩力的能力，又称最大肌肉力量或绝对肌肉力量；肌肉耐力是指肌肉在对抗较大负荷时，能维持较长时间的能力。

4. 肌肉力量的测试方法分为等张肌力测试、等长肌力测试和等速肌力测试。

5. 等长肌力测试一般包括握力、背力、臂力、腿部力量的测试。

6. 等张肌力测试常用屈臂、杠铃上举、仰卧蹬腿、半蹲起、俯卧屈膝等手段。最大等张肌力的评价常用 1 – RM 表示。

7. 关节活动幅度（ROM）是指某关节围绕其运动轴进行主动或被动运动时的最大活动范围。测量方法有间接测量法和直接测量法两种。

8. 评价躯干、下肢柔韧性的试验是坐位体前屈；评价肩关节活动的试验有持棍转肩、双手背勾试验；评价躯干和颈部柔韧性的是俯卧背伸试验。

9. 心血管系统机能常用指标有心率（安静时，运动中、后）、血压（安静，运动中、后）。

10. 测量心率的方法主要有指触法、心音听诊法、心率遥测法、心电图记录法四种。

11. 成人正常安静状态下的收缩压为 90 ~ 140mmHg，舒张压为 60 ~ 90mmHg。

12. 运动负荷试验是指通过给予受试者一定的运动负荷，根据运动中、恢复期的心率、血压、主观感觉疲劳等级（PRE）等指标的不同变化，评价受试者在运动应激状态下的心血管机能状况。

13. 常用的运动负荷试验包括定量运动负荷试验（主要包括台阶试验、联合机能试验、12 分钟试验、PWC_{170} 试验、1 英里走或跑、20m 往返跑）和递增运动负荷试验等。

14. 联合机能试验常见反应类型有正常反应、紧张性增高反应、无力反应、紧张性不全反应和梯形反应 5 种类型。

15. 常用台阶指数来评价心血管机能水平的高低。

16. PWC_{170} 是指受试者在定量负荷运动中，当心率在 170 次/分钟的稳定运动状态下，机体单位时间内所做的功。教练员可根据不同时期运动员 PWC_{170} 数值的变化作为评定训练效果，进行成绩预测、及时了解身体机能状况的客观指标。

17. 评价呼吸系统机能状态的指标有肺活量、时间肺活量和屏气时间的长短。

18. 神经系统的机能检查内容和方法复杂多样。在体育科学研究领域，通常从植物神经、感觉、运动神经系统的机能状态进行检查和评价。

19. 心率变异性（HRV）是反映机体交感 – 副交感神经张力及其平衡的定量指标。HRV 分析被认为是目前无创性检测与评价自主神经功能及其动态活动变化的最好方法。常选用 LF、SDANN、SDNN 三指标来反映交感神经张力，HF、RMSSD 和 PNN_{50} 来反映迷走神经张力；LF/HF 来反映交感神经张力与迷走神经张力之间的平衡状态。

20. 评价机体感觉、运动神经系统机能状态的试验是用反应时、两点辨别阈、闪光融合频率和视力、视野来评定神经系统的综合能力。

21. 反应时（reaction time，RT）是指由刺激作用于感受器开始，到效应器开始活动为止所需要的时间。当大脑皮层处于良好状态时，反应时短。

22. 闪光融合频率是反映中枢神经系统疲劳状态的重要指标。主要用于击剑运动员神经机能状态的评价、竞走裁判员观察能力的评价。

23. 皮肤两点辨别阈是检测运动员疲劳和恢复的简单无创性指标。当运动训练后皮肤两点辨别阈较安静时大1.5～2倍时，表明出现轻度疲劳；若大于2倍，则认为是重度疲劳。

推荐阅读文献

[1] 杨静宜，徐俊华．运动处方［M］．北京：高等教育出版社，2005.
[2] 黄海．运动人体机能实验学［M］．北京：人民体育出版社，2006.
[3] 孙庆祝．体育测量与评价［M］．北京：高等教育出版社，2006.

参考文献

[1] 高维纬．体育保健学［M］．沈阳：辽宁教育出版社，1995.
[2] 黄海．运动人体机能实验学［M］．北京：人民体育出版社，2006.
[3] 孙庆祝．体育测量与评价［M］．北京：高等教育出版社，2006.
[4] 中华心血管病杂志编委会心率变异性对策专题组．心率变异性检测临床应用的建议［J］．中华心血管病杂志，1998，26（4）：252－255.
[5] 曲绵域，于长隆．实用运动医学（第4版）［M］．北京：北京大学医学出版社，2003.
[6] 全国心率变异性分析多中心研究协作组．心率变异性正常值及其重复性的多中心研究［J］．中华心律失常学杂志，2000，4（3）：165－170.
[7] 王健，何玉秀．健康体适能［M］．北京：人民体育出版社，2008.

第三章 学校体育运动的医务监督

学校体育运动的医务监督，主要是指应用医学的理论、知识与方法，指导学生合理地进行体育锻炼、训练或比赛，促进学生生长发育，提高健康水平的一类体育保健工作。

青少年时期是各项身体素质发展的关键时期。青少年的体质健康水平不仅关系个人健康成长和幸福生活，更关系到整个民族健康素质，关系我国人才培养的质量。体育课和体育运动是加强爱国主义和集体主义教育、磨炼坚强意志、培养良好品德的重要途径；是促进青少年全面发展的重要方式。体育课和体育运动对青少年思想品德、智力发育、审美素养的形成都有不可替代的作用。学校教育必须全面贯彻党的教育方针，高度重视青少年体育工作，使广大青少年在增长知识、培养品德的同时，锻炼和发展身体的各项素质和能力，成长为中国特色社会主义事业的合格建设者和接班人。

第一节 学校体育运动的基本要求

党中央国务院对加强青少年体育工作的总体要求是：认真落实健康第一的指导思想，把增强学生体质作为学校教育的基本目标之一，建立健全学校体育工作机制，充分保证学校体育课和学生体育活动，广泛开展群众性青少年体育活动和竞赛，加强体育卫生设施和师资队伍建设，全面完善学校、社区、家庭相结合的青少年体育网络，培养青少年良好的体育锻炼习惯和健康的生活方式，形成青少年热爱体育、崇尚运动、健康向上的良好风气和全社会珍视健康、重视体育的浓厚氛围。通过5年左右的时间，使我国青少年普遍达到国家体质健康的基本要求，耐力、力量、速度等体能素质明显提高，营养不良、肥胖和近视的发生率明显下降。通过全党全社会的共同努力，坚持不懈地推动青少年体育运动的发展，不断提高青少年乃至全民族的健康素质。

一、全面实施《国家学生体质健康标准》，把健康素质作为评价学生全面健康发展的重要指标。加快建立符合素质教育要求的考试评价制度，发挥其对增强青少年体质的积极导向作用。全面组织实施初中毕业升学体育考试，并逐步加大体育成绩在学生综合素质评价和中考成绩中的分量；积极推行在高中阶段学校毕业学业考试中增加体育考试的做法。普遍推行《国家学生体质健康标准》测试报告书制度、公告制度和新生入学体质健康测试制度。认真贯彻《学校体育工作条例》，建立和完善学校体育工作规章制度。

二、广泛开展“全国亿万学生阳光体育运动”。鼓励学生走向操场、走进大自然、走到阳光下，形成青少年体育锻炼的热潮。要根据学生的年龄、性别和体质状况，积极探索适应青少年特点的体育教学与活动形式，指导学生开展有计划、有目的、有规律的体育锻炼，努力改善学生的身体形态和机能，提高运动能力，达到体质健康标准。对达到合格等级的学生颁发“阳光体育证章”，优秀等级的颁发“阳光体育奖章”，增强学生参加体育锻炼的荣誉感和自觉性。

三、切实减轻学生过重的课业负担。各级各类学校要进一步端正办学思想，加强素质教育，努力促进青少年学生生动活泼、积极主动地发展。中小学要切实纠正片面追求升学率的倾向，减轻学生过重的课业负担。深入推进基础教育课程改革，提高课堂教学的质量和效率，使学生有更多的时间参加体育锻炼。

四、确保学生每天锻炼一小时。中小学要认真执行国家课程标准，保质保量上好体育课，其中小学1～2年级每周4课时，小学3～6年级和初中每周3课时，高中每周2课时；没有体育课的当天，学校必须在下午课后组织学生进行一小时集体体育锻炼并将其列入教学计划；全面实行大课间体育活动制度，每天上午统一安排25～30分钟的大课间体育活动，认真组织学生做好广播体操、开展集体体育活动；寄宿制学校要坚持每天出早操。高等学校要加强体育课程管理，把课外体育活动纳入学校日常教学计划，使每个学生每周至少参加三次课外体育锻炼。各级教育行政部门要提出每天锻炼一小时的具体要求并抓好落实。因地制宜地组织广大农村学生开展体育锻炼。有针对性地指导和支持残疾青少年的体育锻炼活动。要切实加强体育教师队伍建设，按照开设体育课和开展课外体育活动的需要，配齐配强体育教师。

五、举办多层次多形式的学生体育运动会，积极开展竞技性和群众性体育活动。各级政府要定期组织综合性或专项性的学生体育运动会。学校每年要召开春、秋季运动会，因地制宜地经常开展以班级为单位的学生体育活动和竞赛，做到人人有体育项目、班班有体育活动、校校有体育特色。进一步办好体育传统项目学校和高等学校高水平运动队，充分发挥其对群众性体育的示范带动作用。完善高等学校和高中阶段学生军训制度，丰富军训内容，开展“少年军校”活动，发挥学生军训在增强体质、磨炼意志等方面的作用。注重发展学生的体育运动兴趣和特长，使每个学生都能掌握两项以上体育运动技能。

六、帮助青少年掌握科学用眼知识和方法，降低青少年近视率。中小学教师和家长都要关注学生的用眼状况，坚持每天上下午组织学生做眼保健操，及时纠正不正确的阅读、写字姿势，控制近距离用眼时间。学校每学期要对学生视力状况进行两次监测。各级政府要进一步改善农村学校的办学条件，确保照明、课桌椅达到基本标准，改善学生用眼卫生条件。

七、确保青少年休息睡眠时间，加强对卫生、保健、营养等方面的指导和保障。制定并落实科学规范的学生作息制度，保证小学生每天睡眠10小时，初中学生9小时，高中学生8小时。积极开展疾病预防、科学营养、卫生安全、禁毒控烟等青少年健康教育，并保证必要的健康教育时间。建立和完善学生健康体检制度，使青少年学生每年都能进行一次健康检查。建立和完善青少年营养干预机制，对城乡青少年及其家庭加强营养指导；通过财政资助、勤工俭学、社会捐助等方式提高农村寄宿制学校家庭经济困难学生伙食补贴标准，保证必要的营养需要。建立青少年营养状况监测机制，加强青少年食品卫生专项监督检查。根据新时期青少年青春期特征和成长过程中的心理特点，有针对性地加强心理健康教育，逐步建立健全青少年心理健康教育、指导和服务网络。

八、加强学校体育设施建设。各级政府要认真落实《公共文化体育设施条例》，统筹协调、因地制宜，加强学校体育设施特别是体育场地建设。城市和社区的建设规划要充分考虑青少年体育锻炼设施的需要，为他们提供基本的设施和条件。公共体育设施建设要与学校体育设施建设统筹考虑、综合利用。把“农民体育健身工程”与农村中小学体育设施建设结合起来，改善农村学校体育条件。公共体育场馆和运动设施应免费或优惠向周边学校和学生开放，学校体育场馆在课余和节假日应向学生开放。

九、加强体育安全管理，指导青少年科学锻炼。学校要对体育教师进行安全知识和技能培训，对学生加强安全意识教育。加强体育场馆、设施的维护管理，确保安全运行。完善学校体育和青少年校外体育活动的安全管理制度，明确安全责任，完善安全措施。针对青少年的特点，加强对大型体育活动的管理，做好应急预案，防止发生群体性安全事件。所有学校都要建立校园意外伤害事件的应急管理机制。建立和完善青少年意外伤害保险制度，推行由政府购买意外伤害校方责任险的办法，具体实施细则由财政部、保监会、教育部研究制定。要加强体育科学研究，积极开发适应青少年特点的锻炼项目和健身方法，加强社会体育指导员队伍建设，为青少年体育锻炼提供科学指导。

第二节　体育课与课外体育活动的医务监督

一、体育锻炼时的自我观察

在体育活动中或体育活动后，应教会学生进行自我观察的方法，特别是参加业余体育训练的学生更应该具有自我观察的能力。

（一）脉　搏

常用清晨卧位脉搏来评定身体机能状态，若与平时相比每分钟脉搏数增加 12 次以上，说明机体状态不良或体育活动过多；晨脉搏的变化也可能与睡眠不佳或其他因素有关。

（二）主观感觉

体育活动期间或体育活动后，如果自觉心悸、气短、头晕、头痛、胸痛、腹痛、恶心、呕吐或其他明显不适，应当及时向教师报告。一般认为，这些症状的出现多与体育锻炼的负荷量不当或机体状态不良有关。

（三）食　欲

在体育锻炼期间，通常是食欲增加。如果出现食欲不振或进食量的明显下降，可能是体育锻炼的负荷过大使机体不适应或机体的机能状态不良所致。

（四）睡　眠

入睡迟、易醒多梦或失眠说明机体状态不良。

（五）排汗量

如果在体育活动中或活动后，自觉出汗明显增多或体弱乏力说明机体状态不良或运动的负荷量过大。

二、定期检查

（一）体　重

在体育活动期间，体重可有轻度下降或波动，但一般不会超过 2 ~ 3 公斤；如果出现体重的持续性下降，说明机体状态不良或存在某些疾病，应该仔细查找原因。

（二）呼吸差和肺活量

随着体育运动水平的提高，呼吸差应逐渐增加，肺活量也相应增加；如果两者均明显下降则说明机体状态不良。

（三）肌　力

一般用握力和背肌力作为运动能力是否提高的标志；如果肌力有明显的下降亦说明机体状态不良。

（四）运动负荷试验或机能试验

如果各系统的机能试验出现异常，说明机体状态不良或患有某种疾病。

（五）运动成绩

如果运动成绩长期不提高或明显下降，说明机体状态不良或机体正在患病。

（六）心电图或 X 线片检查

如果心电图出现异常，如 QR 间期、QRS 间期延长、ST 段下移、T 波倒置或双向等情况发生，说明机体机能状态不良或正在患病；X 线片出现异常提示机体正在患某种疾病或有某种损伤存在。

三、场地、器械与保护用具的监督检查

对运动场地和运动环境卫生应该经常进行预防性检查，及时发现和修理有问题的设备，使之经常保持良好状态。运动环境要符合各种卫生要求。

体育运动使用的器械必须适合学生的年龄特点；保护性器具必须符合安全标准，无破损及断裂。

四、体育课着装

进行体育活动时，学生必须穿着规定的运动服装和鞋帽，如紧袖、紧腰和紧腿的三紧运动装，各种软底运动鞋。服装的大小一定要合体、舒适，便于从事各种运动。

五、气象条件

如遇到阴雨、高热、潮湿、严寒、雷电、大风等天气，应停止在室外上体育课，改在室内体育馆或体育教室进行教学，以免在体育课中出现意外事故。

第三节 学校运动会的医务监督

各高校会定期举行的运动会，大多数以田径运动项目为主。学校运动会中，参赛人员和观众均为 7 ~18 岁的青少年。他们中的大多数人未接受过系统的体育训练，运动水平不高，身体的协调能力较差，而且学校田径运动会所能使用的运动场地和设备也较简陋。因此，学校运动会的组织者应该根据少年儿童的解剖和生理特点，结合客观实际来确定比赛的项目和比赛的程序，同时在举办运动会过程中应作好以下各项工作。

一、赛前健康检查

赛前应对参赛学生进行基本的医学检查，检查的重点为心血管系统和运动系统，必要时还应该对与比赛项目相关的器官、系统机能进行检查。有体育活动禁忌证者或医学检查不合格者一律不准参加比赛。

二、比赛组织管理

在制订竞赛日程和比赛项目时，应严格掌握同一名学生所参加的两项或两项以上比赛的间隔时间。如果间隔时间太短，要适当地调整比赛的组别或比赛项目的前后顺序。

三、医疗急救要求

运动会场地内必须设立临时医疗站或者急救服务站。由专门负责运动会期间医疗和急救工作的负责人对医疗设施进行检查。临时医疗站或者急救服务站应由职业医务人员承担急救工作，对运动会中出现的各种疾病和意外事故进行处理。急救站应备有常用药品及外伤消毒用品、包扎用品，最好备有担架及可以使用的救护车辆。

四、供水卫生要求

运动会期间的饮水，一般由大会设立的专门饮水站统一供给，也可由学生自备。饮用的水或饮料必须符合饮用水卫生标准和不同饮料的卫生标准。供水站必须防止饮水用具交叉污染，避免疾病通过饮水途径传播。

五、饮食营养

参赛学生赛前进餐应在其参加比赛 3 小时前完成，保证比赛时大部分食物已从胃肠道排空。进餐的食物应以高糖、低脂肪、低蛋白质构成。种类以易消化、不产气的食品为主。进食量不能过多，以 5 ~7 分饱为宜。

作为观众的学生在运动会期间所吃的，也应该选择营养丰富、容易消化的食品。切忌食用腐败变质、不卫生的食物。为了避免在体力消耗较大时胃肠道的负担过重，不吃生冷食物。

六、运动会后的疲劳恢复

（一）参赛学生

参赛学生经过紧张激烈的体育运动后，身体明显疲劳，可通过以下方式恢复。

1. 进食含蛋白质、维生素、矿物质丰富的食物，多吃新鲜的蔬菜和水果。
2. 尽快改变神经系统的兴奋或抑制状态，保证充足的睡眠。
3. 通过温水浴和简单的理疗、按摩使肌肉放松。
4. 散步、听轻松音乐及进行日光浴、空气浴等积极性休息能使身心得到全面的放松。

（二）学生观众

通过合理营养、充足睡眠及积极性休息等措施，可使学生观众在运动会期间产生的疲劳得到恢复。

第四节　体育活动的禁忌证

体育教师在组织体育教学活动时，必须坚持体育课代表的报告制度。这样可以及时地了解学生的身体情况，避免在体育课进行过程中出现意外。此外，如果发现学生有下列异常病症时，应按体育活动的禁忌证处理，并根据具体情况作出相应的安排。

一、发　热

正常人的体温是由大脑皮质和丘脑下部体温调节中枢控制和管理。体温调节中枢通过神经、体液因素调节机体的产热和散热过程，保持产热和散热过程的动态平衡。若致热原作用于体温调节中枢、或该中枢的功能紊乱使体温超出正常范围，就称为发热。

（一）感染性发热：各种病原体，如病毒、细菌、真菌、寄生虫、肺炎支原体等引起机体感染，不论是急性、亚急性或慢性、局部或全身的炎症，均可引起发热。其原因是病原体的代谢产物或其毒素作用于白细胞而释放出致热原而使体温调节中枢紊乱，致使机体发热。

（二）非感染性发热：可由无菌性坏死物质的吸收、抗原－抗体反应、内分泌及代谢异常、皮肤散热减少、体温调节中枢功能失常及植物神经功能紊乱等原因引起发热。

二、疼　痛

机体各组织损伤都可导致疼痛感的产生。引起疼痛的物质称为致痛物质，如乙酰胆碱、5－羟色胺、组织胺、缓激肽、钾离子、氢离子及组织损伤时释放的酸性代谢产物。这些物质直接刺激神经末稍的痛觉感受器，产生的冲动经脊髓丘脑侧束传至大脑皮质中央后回的第一感觉区，引起有定位特征的痛觉。不同部位产生疼痛的原因不同：戳刺、切割、挤压、烧灼能够引起皮肤痛；胃肠道对机械性牵拉、缺血、痉挛和炎症比较敏感，粘膜发炎，平滑肌扩张或痉挛、肠系膜根部受牵拉时易引起胃肠痛；骨骼肌由于缺血、坏死、出血等刺激引起疼痛；关节滑膜在炎症作用下产生疼痛。不同部位的疼痛有各自的特点：皮肤痛有明确的定位，先出现尖锐的刺痛（快痛），继而在 1～2 秒之后出现一种烧灼样痛（慢痛）。内脏痛不同于皮肤痛，内脏痛的感觉位于身体的深部，定位不明显，痛区边缘难以确定。

起源于内脏疾病的痛觉冲动，可能会产生定位于体表的疼痛感，且位置常位于距离病变脏器较远处，这种疼痛称为牵涉痛；痛觉被牵涉到由相应脊髓后根所支配的皮肤区域，如牙痛时可出现颞颌部的牵涉痛，膈下脓肿时可出现同侧肩胛区牵涉痛等。

（一）头　痛

头痛是指额、顶、颞及枕部发生的疼痛，头痛加剧并伴有颅内压增高多见于颅内的占位性病变；不伴颅内高压的慢性疼痛多见于肌收缩性头痛及鼻源性头痛。

引起头痛的常见原因有颅内疾病、颅外疾病、全身性疾病及神经官能症等。

（二）胸　痛

各种化学或物理因素刺激肋间神经的感觉纤维、支配心脏及主动脉胸段的感觉纤维、支配气管及食管的迷走神经纤维或膈神经的感觉纤维等，均可引起胸痛。有时某些脏器病变还可产生牵涉痛，如心绞痛时可出现胸骨后或心前区疼痛，还可能放射到左肩和左肩内侧。

引起胸痛的常见原因有炎症、内脏缺血、肿瘤、心脏神经官能症及外伤等。

（三）腹　痛

许多内科、外科、妇产科和儿科疾病均可引起急性腹痛，常见原因有腹膜急性炎症、腹腔器官急性炎症、空腔脏器梗阻或扩张、脏器扭转或破裂、腹腔内血管梗阻、中毒与代谢障碍以及胸腔疾病的牵涉痛等。

三、水　肿

人体组织间隙过多的液体积聚称为水肿，可分为全身性水肿与局限性水肿。

在正常人体中，血管内液体不断地从毛细血管小动脉端滤出至组织间隙成为组织液，组织液又不断从毛细血管小静脉端回吸入血管中，二者保持动态平衡。维持这种平衡的主要因素有毛细血管内静水压、血浆胶体渗透压、组织间隙的机械压力及组织液的胶体渗透压。

（一）全身性水肿

全身性水肿主要有心源性水肿、肾源性水肿、肝源性水肿、营养不良性水肿、药物性水肿及特发性水肿等。

（二）局限性水肿

局限性水肿主要有局部炎症性水肿、静脉回流受阻水肿、淋巴回流受阻水肿及血管神经性水肿等。

四、皮肤粘膜出血

皮肤粘膜出血是由于机体的止血与凝血机制障碍或由直接外伤造成的皮肤粘膜广泛性或局限性出血，出血常形成红色或暗红色的斑、出血点、紫癜或血肿。

引起皮肤粘膜出血的常见原因有血管外因素、血管因素、血小板因素及凝血因子因素等。

五、呼吸困难

呼吸困难是呼吸功能不全的一种表现。患者主观上感到空气不足，客观上表现为呼吸费力，严重时可能出现鼻翼扇动、紫绀、端坐呼吸，辅助呼吸肌参与呼吸活动并有呼吸频率、深度与节律的异常等。

引起呼吸困难的常见原因有肺脏疾病、呼吸道梗阻、神经肌肉疾病、胸廓活动障碍、膈肌活动受阻、心脏病、中毒、血液病及神经精神因素等。

六、咳　嗽

咳嗽是人体的一种反射性动作，呼吸道内的病理性分泌物和从外界进入呼吸道内的异物可借咳嗽反射的作用排出体外。但是频繁的刺激性咳嗽会影响人们体育活动或生活与休息。

引起咳嗽的常见原因有呼吸道疾病、胸膜疾病、心脏病及中枢性因素等。

七、咳　血

咳血是指喉部以下的呼吸器官出血，经咳嗽动作从口腔排出。咳血应与呕血、口腔、咽、鼻出血相区别。

引起咳血的常见原因有支气管疾病、肺部疾病、心血管疾病及其他血液病等。

八、紫　绀

紫绀又称发绀，是指血液中还原血红蛋白增多，致使皮肤粘膜呈现青紫色的现象。紫绀在皮肤较薄、色素较少和毛细血管丰富的血液循环末稍，如口唇、鼻尖、颊部和甲床等处较为明显。

引起紫绀的常见原因有中心性紫绀（肺性紫绀或心性混血性紫绀）、周围性紫绀及血液中含有异常血红蛋白衍化物等。

九、心　悸

心悸是指自觉心跳或心慌伴有心前区不适感；心率慢时常感到心脏搏动强烈，心率快时可感到心脏跳动。检查时可发现心律不齐。心悸的发生机理并不清楚，一般认为心悸与心脏活动过度、精神因素和注意力集中等因素有关。

引起心悸的常见原因有心室肥大、引起心排血量增加的某些病变、心律失常及心脏神经官能症等。

十、恶心与呕吐

恶心常为呕吐的前驱感觉，主要表现为上腹部的特殊不适，常伴有头晕、流涎、脉搏缓慢及血压降低等迷走神经兴奋症状。呕吐是指胃内容物或一部分小肠内容物通过食管逆流出口腔的一种复杂的反射动作。频繁的呕吐可引起机体失水，电解质、酸碱平衡紊乱和营养障碍等。

呕吐过程可分为三个阶段：恶心、干呕和呕吐，但有时仅出现恶心或干呕。呕吐时首先是幽门开放，同时腹肌收缩，膈肌下降使腹压增高，迫使胃内容物排出。

引起呕吐的常见原因有咽部受刺激，胃肠、肝、胆等腹腔脏器疾病，心血管疾病，急性传染病等引起的反射性呕吐；中枢神经系统疾病、药物或化学性毒物作用及代谢引起的中枢性呕吐，前庭器官障碍或神经官能症引起的呕吐等。

十一、呕　血

呕血是指由于上消化道急性出血或某些全身性疾病引起的呕吐血液或血性混合物。

引起呕血的常见原因有食管疾病、胃十二指肠疾病、肝胆道疾病、胰腺疾病、血液病、急性传染病及尿毒症等。

十二、腹　泻

肠粘膜的分泌与吸收障碍、肠蠕动过快致使排便频率增加及稀便称为腹泻。腹泻的发生与肠粘膜分泌过多、肠蠕动过快、肠吸收面积减少或粘膜吸收障碍及肠腔内渗透压升高有密切关系。

引起腹泻的常见原因有急性肠疾病、急性中毒、急性全身感染、变态反应性疾病、内分泌疾病及药物副作用等。

十三、黄　疸

黄疸是由于胆色素代谢障碍导致血液中胆红素浓度增高渗入组织，尤其是巩膜、粘膜和皮肤。引起黄疸的原因如下。

（一）溶血性黄疸

由先天性或与遗传有关的溶血性贫血、获得性免疾性溶血性贫血或非免疫性溶血性贫血所致的红细胞破坏增多和肝功能减退。

（二）肝细胞性黄疸

由病毒性肝炎、中毒性肝炎或钩端螺旋体病等引起的肝细胞功能受损。

（三）阻塞性黄疸

由肝内性阻塞或肝外性阻塞等因素存在而引起胆小管与毛细胆管破裂，胆汁中胆红素反流入血液中。

十四、腹　水

积聚于腹腔内的游离液体称为腹水，腹水可分为浆液性、血性、脓性或乳糜性腹水。

引起腹水的常见原因有低蛋白血症、钠、水潴留、内分泌障碍等全身性因素或门静脉高压、肝静脉阻塞、腹膜炎症、恶性肿瘤、丝虫病等局部性因素等。

十五、血　尿

尿液离心沉淀后，镜检下每高倍视野有二个以上的红细胞称为血尿，血尿严重者尿呈洗肉水色甚至红色。

引起血尿的常见原因有泌尿系统疾病、尿路邻近器官疾病、感染、血液病、结缔组织病、心血管病、药物的毒副作用及运动性血尿等。

十六、眩　晕

眩晕是对空间定位的一种运动错觉，睁眼时有周围景物旋转、上下晃动或左右晃动的错觉，闭眼时则有自身旋转或晃动的错觉。眩晕常伴有眼球震颤、平衡失调以及恶心、呕吐、出汗、心动过缓、血压下降等植物神经功能紊乱表现。前庭系统是人体识别方向的主要结构，而该处病变是产生眩晕的主要原因。眩晕与头晕不同，头晕时感到头昏眼花、头重脚轻或眼前发黑，但无周围景物旋转感。

引起眩晕的原因有耳源性眩晕、前庭器疾患、第八颅神经疾患、前庭神经区疾患、眼原性眩晕、躯体疾病、颅内疾病及神经官能症及中毒等。

十七、其　他

此外，如果学生具有下列情况之一者，也应视为体育活动的禁忌证。

（一）早餐或午餐未进食者。空腹状态运动易出现低血糖症，或发生其他意外。

（二）身体形态有明显异常或畸形者。如步态异常、骨骼形态异常、关节畸形等，要问清原因后再决定是否可以进行活动。

（三）萎靡不振、情绪极度低落者。可能是病后初愈或正在患病，也可能是心理受到极大刺激所致。

（四）骨折、脱位未解除固定者。此期可进行功能锻炼或矫治体操，但禁止参加正常的体育活动，以免影响组织愈合或造成新的损伤。

（五）身体有原因不明的肿物或恶性肿瘤者。体育活动可能促使肿物生长或破裂造成血行性播散。

（六）女子月经期反应严重者。

本章提要

1. 学校体育运动的医务监督，主要是指应用医学的理论、知识、技能与方法，指导学生合理地进行体育锻炼、训练或比赛，来促进学生生长发育、提高其健康水平效果的一类体育保健工作。

2. 党中央国务院对当前和今后一个时期，加强青少年体育工作的总体要求是：认真落实健康第一的指导思想，把增强学生体质作为学校教育的基本目标之一，建立健全学校体育工作机制，充分保证学校体育课和学生体育活动，广泛开展群众性青少年体育活动和竞赛，加强体育卫生设施和师资队伍建设，全面完善学校、社区、家庭相结合的青少年体育网络，培养青少年良好的体育锻炼习惯和健康的生活方式，形成青少年热爱体育、崇尚运动、健康向上的良好风气和全社会珍视健康、重视体育的浓厚氛围。通过5年左右的时间，使我国青少年普遍达到国家体质健康的基本要求，耐力、力量、速度等体能素质明显提高，营养不良、肥胖和近视的发生率明显下降。通过全党全社会的共同努力，坚持不懈地推动青少年体育运动的发展，不断提高青少年乃至全民族的健康素质。

3. 体育锻炼时的自我观察的指标有：脉搏、主观感觉、食欲、睡眠、排汗量。

4. 晨脉若与平时相比每分钟脉搏数增加12次以上，说明机体状态不良或体育活动过多，也可能与睡眠不佳有关。

5. 体育活动期间或体育活动后，如果自觉心悸、气短、头晕、头痛、胸痛、腹痛、恶心、呕吐或其他明显不适，自觉出汗明显增多或体弱乏力多与体育锻炼的负荷量不当或机体状态不良有关。

6. 在体育锻炼期间出现食欲不振或进食量的明显下降，出现入睡迟、易醒多梦或失眠可能是体育锻炼的负荷过大使机体不适应或机体的机能状态不良所致。

7. 如果出现体重的持续性下降、呼吸差与肺活量也均明显下降、肌力有明显的下降、如果各系统的机能试验出现异常、运动成绩长期不提高或明显下降或者心电图出现异常则说明机体状态不良。

8. 对运动场地和运动环境卫生应该经常进行预防性检查，及时发现和修理有问题的设备，使之经常保持良好状态。运动环境要符合各种卫生要求。

9. 体育运动使用的器械必须适合学生的年龄特点；保护性器具必须符合安全标准，无破损及断裂。

10. 进行体育活动时，学生必须穿着规定的运动服装和鞋帽，如紧袖、紧腰和紧腿的三紧运动装，各种软底运动鞋。服装的大小一定要合体、舒适，便于从事各种运动。

11. 如遇到阴雨、高热、潮湿、严寒、雷电、大风等天气，应停止在室外上体育课，改在室内体育馆或体育教室进行教学，以免在体育课中出现意外事故。

12. 学校运动会应作好赛前健康检查、比赛组织管理、医疗急救、供水卫生、饮食营养等各项工作。

13. 赛前应对参赛学生进行基本的医学检查，检查的重点为心血管系统和运动系统，必要时还应该对与比赛项目相关的器官、系统机能进行检查。有体育活动禁忌证者或医学检查不合格者一律不准参加比赛。

14. 在制订竞赛日程和比赛项目时，应严格掌握同一名学生所参加的两项或两项以上比赛的间隔时间。如果间隔时间太短，要适当地调整比赛的组别或比赛项目的前后顺序。

15. 运动会场地内必须设立临时医疗站或者急救服务站。由专门负责运动会期间医疗和急救工作的负责人对医疗设施进行检查。临时医疗站或者急救服务站应由职业医务人员承担急救工作，对运动会中出现的各种疾病和意外事故进行处理。急救站应备有常用药品及外伤消毒用品、包扎用品，最好备有担架及可以使用的救护车辆。

16. 运动会期间的饮水，一般由大会设立的专门饮水站统一供给，也可由学生自备。饮用的水或饮料必须符合饮用水卫生标准和不同饮料的卫生标准。供水站所需防止饮水用具交叉污染，避免疾病通过饮水途径传播。

17. 参赛学生赛前进餐应在其参加比赛 3 小时前完成，保证比赛时大部分食物已从胃肠道排空。进餐的食物应以高糖、低脂肪、低蛋白质构成。种类以易消化、不产气的食品为主。进食量不能过多，以 5 ~7 分饱为宜。

18. 作为观众的学生在运动会期间食品应该选择营养丰富、容易消化的食品。切忌食用腐败变质、不卫生的食物。为了避免在体力消耗较大时胃肠道的负担过重，不吃生冷食物。

19. 参赛学生经过紧张激烈的体育运动后，身体明显疲劳，可通过进食含蛋白质、维生素、矿物质丰富的食物，多吃新鲜的蔬菜和水果；尽快改变神经系统的兴奋或抑制状态，保证充足的睡眠；通过温水浴和简单的理疗、按摩使肌肉放松；散步、听轻松音乐及进行日光浴、空气浴等积极性休息能使身心得到全面的放松等方式恢复。

20. 通过合理营养、充足睡眠及积极性休息等措施，可使学生观众在运动会期间产生的疲劳得到恢复。

21. 体育教师在组织体育教学活动时，必须坚持体育课代表的报告制度。这样可以及时地了解学生的身体情况，避免在体育课进行过程中出现意外。

22. 学生有发热、疼痛、水肿、皮肤粘膜出血、呼吸困难、咳嗽、咳血、紫绀、心悸、恶心与呕吐等异常病症时，应按体育活动的禁忌证处理，并根据具体情况作出相应的安排。

23. 眩晕是对空间定位的一种运动错觉，睁眼时有周围景物旋转、上下晃动或左右晃动的错觉，闭眼时则有自身旋转或晃动的错觉。眩晕常伴有眼球震颤、平衡失调以及恶心、呕吐、出汗、心动过缓、血压下降等植物神经功能紊乱表现。前庭系统是人体识别位向的主要结构，而该处病变是产生眩晕的主要原因。眩晕与头晕不同，头晕时感到头昏眼花、头重脚轻或眼前发黑，但无周围景物旋转感。引起眩晕的原因有耳原性眩晕、前庭器疾患、第八颅神经疾患、前庭神经区疾患、眼原性眩晕、躯体疾病、颅内疾病及神经官能症及中毒等。

24. 早餐或午餐未进食者。空腹状态运动易出现低血糖症，或发生其他意外；身体形态有明显异常或畸形者。如步态异常、骨骼形态异常、关节畸形等，要问清原因后再决定是否可以进行活动；萎靡不振、情绪极度低落者。可能是病后初愈或正在患病，也可能是心理受到极大刺激所致；骨折、脱位未解除固定者。此期可进行功能锻炼或矫治体操，但禁止参加正常的体育活动，以免影响组织愈合或造成新的损伤；身体有原因不明的肿物或恶性肿瘤者。体育活动可能促使肿物生长或破裂造成血行性播散；女子月经期反应严重者也应视为体育活动的禁忌证。

推荐阅读文献

[1] 法律出版社法规中心. 国家学校体育卫生条件试行基本标准［M］. 北京：法律出版社，2010.
[2] Susan Capel，Learning to Teach Physical Education in the Secondary School. Routledge. 2010.

参考文献

[1] 中共中央国务院：关于加强青少年体育增强青少年体质的意见. 2007.
[2] 教育部、卫生部、财政部：国家学校体育卫生条件试行基本标准. 2008.
[3] 国家教育委员会、国家体育运动委员会：学校体育工作条例. 1990.
[4] 陈文彬，潘祥林. 诊断学（第6版）［M］. 北京：人民卫生出版社，2004.
[5]《体育保健学》编写组. 体育保健学［M］. 北京：高等教育出版社，1987.
[6] 叶恭绍. 儿童少年卫生学（第1版）［M］. 上海：上海科技出版社，1984.

第四章　运动环境卫生学

环境（environment）是影响生物机体生命、发展与生存的所有外部条件的总体。环境通常是相对于某项中心而言的，本章所讨论的运动环境是指以人类为中心，影响人类进行运动的所有外部条件的总体。

运动环境（sports environment）包括自然环境和社会环境。自然环境又叫做原生环境（primary environment），是指体育运动的地点所处的地理和气象环境。它在人类社会出现以前就已经存在，并按照本身固有的规律发生和发展。社会环境又称次生环境（secondary environment），包括运动的物质文化环境、社会文化环境。前者指在人力作用下形成的运动场馆、设施和设备、以及体育运动用品。后者主要指与体育运动有关的法规政策和精神文化。原生环境与次生环境之间相互影响、相互作用，构成运动环境这个不可分割的整体。

现代运动场馆作为运动物质文化环境中的重要部分，为人们提供了精神文化生活需要的场所。从国内到国外，不论是新建馆还是旧馆改造，普遍都设计成“多功能”的模式。不仅具备运动训练和比赛的功能，还承担集会、展览、庆典、文艺演出甚至放电影等多样功能。据资料介绍，美国旧金山某运动场馆的使用比率中，体育比赛占51.7%，音乐会占19.4%，马戏、冰上舞蹈占7.1%，展览及其他活动占21.8%。澳大利亚墨尔本某运动场馆，音乐演出占50%左右。这是体育运动产业化、社会化带来的发展动向。

第一节　运动环境卫生学的意义

一、运动环境的优化

运动环境有着人员密集、人流量大，设备密集、物流量大，信息密集、流通复杂的特点。在观看比赛的时候，观众置身于激情四溢的人群中，情感、情绪占据了思维的主要地位，产生趋于个性化任意宣泄自己的感情，使之处于高水平的生理唤醒状态，这就意味着人们对运动场馆诸因素高层次的需求和依赖。因此，运动环境，尤其是运动场的环境，对运动员与观众的健康有着重要影响。

在运动环境中，空气、水和各种运动设施起着媒介的作用。

室内运动场馆的空气流通是很重要的。空气流通不畅可能影响运动员比赛的发挥水平，以及观众的观看情绪，降低比赛的竞争性和观赏性。而室外运动时，空气的污染可能诱发呼吸系统疾病、感冒、冻伤和中暑等疾病的发生。

游泳池的水的质量更是关系着人们的健康。曾经有过上万人因泳池水不净而患红眼病的事例，也有很多因游泳池中藻类繁殖致使池底粘滑引起溺死的事故。

因此做好运动环境的卫生工作，对于预防疾病和损伤的发生、提高运动员的成绩、增加体育运动的竞争性和观赏性，都具有十分重要的意义。

二、运动环境的绿化

绿化就是种植花草树木以改善环境的活动。运动环境的绿化是城市绿化不可或缺的部分，对净化大气、减弱噪声、调节气候和美化环境起着重要的作用。

绿化可以调节运动环境和改善小气候。植物通过不断吸收热量使叶面水分蒸发，可以降低周围的气温。室外运动环境种植的树木，其树冠能降低太阳到达地面的辐射强度，可以有效地减少体育运动参加者受到的辐射；其叶面蒸发的水分，可以有效地调节运动环境的湿度。绿化还有冬暖夏凉的调节作用。

绿化可以净化空气。植物白天吸收太阳光，同空气中的二氧化碳进行光合作用并释放氧气，还能过滤和吸附空气中的尘埃，吸收空气中的氟、氯、二氧化硫等有害气体。此外，绿化还具有反射和吸收噪声的作用，能减轻噪声对体育运动参加者的干扰。

绿化可以美化环境、充分烘托环境的运动氛围。环境的绿化使人与自然和谐、融洽地相处。美好的运动环境风貌不仅可以给观众美的享受，也令运动员感觉舒服、镇静，也有益于机体的代谢活动。

对绿化成果的保护是绿化过程的关键一步。有关部门应该通过举办形式多样的绿化宣传教育活动，不断增强市民与青少年的护绿意识；同时，政府应进一步明确绿化养护管理的责任，实施长效管理机制。通过以上的方式逐步培养人们保护花草树木的自觉性和责任感。

第二节　运动场馆卫生学

运动场馆包括露天体育场、露天游泳池、浴场、体育场、室内游泳池（馆）及适用于各种单项比赛活动的室内、外场地。体育场馆的选址按照位置可划分为城市型、远郊型和近郊型三种。这三种类型的选址各有优缺点，对城市的作用也不同（表4－1）。城市型运动场馆是指位于城市中心区或城市比较发达区域的运动场馆；远郊型的运动场馆是指远离城市中心区，选址在城区范围线5000m以外的运动场馆。近郊型运动场馆介于城市型和远郊型之间的运动场馆。如何区分近郊和远郊，即如何确定市区边线到近郊区边线之间的距离，规划界没有明确规定。

表4－1 体育场馆三种选址类型比较

类型	优点	缺点
城市型	设施完善　交通方便　人气足	用地局促　对交通的影响大
远郊型	用地条件宽松　土地价格低	经济不发达　人气不足　前期投资大
近郊型	用地相对宽松　易于带动城市发展	距离市区太近

一、运动场馆的设计卫生要求

（一）体育场

体育场（outdoor athletic field）是具有可供田径、足球等体育比赛和其他表演用的宽敞的室外场地，同时为大量观众提供坐席的建筑物。体育场有着悠久的历史，如古罗马时期的"斗兽场"在建筑史上堪称典范的杰作，以庞大、雄伟、壮观著称于世。目前体育场仍是城市中主要使用的运动场馆。随着科学技术的进步，现代的体育场已经有了很大的发展。除了遮阳看台、塑胶跑道、草皮球场，更增添了照明和音响设施以及一些记分屏幕等现代化设备。

体育场的建设应坚持以人为本的原则，服务于竞赛体育及群众体育的需要，做到规模合理、功能适用、经济高效。并符合国家及所在地区城乡建设规划、体育事业发展规划的要求，按实际情况考虑未来发展需要。修建体育场应注意以下几点。

1. 体育场的位置

体育场的选址应征得当地城乡规划行政主管部门的许可，在城乡规划确定的建设用地范围内选址，并考虑远期发展的需要。应当符合人口集中、交通便利的原则，在基础设施条件较好的地段选址，合理利用自然地形、地貌。用地至少应有一面或两面临接城市道路，以满足交通、疏散等要求。

2. 体育场的面积

除要有足够的运动场地，体育场还应考虑各种辅助建筑用地，如运动员休息、淋浴等生活服务设施，办公室、仓库、停车场及绿化用地等。体育场的面积必须满足应有的运动项目的需要、布置应紧凑合理，在满足各项比赛要求和保证安全的前提下，尽可能缩小场地总面积。

3. 体育场的布局

体育场的长轴应尽量南北向，防止东、西向阳光对运动员的低角度直射而影响体育比赛。观众看台最好位于西面，即观众面向东面。运动场地应位于四季都能受到阳光照射的位置。在北方地区不宜将体育场地布置在阴影区内，以免长期积雪、结冻而影响使用。场地的地势应有一定的坡度，以利于排水。体育场应满足朝向、日照、风向、安全、卫生、消防、环保等建设条件的要求，并采取节能、节水措施，科学利用自然通风和天然采光，合理确定建设方案。

4. 体育场的小气候

体育场要考虑通风和挡风，即夏季通西南风、冬季阻挡西北风；注意调节气温和空气湿度，在高温、高湿度环境中，人会常感闷热难受、疲倦无力、工作效率低下；注重运动场馆及其周围的绿化。绿化包括种植草坪和树木，它们对于减轻空气污染程度、降低空气悬浮物指数、提高空气质量和阻挡冬季风沙、遮挡强烈的夏季阳光曝晒都具有良好的效果。

5. 运动场地附属设施

体育场周边环境布置和附属设施配备，要体现以人为本的思想，体现科学性和艺术性，具有自己的个性，场地应有良好的排水条件，沿跑道内侧和全场外侧分别设一道环形排水明沟，明沟应有漏水盖板。足球场两端也宜各设一道排水沟与跑道内侧的环形排水沟相连。足球场草地下宜设置排水管。

（二）体育馆

体育馆（gymnasium）是配备有专门设备而供能够进行球类、室内田径、冰上运动、体操（技巧）、武术、拳击、击剑、举重、摔跤、柔道等单项或多项室内竞技比赛和训练的体育建筑。主要由比赛和练习场地、看台和辅助用房及设施组成。可用于各运动项目的训练和比赛，也可以用于举办音乐、舞蹈等文化娱乐活动和大型集会。体育馆应远离工业区，处于城市常年主导风向上风侧的位置。并选择交通方便、地域宽阔、向阳的地方。体育馆在选址时除了考虑本身建筑外，还要有足够的辅助建筑用地，如停车场。体育馆座落方向应尽可能朝南，场地的东西两侧不设窗口防止阳光直射。现代的大型室内体育馆往往为了追求造型美而采用不对称型结构，并且完全依赖于室内人工照明，所以对朝向已不加考虑。

（三）游泳场馆

游泳馆是能够进行游泳、跳水、水球和花样游泳等室内外比赛和热身的建筑和设施。主要由比赛池和热身池、看台、辅助用房及设施组成。天然游泳场（natural swimming field）是利用江河、湖泊、水库和海水这些自然地面水体进行游泳运动的场所。游泳场馆不同于其他的体育设施，安全问题始终贯穿在游泳场使用的全过程。因此，游泳场的选址必须遵循下列卫生学原则。

1. 人工和天然游泳池所必需符合 GB 9667 ~ 1996《游泳场所卫生标准》（表 4 – 8 和表 4 – 9）室内外游泳场所的水质和游泳馆的空气质量等标准值及卫生要求。

2. 新建游泳场所必须结合城市远景规划，场址应选择在远离工业污染源发带，同时也应避免游泳场对周围干扰。室内游泳池采光系数不低于 1/4，水面照度不低于 80lx。开辟天然游泳场时设置卫生防护地带。

3. 新建、改建、扩建游泳池必须具有循环净水和消毒设备，采用氢化消毒时应有防护措施。游泳池池壁及池底应光洁不渗水，呈浅色。池外走道不滑易于冲刷，走道外缘设排水沟，污水排入下水道。

4. 水底不应有树枝、树桩、礁石等障碍物和污染源。岸边不应为沼泽地，水流速度不应大于 0.5m/s。严禁在有血吸虫病区或潜伏有钉螺地区设计和开辟游泳场所。

5. 水面宽阔。按使用最高峰时的人数计算，每一成人所占水面不低于 $4m^2$，儿童不低于 $3m^2$。

二、体育馆的卫生要求

通常人们去体育馆参加或观看比赛和表演，每次馆内活动的时间不低于2小时。人流量大，空气流动性差，卫生条件不好，万一有传染病源在这种环境下会很快传染给更多人，尤其是我们看不见、又无法选择的空气质量更为重要，因为它可能造成传染病的爆发。其中央空调管道内阴冷潮湿的环境会使细菌快速繁殖，再通过循环风回到房间，传染给更多的人。考虑到运动员和观众在比赛和表演时的生理、心理等特点，体育馆内不仅应该具有良好、舒适的馆内环境，还应该具有完整的卫生和生活服务设施。

（一）照　度

照度（illumination）是指物体表面被照明的程度，用单位面积所接受的光通量来表示，单位为勒克斯（lx）。照度通常用照度计进行测定。一般体育场馆照度标准取决于运动项目的特点、比赛等级、观众与运动场的距离以及电视转播要求等。

大多数体育馆的运动场地以人工光源为场内照明。体育馆的人工照明应依据不同运动项目的比赛或活动相应地进行调节和变换，其基本原则是要保证观众在最远距离能够清晰地看到场内的比赛和活动，而观众席又不会有过大的照度。根据历年的文献显示：运动员与教练员认为一般训练照度应在150lx以上，比赛照度应在500lx比较合适；场地有经验管理人员的多年经验照度为训练照度的合适范围为145～422lx，比赛照度的合适范围为275～535lx。我国有关标准规定，比赛时观众席上的照度不应低于5lx，运动场地的照度可参照室内游泳馆内照明标准值（表4－2、表4－3）。游泳池的照度目前尚无统一标准，通常的照度可采用下列指标：室内1000～1100lx（池面），室外为600～650lx（池面）。小型体育馆或学校的体育教室如增设人工照明时，地面测量照度不应小于100lx。

表4－2　室内游泳馆内照明标准值

使用要求	参考平面（水面）及其高度	照度标准值（最大摄影距离75m）		
		游泳	水球和花样游泳	跳水
有彩色电视转播	1m垂直面	1500lx	1500lx	1500lx
无彩色电视转播	1m垂直面	750lx	750lx	750lx
训练和向公众开放	1m垂直面	180lx～300lx	500lx	300lx

引自《GB 50034—2004建筑照明设计标准》

（二）自然照度系数

自然照度（natural illumination）表示天然光线所造成在受照表面上单位面积的光通密度。自然照度系数（coefficient of natural illumination）是指室内某点的强度与室外同一时间内，同一水平上所受散射光照度的百分比。

表 4-3 体育馆卫生标准值

项目	标准值	项目	标准值
温度（采暖地区冬季）（℃）	≥16	可吸入颗粒物（mg/m^3）	≤0.25
相对湿度（%）	40～80	空气细菌数	
风速（m/s）	≤0.5	a. 撞击法（cfu/m^3）	≤4000
二氧化碳（%）	≤0.15	b. 沉降法（个/皿）	≤40
甲醛（mg/m^3）	≤0.12	照度（比赛时观众席）（lx）	>5

引自《GB 9668—1996 体育馆卫生标准》

自然照度系数能全面地反映室内的采光条件，是评价室内采光的一个综合指标。一般认为，主要依靠自然采光的室内小型体育馆或学校的体育教室，其最小自然照度系数不应小于1.0。

（三）采光系数

采光系数（coefficient of lighting）室内给定水平面上某一点的由全阴天天空漫射光所产生的光照度和同一时间统一地点，在室外无遮挡水平面上由全阴天天空漫射光所产生的照度的比值主要指的是阳光照射的亮度。依靠自然采光的室内体育场地，其采光系数最低值不能小于1:6。在采用这个指标评定自然采光的情况时，还要考虑入射角和开角的要求。入射角是指室内工作点与采光口上缘的连线与水平面所成的夹角；开角为室内工作点与对侧遮光物上端的连线和工作点与采光口上缘连线的夹角。一般规定，以自然采光为主要光源的体育教室或者小型体育馆，其入射角不应小于27°，开角不应小于5°。运动场馆的灯具最低安装高度和光束投射角见表4-4。

表 4-4 灯具最低安装高度和光束投射角

运动项目或场馆	布置方式	最低安装高度和投射角	
		比赛	训练
足球场、田径场、综合体育场	四塔 多塔	投射角宜为25°	投射角20°
足球场、田径场、综合体育场	光带	投射角宜为25°与最近场地边线夹角宜≤65°	投射角20°
室外篮球、排球、网球场	灯杆	投射角25°以上 灯杆12m以上	投射角20°以上 灯杆10m以上
综合体育馆（训练馆）	侧光	投光灯最大光强直射在与水平成45°角度范围内	6m以上（球类）
游泳馆	侧光	最大光强与垂直（池中心）成50°角度范围以内	

引自《中华人民共和国行业标准体育建筑设计规范》

（四）室内小气候

室内由于围护结构（墙、屋顶、地板、门窗等）作用，形成了与室外不同的室内气候，称为室内小气候（Microclimate）。室内小气候主要由气温、气湿、气流和热辐射（周围物体表面温度）四种气象因素组成。这四种因素综合作用于运动员和观众，对人体的热代谢过程产生影响。

人体在代谢过程中产生热，同时也不断地通过传导、对流、辐射和蒸发等方式与外界环境进行热交换。通常机体通过与外界环境的热交换达到热平衡。热交换可用下式表示：

$$S = M \pm C \pm R - E$$

式中：S 为人体蓄热状况；M 为代谢产热量，成人约 2000k/d；C 为传导、对流吸收或放散的热量；R 为辐射散热或吸收的热量。当气温或人体周围物体表面温度高于人体皮温时，C 或 R 为“+”值，反之为“-”值；E 为蒸发散热量，当汗液蒸发时（不是汗珠的滴下），蒸发汗液 1g，相当于放出潜热 0.585kcal，蒸发时 E 为“-”值。

当机体产热和散热量相等时，$S=0$；产热多于散热时，$S>0$，造成热蓄积，体温上升；当散热多于产热时，$S<0$，导致体温下降。

人体的热平衡是由神经系统调节的，机体可以通过复杂的体温调节机制来增减产热量和散热量，以达到身体内部温度的恒定。使机体的体温调节处于正常状态的小气候为良好的微小气候。当小气候变动超过一定范围后，机体体温调节紧张。这不但会影响运动员和观众的情绪，还会导致机体功能和抵抗力下降，以及患病率的增加。

在气温、气湿、气流和热辐射这四要素中，虽然气温对机体的热调节起最重要的作用，但其他要素对机体热调节也不可忽视。因此在评价体育馆小气候时，需采用包括各种要素在内的综合评价指标。小气候的综合评价指标可分为四类。

第一类是根据环境因素测定而制订的，如湿球温度、黑球温度等。湿球温度表示气温和气湿综合作用的结果；黑球温度表示气温、辐射和气流速度综合作用的结果。由于这类指标没有考虑到机体的反应，目前很少单独使用，常作为其他综合指标的组成成分之一。

第二类是根据主观感觉结合环境物理因素测定而制订的，如有效温度、校正有效温度、逗留当量温度、当量温度、风冷力、不适指数等。

第三类是根据生理反应结合环境物理因素而制订的，如湿黑球温度、预计 4 小时出汗率等。

第四类是根据机体与环境之间热交换的情况而制订的，如热强度指数、热应激指数等。

湿球是表示相对湿度的指标。干球是表示外围环境温度的指标。如果干球温度和湿球温度相等，说明空气的湿度达到 100% 并且不存在蒸发。黑球是反映来自外环境太阳热辐射的指标。这三者综合起来被称为湿黑球温度或综合温度热指数（WBGT）。WBGT = 0.7（湿球温度）+0.2（黑球温度）+0.1（干球温度）。对 WBGT 影响最大的是湿度，影响最小的是外周环境。

由此可见，在低湿度热环境中运动要比在高湿度热环境中运动安全得多。在温度是 31℃，湿度是 10% 的地区运动，要比在温度是 31℃，湿度是 90% 的地区轻松容易。湿度增加使机体很难通过皮肤出汗散热使机体降温。当空气温度和湿度升高时，WBGT 也相应升高。例如，当空气温度是30℃，相对湿度是40%时，人们可感觉好像是29℃。如果空气温度是30℃，相对湿度是95%时，人们就会感觉好像是42℃。由于热指数是在室内制定的，在微风的情况下，WBGT可能增加1～6℃，干燥空气也会增加热指数。因此，户外运动必须考虑环境条件，并且采取适当的防护措施。体育馆和游泳馆的小气候标准见（表4－3和表4－5）。

表4－5 游泳馆空气卫生标准值

项目	标准值	项目	标准值
冬季室温（℃）	高于水温1～2	空气细菌数	
相对湿度（%）	≤80	a. 撞击法（cfu/m^3）	≤4000
风速（m/s）	≤0.5	b. 沉降法（个/皿）	≤40
二氧化碳（%）	≤0.15		

引自《GB 9667～1997游泳场所卫生标准》

（五）通　风

通风（ventilation）就是采用自然或机械方法使风没有阻碍，可以穿过，到达房间或密封的环境内，以造成卫生、安全等适宜空气环境的技术。

体育馆内人员的集中，必然会导致空气质量下降和小气候恶化。因此，体育馆内应有良好的通风设施或空调设备。体育馆采用机械通风时，总通风量应不低于每人每小时10m^3。使用空调时新风量不应低于每人每小时15m^3。比赛大厅的温度、湿度和气流速度的标准见（表4－6）。

表4－6 比赛大厅空调设计参数

房间名		夏季			冬季			最小新风量（m^3/h/人）
		室温（℃）	相对湿度（%）	气流速度（m/s）	室温（℃）	相对湿度（%）	气流速度（m/s）	
体育馆		26～28	55～65	≤0.5	16～18	≥30	≤0.5	15～20
游泳馆	观众区	26～29	60～70	≤0.5	22～24	≤60	≤0.5	15～20
	池区	26～29	60～70	≤0.2	26～28	60～70	≤0.2	——

引自《中华人民共和国行业标准体育建筑设计规范》

（六）噪　声

噪声（noise）是生活和工作环境中使人感到吵闹、不适、讨厌以至于难以忍受的声音。通常噪声由不同频率和不同强度的声音杂乱无规律地组合而成。对于集中精力思考问题的人，或者是正在休息的人，即使是美妙动听轻音乐也是一种干扰。因此从广义上说，凡是为人们所不需要、不愿意接受的一切声音均属于噪声。

在一定频率和强度下物体振动所产生的振动波，可以引起听觉的声振称为声音（sound）。声音在传播过程中会对媒质造成一定的压力，媒质中的压力与静压的差值称为声压（sound pressure）。使正常人耳刚能引起音响感的声压称为听阈（auditory threshold）声压，为 2×10^{-5}Pa。声压增大至对人耳产生疼痛感觉时为痛阈声压，为 20Pa。为测量和使用方便，采用对数标度分贝（dB）来表示声压的大小。从听阈到痛阈间的范围称听阈，它们间的绝对声压值相差 100 万倍。这样，正常人的听阈范围为 120dB。

空气或物体每秒钟振动的次数称为频率（frequency），单位为赫兹（Hz）。能引起人耳音响感觉的频率称为声频，范围为 20～20000Hz。小于 20Hz 者称为次声，大于 20000Hz 声为超声，人耳不能感受这两种声波。频率的大小决定音调的高低。单个音调的声音被称为纯音。实际生活中存在的声音都是由各种频率的声波组合而成的复合音。将所测得的复合音按频率大小分段排列并绘制成曲线即为频谱曲线。根据频谱的特点，声音可分为低频声（300Hz 以下）、中频声（300～800Hz）和高频声（800Hz 以上），人耳对高频声较为敏感。

声音的强弱叫做响度（loudness）。响度是感觉判断的声音强弱，即声音响亮的程度，根据它可以把声音排成由轻到响的序列。响度的大小主要依赖于声强，也与声音的频率有关。以 1000Hz 的纯音作为基准音，与其他不同频率的纯音比较。主观感觉与基准音有同样音响感时，此基准音的声压级即为该纯音的响度级，单位为方（Phon）。根据各频率声音的同一响度级绘制而成的曲线称等响度曲线。声级计中的 A、B、C 计权网络分别模拟人耳对 40、70、80Phon 纯音的音响感。以 A 网络的声压值最接近人耳对声音的感觉特性。国际上普遍采用 A 声级作为噪声测量和评价的指标，所测得的声压级以分贝 A（dBA）表示。

1. 噪声的分类

根据噪声的来源，可以将噪声分成环境噪声和生活噪声两类。

（1）环境噪声

环境噪声是由交通、生活中发出的声音以及生产性噪声的外传组成。它包括各种交通工具，如飞机、机动车辆、船舶在启动、行驶等过程中产生的各种声音，也包括人们之间的谈话、小孩哭闹及电视机、收录机等发出的各种声音。

（2）生产性噪声

生产性噪声的产生则是因机器、物体碰撞、摩擦、转动、气体压力的变化、风机和发电机、变压器发出的电磁声所致。

此外，根据噪声产生的情况，还可将噪声分为连续性噪声和间断性噪声、稳态噪声和脉冲噪声。体育运动中存在的噪声多为混合性噪声，其中既有环境噪声又有生产性噪声；既有连续性噪声和稳态噪声，又有间断性噪声和脉冲噪声。如为加强健美运动参加者完成动作的韵率，在健美运动过程中播放的音乐，即属于环境噪声中的生活性噪声，又属于连续性或稳态噪声；健美运动参加者在进行大力量训练时，杠铃落地所发出的声音即属于生产性噪声，又属于间断性或脉冲噪声。我国对体育场馆和游泳馆噪声卫生标准的规定见（表 4－3 和表 4－5）。体育场声学设计指标推荐值见（表 4－7）。

表 4－7 体育场声学设计指标推荐值

场内最大声压级（dB）	声场不均匀度（dB）	扩声系统传声增益（dB）	地区有效频率范围（Hz）
>90	<10	>10	100～1000

引自《中华人民共和国行业标准体育建筑设计规范》

注：根据体育场不同规模，有关指标可有适当变动。

2. 噪声对人体的影响

（1）听觉

噪声引起听觉改变，主要是因为内耳耳蜗螺旋器的毛细胞、支持细胞及神经节细胞发生了退行性变化。初期，病变局限于耳蜗底部，人体仅对高频音的感受受损。随着病情的加重，病变逐渐向上发展至整个耳蜗。当耳蜗顶部受损时，出现语言听力障碍，耳聋症状开始明显。

根据噪声对人体作用的强度和时间，可以将噪声对听觉的影响程度分成：

①听觉适应：听觉适应又称暂时性听觉疲劳或减退。指噪声可使听觉发生暂时性减退或疲劳，使听觉的敏感程度降低。当离开噪声环境回至安静环境时，听觉的敏感程度不久就会恢复。听觉在强噪声作用下变得迟钝，这种敏感程度的改变，是一种生理上的“适应”。

②听觉疲劳：在持久的强噪声的作用下，听力减退较大（约 15～30 分贝），恢复至原来的听觉灵敏度所需的时间较长（常常需数小时以上）。听觉疲劳的程度不仅取决于噪声的声级大小，还取决于噪声的频谱。频率越高，引起听觉疲劳的程度也越大。

③永久性听阈下降：暂时性听觉下降和听觉疲劳是可以完全恢复的。但是，如果长期接触过量的噪声，听力减退将不能完全恢复到原来的水平，就可变为永久性听阈值下降。

（2）神经系统

噪声通过引起听觉中枢的兴奋而抑制其他神经中枢。50 分贝的噪声就可以引起神经反射的潜伏期延长。在强噪声的长期作用下，人体会出现神经衰弱症候群，如头痛、头晕、易疲劳、失眠等。

（3）心血管系统

噪声可引起非心脏病患者心电图出现 ST 段下降、T 波平坦等缺血性改变，心律不齐。噪声还可使交感神经的兴奋性增强，导致血管痉挛、血压增高。

（4）内分泌及消化系统

高频率的噪声可引起肾上腺机能亢进、肾上腺皮质激素的分泌量发生改变。噪声还可以使胃肠道的运动减弱，消化液分泌下降，并由此而造成溃疡发生。

（5）休息和睡眠

在日常生活中，噪声是影响休息和睡眠的重要因素。在噪声的干扰下，入睡时间随噪声的声压级增加而延长，深度睡眠的时间相应缩短。

巨大噪声是人类公害之一，是人耳的大敌。英国“医学世界”杂志早就宣传，到了 21 世纪，我们就“没有噪声问题”了，因为那时大家都成了聋子，谁也听不见那天午夜 21 世纪来临的钟声了。这个例子提醒我们，人类应当设法控制那些不受欢迎的噪声，从而愉快地生活在一个声音悦耳的世界里。

三、运动场的卫生要求

运动场馆的自来水供应必须符合国家生活饮用水卫生标准，并按照场地的规模设置足够饮水处，供运动员和观众饮用。

运动场馆的厕所数量必须满足该场地所能容纳的最大人数设置。厕所的位置应方便不同位置人员的使用，如标准 400 米环形跑道的田径场至少要设 2 处公共厕所。厕所的蹲（坐）位数应该根据使用场地的人数，按照《CJJ14－87 城市公共厕所规划和设计标准》的规定设置，男厕位每 300 人设一个，女厕位每 200 人设一个，小便器每 300 人设一个。

此外，运动场应设置临时急救站，并配备必要的急救设备和足够的医疗救护人员。

（一）田径场

田径场的跑道应坚固并具有一定的弹性和湿度，不怕雨水冲淋，不应使用沥青或水泥材料构筑田径场跑道。跑道的表面应平坦，无凹坑、碎石、浮土和其他杂物，要有一定的摩擦力，以防止运动者滑倒摔伤。跑道的终点线外留有 15 米以上的缓冲跑道，跑道周围不得堆置杂物，以避免发生碰撞事故。有条件的场地可以在跑道内圈修建一条木屑跑道以预防运动者下肢骨骼、韧带发生应力性损伤。在日常的使用过程中，应及时对跑道进行保养和维修，随时填平起跑线处后蹬形成的凹坑，剔除杂草，清理杂物，炎热天气应该在跑道上洒水。

跳跃场地应设置在避免助跑或跳跃时直冲太阳的地方。助跑场地平坦、结实并富有弹性。踏跳板与助跑道应处于同一水平面。沙坑内的细沙中不应混有砖头、石块等杂物，以防止跳跃落地时发生外伤。推荐使用 30% 的锯末和 70% 的细沙混合物充填沙坑。这样的混合物比较松软，不易变硬。沙坑充填物的厚度一般为 50～60 厘米。跳远沙坑的边缘与坑内充填物的表面应与助跑道平齐。跳高沙坑内的沙或海棉应高出助跑道地面 1～1.5m。每次跳跃前，应将沙坑掘松耙平，掘沙所用的铲耙不得放在坑内或坑旁。

投掷活动应在特定的投掷区内进行。链球和铁饼的投掷区应设置保护网。在同一投掷区不应同时进行不同项目的投掷活动。

（二）球　场

球类运动场是开展体育活动重要场所。根据运动项目的不同，可以将球场分成足球、篮球、排球和网球等多种类别。这类场地一般应以胶土铺面，以确保地面平坦、结实，无浮土和碎石等杂物。泥质场地可以有效地缓冲躯体在运动中所产生的震动，防止因地面过硬过滑造成的摔伤。球场应该经常进行平整、洒水和滚压等维护工作。由水泥、沥青材料构筑的球场应该经常清扫表面的尘土、沙石。禁止使用煤渣铺垫球场。足球场地最好铺设人工草皮。在炎热干燥的季节，使用球场前 30～40 分钟应在场地上洒水。一般认为，中、小学生不宜使用水泥或沥青等材料构筑的硬质地面球场。

球场内的器械，如篮、排球架应用软物包裹。各类球场边线外 2.5 米范围内不应有任何障碍物，以免发生伤害性事故。夜间进行球类活动，场地必须有充足的照明。

（三）冰　场

冰场可以分为天然冰场、人工冰场和人工制冷冰场三类。天然冰场是冬季利用江、河、湖、泊、池塘或水库的自然条件修建的冰场。为了防止堕冰事故的发生，天然冰场应在结冰 20 ~25 厘米以上时才能使用。冰场的表面应该平坦、光滑，没有裂缝和凸凹不平之处；冰面应保持清洁，避免滑冰者因冰面不洁而摔倒受伤。

冰场同时能容纳的人数，一般分别按每名成年人 10 平方米和每名儿童 8 平方米计算，不能过分拥挤。冰场应设置不同的区域，一般冰场可以分成跑道区和中心区。初学者和花样滑冰者各自使用不同的中心区域；滑冰者应根据自己的水平，选择合适的练习道（跑道的内圈）或快滑道上沿逆时针方向滑行。

晚间使用的冰场，必须有足够的人工照明。冰场的旁边最好设有休息室和换鞋存物的房间，室内的气温应较为温暖。

（四）休闲娱乐场所

休闲娱乐场所包括健身房、游泳池、卡丁车场所、蹦极场所、攀岩场所、轮滑场、滑雪场、滑冰场、射击场、射箭场所、潜水场所、漂流场所、滑翔伞场所等。

场所的空气、水质、环境卫生应符合 GB/T 17093 －1997、GB 9667 －1997、GB 9668 －1996 的要求，内外环境噪音应符合 GB 3096 的要求，排气污染物符合 GB/T 14621 －1993 的要求。

休闲娱乐场所应配备中央空调系统和通风排气系统，各区域温度适宜，通风良好，室内空气呈负压状态。光照明亮、柔和，其中练习区采用暖色光源，特别是在夜晚开放的场所，开放夜场水平照度不低于 1001x。按照场地的规模设置足够使用的饮水处，配有饮水机供会员使用。

场所中所用器材性能良好、整洁卫生，场所设施设备有法定条件合格证明。场所需具备紧急疏散通道和安全防护设施，有清晰、醒目的危险区域警示标识。

有需要的场所应分设男女更衣室、淋浴室、卫生间、桑拿浴或蒸气浴。其更衣柜数量、淋浴喷头数量、厕位数量应与可容纳人员数量相适应，其地表面的静摩擦系数不小于 0. 5。

在有游泳池的场所，更衣室与游泳池走道中间设有强制通过式浸脚消毒池。人工游泳池内人均游泳面积不得小于 2. 5 米，天然游泳场内人均游泳面积不得小于 4. 0 米。

室外场所应提供当日天气预报。场所开放时必须有技术指导人员、救生人员、医务人员、安全保卫人员值班。

四、游泳池的卫生要求

游泳是一项有益于身体健康、深受人们喜爱的运动。但如果水质不好，或卫生管理不当，游泳则会给人们的健康带来危害，甚至会造成传染病的流行。

游泳场所可分为露天游泳池、室内游泳池和天然游泳场三种类型。露天游泳池和室内游泳池均为人工修建，前者通常供季节性使用，后者一般设备较为齐全，可以常年使用。天然游泳场是在江、河、湖、海或水库划出一定的区域作为游泳场使用，有少量的辅助设施，也是季节性开放。

游泳场所不仅是娱乐的地方，还是进行体育锻炼的场所。不卫生的游泳池内的水会造成眼结膜炎、肠道传染病、真菌病等疾病的介水传播和流行。这样，游泳不但达不到体育锻炼的目的，反而会成为传播疾病、损害身体健康的源头，还会给国家造成经济损失。

（一）一般要求

1. 水质处理设施

（1）净化设施：人工游泳池在开放时间应每日定时补充新水，保证池水的卫生状况良好。同时根据设备能力、池水使用时间及水质恶化程度确定每日池水循环次数及运转时间。浑浊度（或透明度）超过限值后可造成细菌大量繁殖。如果池水浑浊度超过5度时，泳池应开始循环过滤；全换式游泳应停止使用，加混凝剂混凝沉淀后清除沉淀物，待水质符合标准后方可使用；溢流式游泳池也应停止使用，采取混凝沉淀方法清除浮物或调整补水流量，以保证游泳用水的透明度。

（2）消毒设施：每次使用前及使用中应监测池水余氯，根据池水的需氯量及池水循环速度等调整加氯量。如果发现水质污染严重，应使用过量氯进行消毒，检查合格后方可使用。池水中加入0.25～0.5mg/L硫酸铜预防藻类生长，藻类已出现时最大加药量不应超过1.0mg/L。

2. 游泳者洗净消毒设施

（1）淋浴室

游泳者进入游泳池前，必须经过淋浴洗去体表污物。因为人体表面，尤其头发上常带有大量细菌及有机污物，可能会污染池水、传播疾病、消耗池水中的余氯。如游泳者不能自觉进行淋浴，可采取强制通过式淋浴。

（2）浸脚消毒池

游泳者中脚癣患病率约为3.3～21.5%。为了防止脚癣传播，应使用浸脚消毒池加强脚部消毒。更衣室与游泳池走道中间应设置强制通过式浸脚消毒池，池长不小于2m，宽度与走道相同，深度应为200mm。浸脚消毒池水的余氯含量应保持在5～10mg/L，须4h更换一次。池内使用消毒剂应以上清液的形式投入。

3. 游泳池、涉水池及其通道

（1）游泳池

游泳池在每日使用前和使用后应将溢水槽、池壁洗刷一遍。池底沉积污物用器具推至排水口附近排除；水面漂浮物用网捞取清除。减轻池水污染可以控制藻类生长、减少池水中余氯的消耗。

（2）儿童涉水池

儿童池应连续补充的余氯浓度为0.3～0.5mg/L的清水，至少两天彻底清刷泳池并换一次水。

（3）通道及池边走道

如果通道或者池边走道不卫生，游泳者的脚会将大量含有病原体的污物带入池内。因此应该经常清扫通道及池边走道，发现有污染时用消毒液喷洒消毒后进行刷洗。

4. 公共卫生设施

（1）厕所

保持厕所清洁以防止粪便污染。肠道传染病流行季节，应使用含 0.3 ~0.6% 有效氯的消毒液进行消毒。

（2）痰盂和果皮箱

痰盂和果皮箱应及时清倒、洗刷。痰盂内放入适当的消毒液。果皮箱内污物应倾倒于密闭的垃圾存储器内，以防止苍蝇的孳生。

（3）其他

更衣室、休息室及观众席等应保持清洁、空气新鲜，以湿式方式进行清扫。

（二）水质的卫生标准

不同类型的游泳场所，水质的卫生要求略有差别。

天然游泳场的水源必须干净，无工业废水、生活污水所污染。我国《游泳场所卫生标准》中规定，以江河湖泊为天然游泳场的水质必须符合《TJ 34 –79 工业企业设计卫生标准》中地面水卫生要求。我国海水游泳场水质卫生标准规定：可以开辟天然游泳场的海水水质 pH 值应为 7.3 ~8.8；透明度不低于 30 厘米；水面不得出现油膜，无明显大块漂浮物；总大肠菌群不得超过 10000 个/升；海水有毒物质参照《GB 3097 海水水质标准》执行。

人工泳池使用的水中，补充水的水质应符合现行《GB5749 生活饮用水卫生标准》的规定，池水的水质、水温、循环周期等以及给排水系统也必须符合有关标准的规定。

游泳池水质卫生监测的常用指标及其标准如下。

1. 余　氯

余氯（residual chlorine）是指游泳池池水用氯消毒后在水中残存的氯的含量。余氯分为游离型有效氯（游离余氯）及氯胺类化合型有效氯（化合型余氯），二者和称为总余氯。余氯的存在是消毒池水、预防游泳池传播疾病的主要措施。

水中游离余氯使病原菌在 15 ~30 秒内死亡。在室温条件下，pH 值为 6.2 ~7.4，0.1mg/L 游离余氯可杀灭的细菌有伤寒杆菌、副伤寒杆菌、痢疾杆菌、霍乱弧菌、金黄色葡萄球菌；0.15mg/L 游离余氯可杀灭白喉杆菌、脑脊髓膜炎球菌；0.2mg/L 可杀灭肺炎球菌；0.25mg/L 游离余氯可杀灭大肠杆菌和溶血性链球菌。0.2mg/L 游离余氯以下时，对腺病毒是无效的，如达到 0.4mg/L，在短时间内即可灭活腺病毒。

一般认为，0.2mg/L 的游离余氯的水杀菌作用比较完全。为了安全起见，通常在杀菌时应留出一定的安全系数。我国规定：游泳池池水中游离余氯应保持在 0.4 ~0.6mg/L 之间。化合性余氯应在 1.0mg/L。对游离余氯的上限做出规定，主要是因为余氯过多会刺激人体粘膜，并能使头发褪色。

2. pH 值

游泳用水 pH 值允许范围是 6.8 ~8.5，在此范围内的水不影响人体健康。泳池池水的 pH 值随游泳人数增加而向碱性转化。加氯消毒也会使池水的 pH 值发生变化，加入次氯酸钠 pH 值上升，加入氯气 pH 值下降。

3. 浑浊度

游泳池池水产生浑浊主要是水中的尘埃、煤烟、人脂垢或附着物所致，另外还有漂白粉中的不溶解部分等。池水过于浑浊，人不易看到池底容易引起事故。污染物还可能会伤害眼球。

我国规定：游泳池池水浑浊度不大于 5 度，或池水透明度应以在 1.5 米左右的水深处两岸边能看清池底四、五泳道线为准。

4. 耗氧量

耗氧量（oxygen consumption）是指水样中可氧化物从氧化剂高锰酸钾所吸收的氧量。泳池中的水污染越大，水的耗氧量也越大。如果耗氧量达到 12mg/L 以上，水中的细菌会迅速增长。我国规定：游泳池池水的耗氧量不得超过 6mg/L。

5. 细菌总数和总大肠菌群

细菌总数（total number of bacteria）是指在营养琼脂培养基中，1mL 水样在 37℃经 24 小时培养后所生成的细菌菌落数。细菌总数是检验池水消毒是否彻底的有效指标。当游离氯大于 0.4mg/L 时，细菌总数一般不会超过 1000 个/毫升。大部分细菌是非致病性的，因此仅细菌总数高的卫生学意义不大，如果细菌总数和大肠菌群数都高应该引起注意。

大肠杆菌（coliform group）系一群需氧兼性厌氧的革兰氏阴性无芽胞杆菌。它们在 37℃生长时能使乳糖发酵，产酸产气。大肠菌群数是指每升水中所含有大肠菌群的数目。大肠菌群在清水中比其他肠道病原菌等对氯的抵抗力强，所以当大肠菌群被杀灭的时侯，可认为其他病原菌也已被杀灭。

我国规定：游泳池水中细菌总数不得超过 1000 个/升，大肠菌群不得超过 18 个/升。

6. 尿　素

泳池水中的尿素主要来自人体的分泌物和排泄物，其中尿中所含尿素最多。因此，尿素是检测水受人体污染程度的重要指标。根据调查，每 20～30 个游泳者中就有 1 人在泳池中排尿，儿童越多排尿的人数比例也越大。耗氧量、氯化物和尿素之间的相关系数大于 0.73。

我国规定：游泳池池水中的尿素不得超过 2.5mg/L。

第三节　有关体育场馆卫生的国家标准概要

一、体育馆卫生标准（GB 9668—1996）

（一）主题内容与适用于范围

主题内容规定了体育馆内的微小气候、空气质量、通风等标准值及其卫生要求。
本标准适用于观众座位在 1000 个以上的体育馆。

（二）引用标准

GB 5749 生活饮用水卫生标准

GB 9663 旅店业卫生标准

（三）标准值和卫生要求

1. 标准值（表4－3）

表4－8 人工游泳池水质卫生标准值

项目	标准值	项目	标准值
池水温度（℃）	22～26	游离性余氯（mg/L）	0.3～0.5
pH 值	6.8～8.5	细菌总数（个/mL）	≤1000
浑浊度（度）	≤5	大肠菌群（个/L）	≤18
尿素（mg/L）	≤3.5	有毒物质	按 TJ 36 表 3 执行

表4－9 天然游泳场水质卫生标准值

项目	标准值	项目	标准值
pH 值	6.8～8.5	漂浮物质	无油膜及无漂浮物
透明度（cm）	≤5	有毒物质	按 TJ36 表 3 执行或按 GB3097 执行

2. 卫生要求

体育馆应有机械通风装置。使用空调时观众席的新风量每人每小时不低于 $20m^3$。

体育馆内禁止吸烟。根据观众厅的座位数分设有相对蹲位的男女厕所，厕所应有单独通风排气设施并无异味。

供观众饮用的水须经消毒，其水质应符合 GB 5749 规定。

应采用湿式清扫，及时清除垃圾，保护环境整洁。公用茶具、口巾等要在专用消毒间消毒，消毒的茶具应达到 GB 9663 中表4－2 的要求。

体育馆作其他公共场所使用时应执行相应的公共场所卫生标准。

（四）监测检验方法

本标准的监测方法按《公共场所卫生标准监测检验方法》执行。

（五）附加说明

本标准由中华人民共和国卫生部提出。

本标准由北京市卫生防疫站、广州市卫生防疫站、武汉市卫生防疫站、上海市卫生防疫站、天津市防病中心负责起草。

本标准主要起草人高文新、黄荣、尚翠娥、崔玉珍、董善亨。

本标准由卫生部委托技术归口单位中国预防医学科学院环境卫生监测所负责解释。

二、游泳场所卫生标准（GB 9667—1996）

（一）主题内容与适用范围

本标准规定了室内外游泳场所的水质和游泳馆的空气质量等标准值及其卫生要求。

本标准适用于一切人工和天然游泳场所。

（二）引用标准

GB 3097 海水水质标准

TJ 36 工业企业设计卫生标准

（三）标准值和卫生要求

1. 标准值（表4－5）

2. 经常性卫生要求

游泳场所的通道及卫生设施应保持清洁无异味并应定期消毒。

为防止人工游泳池生长藻类，池水中加入0.25～0.5mg/L硫酸铜。发现藻类时的最大加药量不应超过1.0mg/L。

浸脚消毒池水的余氯含量应保持5～10mg/L，须4h更换一次。儿童涉水池连续供给的新水中余氯浓度应保持0.3～0.5mg/L。

人工游泳池在开放时间内应每日定时补充新水，保证池水水质有良好的卫生状况。

严禁患有肝炎、心脏病、皮肤癣疹（包括脚癣）、重症砂眼、急性结膜炎、中耳炎、肠道传染病、精神病等患者和酗酒者进入人工游泳池游泳。

禁止出租游泳衣裤。

3. 设计卫生要求

新建游泳场所必须结合城市远景规划，场址应选择在远离工业污染源发带，同时也应避免游泳场对周围干扰。

新建、改建、扩建游泳池必须具有循环净水和消毒设备，采用氢化消毒时应有防护措施。

游泳池池壁及池底应光洁不渗水，呈浅色。池外走道不滑易于冲刷，走道外缘设排水沟，污水排入下水道。

室内游泳池采光系数不低于1/4，水面照度不低于80lx。

游泳场所应分设男女更衣室、浴淋室、厕所等。淋浴室每30～40人设一个淋浴喷头。女厕所每40人设一个便池，男厕所每60人设一个大便池和二个小便池。其污水排入下水道。

通往游泳池走道中间应设强制通过式浸脚消毒池（池长不小于2m，宽度应与走道相同，深度20cm）。

人工游泳池内设置儿童涉水池时不应与成人游泳池连通，并应有连续供水系统。

开辟天然游泳场时，其水质应符合本标准3.1.2规定，并设置卫生防护地带。

天然游泳场中不应有树枝、树桩、礁石等障碍物和污染源。水流速度不大于0.5

m/s。

严禁在有血吸虫病区或潜伏有钉螺地区设计和开辟游泳场所。

（四）监测检验方法

本标准的监测方法按《公共场所卫生标准监测检验方法》执行。

（五）附加说明

本标准由中华人民共和国卫生部提出。

本标准由天津市卫生防病中心、上海市卫生防疫站、北京市卫生防疫站、广州市卫生防疫站、中国预防医学科学院环境卫生监测所负责起草。

本标准主要起草人董善亨、崔玉珍、高文新、黄荣、尹先仁。

本标准由卫生部委托技术归口单位中国预防医学科学院环境卫生监测所负责解释。

三、室内空气中细菌总数卫生标准（GB/T 17093－1997）

（一）范　围

本标准规定了室内空气中细菌总数标准值和检验方法。

本标准适用于室内空气监测和评价，其他室内场所可参照执行。

（二）引用标准

下列标准包含的条文，通过在本标准中引用而构成为本标准的条文。本标准出版时，所示版本均为有效。所有标准都会被修订，使用本标准的各方应探讨使用下列标准最新版本的可能性。

GB 9663－1996 旅店业卫生标准；

GB 9981－88 农村住宅卫生标准；

GB 11727－89 住宅居室容积卫生标准。

（三）标准值

室内空气中细菌总数规定撞击法≤4000cfu/m3；沉降法≤45cfu/皿。

（四）监测检验方法

本标准监测检验方法按《公共场所卫生标准监测检验方法》执行。

该标准国家技术监督局1997－11－11批准，1998－12－01实施。

本章提要

1. 环境是影响生物机体生命、发展与生存的所有外部条件的总体。

2. 运动环境是指以人类为中心，影响人类进行运动的所有外部条件的总体。包括自然环境和社会环境。

3. 自然环境又叫做原生环境，是指体育运动的地点所处的地理和气象环境。它在人类社会出现以前就已经存在，并按照本身固有的规律发生和发展。

4. 绿化就是种植花草树木以改善环境的活动。运动环境的绿化是城市绿化不可或缺的部分，对净化大气、减弱噪声、调节气候和美化环境起着重要的作用。

5. 体育场是具有可供田径、足球等体育比赛和其他表演用的宽敞的室外场地，同时为大量观众提供坐席的建筑物。体育场的选址、面积、布局、小气候、周边环境布置和附属设施配备应参照相关规定进行。

6. 体育馆是配备有专门设备而供能够进行球类、室内田径、冰上运动、体操（技巧）、武术、拳击、击剑、举重、摔跤、柔道等单项或多项室内竞技比赛和训练的体育建筑。

7. 游泳馆是能够进行游泳、跳水、水球和花样游泳等室内外比赛和热身的建筑和设施。主要由比赛池和热身池、看台、辅助用房及设施组成。天然游泳场是利用江河、湖泊、水库和海水这些自然地面水体进行游泳运动的场所。

8. 游泳池场所必需符合 GB 9667－1996《游泳场所卫生标准》室内外游泳场所的水质和游泳馆的空气质量等标准值及卫生要求；场址应选择在远离工业污染源发带；室内游泳池采光系数不低于1/4，水面照度不低于80lx。开辟天然游泳场时设置卫生防护地带；新建、改建、扩建游泳池必须具有循环净水和消毒设备，采用氢化消毒时应有防护措施；游泳池池壁及池底应光洁不渗水，呈浅色；池外走道不滑易于冲刷，走道外缘设排水沟，污水排入下水道；水底不应有树枝、树桩、礁石等障碍物和污染源；岸边不应为沼泽地，水流速度不应大于0.5m/s。严禁在有血吸虫病区或潜伏有钉螺地区设计和开辟游泳场所；按使用最高峰时的人数计算，每一成人所占水面不低于$4m^2$，儿童不低于$3m^2$。

9. 大多数体育馆的运动场地以人工光源为场内照明。体育馆的人工照明应依据不同运动项目的比赛或活动相应地进行调节和变换，其基本原则是要保证观众在最远距离能够清晰地看到场内的比赛和活动，而观众席又不会有过大的照度。

10. 自然照度表示天然光线所造成在受照表面上单位面积的光通密度。

11. 自然照度系数是指室内某点的强度与室外同一时间内，同一水平上所受散射光照度的百分比。自然照度系数能全面地反映室内的采光条件，是评价室内采光的一个综合指标。

12. 采光系数是室内给定水平面上某一点的由全阴天天空漫射光所产生的光照度和同一时间统一地点，在室外无遮挡水平面上由全阴天天空漫射光所产生的照度的比值主要指的是阳光照射的亮度。

13. 入射角是指室内工作点与采光口上缘的连线与水平面所成的夹角；开角为室内工作点与对侧遮光物上端的连线和工作点与采光口上缘连线的夹角。

14. 室内由于围护结构（墙、屋顶、地板、门窗等）作用，形成了与室外不同的室内气候，称为室内小气候（Microclimate）。室内小气候主要由气温、气湿、气流和热辐射（周围物体表面温度）四种气象因素组成。这四种因素综合作用于运动员和观众，对人体的热代谢过程产生影响。

15. 人体在代谢过程中产生热，同时也不断地通过传导、对流、辐射和蒸发等方式与外界环境进行热交换。通常机体通过与外界环境的热交换达到热平衡。热交换可用下式表示：$S = M \pm C \pm R - E$。

16. 湿球温度、干球温度、黑球温度综合起来被称为湿黑球温度或综合温度热指数(WBGT)。WBGT = 0.7（湿球温度）+0.2（黑球温度）+0.1（干球温度）。对WBGT影响最大的是湿度，影响最小的是外周环境。

17. 通风就是采用自然或机械方法使风没有阻碍，可以穿过，到达房间或密封的环境内，以造成卫生、安全等适宜空气环境的技术。

18. 噪声是生活和工作环境中使人感到吵闹、不适、讨厌以至于难以忍受的声音。广义上说，凡是为人们所不需要、不愿意接受的一切声音均属于噪声。

19. 噪声引起听觉改变，主要是因为内耳耳蜗螺旋器的毛细胞、支持细胞及神经节细胞发生了退行性变化。初期，病变局限于耳蜗底部，人体仅对高频音的感受受损。随着病情的加重，病变逐渐向上发展至整个耳蜗。当耳蜗顶部受损时，出现语言听力障碍，耳聋症状开始明显。

20. 噪声对听觉的影响有听觉适应、听觉疲劳、永久性听阈下降。听觉适应指噪声可使听觉发生暂时性减退或疲劳，使听觉的敏感程度降低。如果长期接触过量的噪声，听力减退将不能完全恢复到原来的水平，就可变为永久性听阈值下降。

21. 噪声通过引起听觉中枢的兴奋而抑制其他神经中枢。对心血管系统、内分泌及消化系统、休息和睡眠都有影响。

22. 运动场的卫生要求：运动场馆的自来水供应必须符合国家生活饮用水卫生标准，并按照场地的规模设置足够饮水；运动场馆的厕所数量必须满足该场地所能容纳的最大人数设置；运动场应设置临时急救站，并配备必要的急救设备和足够的医疗救护人员。

推荐阅读文献

[1] 法律出版社法规中心．中华人民共和国卫生法典（第1版）[M]．北京：法律出版社，2008.

[2] Deborah Fel1 – Carlson. Working Safely in Health Care. Delmar Cengage Learning. 2011.

参考文献

[1] 张利伯．公共场所卫生学（第1版）[M]．上海：上海医科大学出版社，1991.

[2] 凌绍森．游泳场所卫生管理（第1版）[M]．北京：人民卫生出版社，1987.

[3] 中华人民共和国国家标准：《体育馆卫生标准》GB 9668 – 1996.

[4] 中华人民共和国国家标准：《游泳场所卫生标准》GB 9667 – 1997.

[5] 中华人民共和国国家标准：《室内空气中细菌总数卫生标准》GB/T 17093 – 1997.

[6] 姚志林．环境卫生学（第2版）[M]．北京：人民卫生出版社，1988.

[7] 中国标准出版社第六编辑室．体育设施、场地及相关标准汇编（第1版）[M]．中国标准出版社，2007.

第五章 特殊人群的体育卫生

儿童少年，处于生长发育的关键期。与成人相比，其身体各方面都不成熟，解剖结构、生理机能也都有其自身的特点；随着社会进步，越来越多的女性参加体育运动，并从中获益。然而，女子与男子相比，毕竟有其性别差异，解剖、生理机能及心理等诸方面都有其独特之处；人的一生在经历了生长发育、成熟之后，终究会渐至衰老，步入老年。老年人因解剖结构、生理机能的衰退，也表现出与青壮年不同的特点。儿童少年、妇女与老年人，组成了本章的特殊人群。针对他们的体育锻炼，应根据其各自的生理、解剖特点，从其自身情况和锻炼目的出发，提出相应的体育卫生要求，合理安排锻炼或训练，并进行医务监督，以保证其体育锻炼收到良好效果，并防止运动伤病和意外事故的发生。

第一节 儿童少年体育卫生

儿童少年，主要是指中、小学学生，向前为婴幼儿、学前儿童，向后朝大学生群体延伸，可涉及年龄范围为 0 ~ 22 岁。这一群体年龄跨度大，占我国人口总数的 1/3，可根据医疗、保健和教育的需要，人为划分年龄阶段。其中，童年期（child period）也称学龄期（schoo1 – age period），6 ~ 12 岁；青春期（adolescence）约 10 ~ 20 岁，女孩比男孩早 1 ~ 2 年。青年期（youth period）为 18 ~ 22 岁。

实际上，各年龄阶段相互交叉，无明显界限。

一、儿童少年参加体育锻炼的意义

（一）体育锻炼对形态发育的影响

1. 对体格发育的作用

国内外学者通过横断面调查和追踪调查发现，经常参加体育锻炼的儿童少年身高、体重等指标的增长幅度一般高于不经常锻炼的儿童少年（图 5 – 1）。经常进行适宜的体育锻炼，还使瘦体重明显增加，脂肪成分减少，从而改善体成分，让儿童少年体格得以协调匀称地发展。

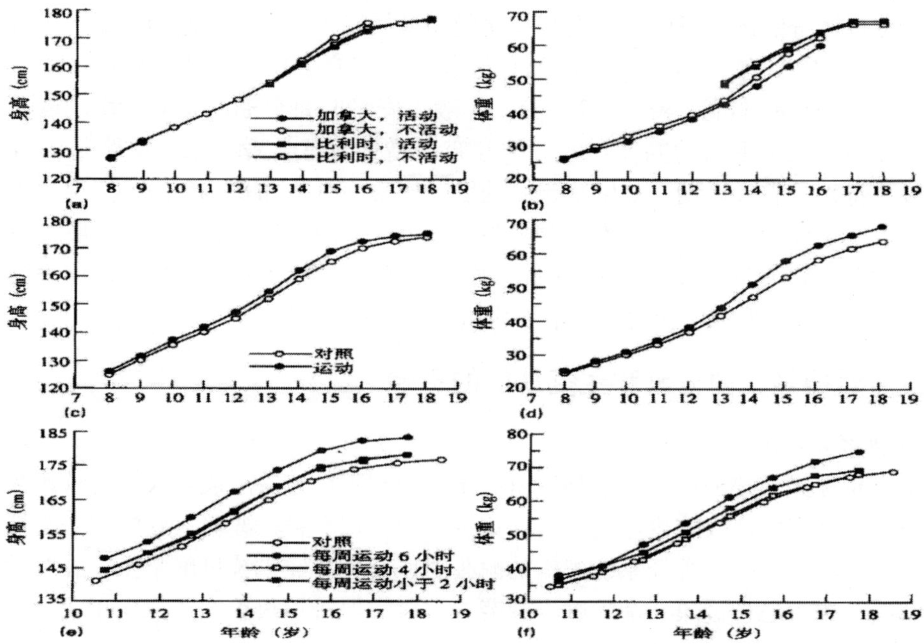

图 5－1　（a）参加运动和不参加运动的比利时及加拿大男生的身高；（b）参加运动的比利时和加拿大男生的体重，图标如图（a）；（c）参加运动的波兰男生的身高；（d）参加运动的波兰男生的体重，图标如图（c）；（e）参加运动的捷克男生的身高；（f）参加运动的捷克男生的体重，图标如图（e）。

2. 对运动器官发育的作用

经常参加体育锻炼可以加速血液循环，改善肌肉的营养，使肌纤维变粗，体积增大，弹性增强，提高肌肉工作能力。有研究显示，一般人肌肉重量占体重的 40% 左右，而经系统训练的运动员肌肉重量可达体重的 50%。体育锻炼能促进骨的生长和代谢，使管状骨变长，横径增粗，骨重量增加，骨皮质变厚，骨密度增大，骨质坚实。据研究测定，青少年运动员股骨的皮质比一般青少年厚 0.5～3mm；骨松质的骨小梁排列比一般人整齐，使骨能承受更大的压力。

（二）体育锻炼对心肺功能的影响

1. 对心血管系统的作用

体育锻炼，可使心肌收缩力增强，心输出量增加。剧烈运动时，每搏输出量一般男子为 140～160ml，男运动员为 190～200ml；一般女子为 100～120ml，女运动员为 150～160ml；每分最大输出量一般男子为 25～30L，男运动员可达 35～40L。体育锻炼能使心脏容积增大、质量增加。一般人心脏质量是 300～400g，素有锻炼者可达 450～500g，这同心肌收缩增强一样，以发达的心肌为物质基础。还使心脏面积增大，血管弹性增强，心率减慢，安静状态下血压偏低，运动时静脉血回流速度加快。长期锻炼还可提高心脏储备能力。

2. 对呼吸系统的作用

经常参加体育锻炼，可明显提高呼吸功能和供氧能力。人体肺泡约7亿5千万个，表面积130m^2，平时只有1/20张开，运动时肺泡张开数量增多。一般人平时呼吸频率应为16~20次/分，运动时可达40~50次/分。一般人安静时每分通气量6~8L，运动时可达120L。运动时膈肌上下活动幅度加大，胸腔容积增加。有学者指出，慢跑是保持健康的最好手段，特别是有氧运动，如健身跑时的供氧比安静时增加8~12倍。资料显示，在青春期接受游泳训练的女孩较一般女孩肺总容量大12%，肺活量大13.4%，最大摄氧量大10.2%。还有研究表明，每周参加4~5次游泳训练，坚持2~5年的少年，比每周只参加2次体育课的对照组少年，肺活量年增长均值高200~300ml。

（三）对神经、内分泌和免疫功能的影响

1. 对神经系统的作用

儿童少年神经系统的活动特点是兴奋有余、抑制不足，缺乏成年人的持续耐久性。经常参加体育锻炼，能使大脑皮层的兴奋与抑制过程合理交替，改善大脑的兴奋与抑制过程的均衡性、灵活性，提高神经系统工作的耐久力，避免神经系统过度紧张，并有助于形成良好的情绪、增进心理健康，消除脑力疲劳，这对学习负担很重的儿童少年尤为重要。

2. 对内分泌和免疫系统的作用

适宜的体育锻炼，可刺激垂体促卵泡素（FSH）、黄体生成素（LH）、促肾上腺皮质激素（ACTH）、促甲状腺素（TSH）和生长激素（GH）等激素的分泌。在这些激素作用下，可促进儿童少年身高、体重、胸围等身体各部位的发育，同时也加速性器官、肾上腺、甲状腺的发育与成熟。有资料表明，经常参加体育锻炼的儿童少年，长得较高，体重较重，青春期发育提前。

适量运动，还可增强免疫机能。如少年运动员的淋巴细胞转化率比一般学生高，白细胞数量适量增多，中性粒细胞吞噬能力增强，肝功能良好，辅助型T淋巴细胞（CD4细胞）的数量增加，机体抗病能力增强。经常从事体育锻炼的儿童，上呼吸道感染等疾病的患病率也明显下降。从预防医学角度看，体育锻炼是一种增强人体非特异性免疫的手段。

总之，适宜的体育锻炼，使神经、内分泌和免疫系统功能之间建立良好的网络作用，能促进儿童少年生长发育、增强体质、提高抵抗外界不良环境的适应能力，是预防疾病的重要手段。

二、儿童少年早期专项训练的医学问题

所谓早期专项训练，就是把专项训练的开始年龄合理提前，使其较好地取得优秀成绩。当今儿童少年的发育成熟期提前，运动训练手段日趋科学化，实践证明，如果能按照儿童少年的身体发育和解剖生理特点进行科学训练，不仅有利于提高运动能力，而且有利于身体生长发育。

从医学角度分析，儿童少年早期专项训练的目的不在于要求儿童少年时期出现优良成绩，而着重在身体全面训练和专项素质训练，这样一般需要2~3年，可以提高各系统的机能，为专项训练打下扎实的基础，期望到一定年龄时创造优良成绩。如果过早进行专项

训练，过早要求出好成绩，过多参加比赛，会严重影响儿童少年的生长发育和健康成长。据许多学者研究报道：从创造高水平运动成绩方面分析，早期过早专项训练，没有显示出实际的优越性，且往往“早衰”，主要原因为机体疲劳、心理疲劳，健康状况难以承受大运动量。

（一）早 衰

早衰，是儿童在早期专项训练中，由于片面追求单项训练，强调早出运动成绩，忽略身体发育特点，训练强度过大，比赛过多，致使身体不能适应而产生多种伤病，使运动寿命缩短，过早终止运动训练。早衰的主要原因是：没有根据儿童少年的解剖生理特点进行全面训练。如只注重力量和速度训练，而忽视身体的一般耐力训练和内脏器官的功能训练，其结果是严重影响儿童少年各器官系统的正常发育。早衰的另一个原因是选才不当。如只看形态而忽视机能和素质，只顾专项成绩而忽视身体全面发展。

（二）伤病问题

由于儿童少年时期骨骼尚未完全骨化，因此在早期专项训练中最容易发生的是骨骺损伤。如骨骺早期愈合、骺板分离和骨折、骨软骨炎等。此外，运动性贫血、血压偏高、心脏出现早搏等也较常见。

（三）开始早期专项训练的年龄问题

早期专项训练的开始年龄与最好运动成绩出现的年龄和为达到最好运动成绩所需要的训练年限有关。一般推算的方法是：早期专项训练开始的年龄 = 达到最好运动成绩的年龄 - 为达到最好运动成绩所需要的训练年限。

开始专项训练的年龄一般按运动项目的性质分为三类：（1）速度和灵敏为主的项目（如体操、游泳、花样滑冰、技巧运动等）为 5 ~ 7 岁。（2）主要的球类项目（如篮球、足球、排球等）为 12 ~ 13 岁。（3）体力和力量为主的项目（如长跑、举重等）为 13 ~ 15 岁。目前有些国家将某些运动项目专项训练的时间提得更早，如游泳、体操、举重等，但是许多具体问题尚未得出确切的最后结论，有待运动医学工作者继续探讨。

（四）少年运动员的运动量安排

安排运动量时，必须充分考虑到儿童少年的生长发育、解剖生理特点以及训练特点。充分利用儿童少年容易养成运动性条件反射的优势，学好各项运动的基本技术。运动量安排的原则和要求：时间较短、强度稍大、密度较小。运动训练后，要有充分的休息时间，并要安排好娱乐、饮食等生活制度。

三、儿童少年的体育卫生要求

为了不影响儿童少年正常的生长发育，并且尽可能地避免或减少伤害，对参加锻炼或训练的儿童少年，要加强医务监督，尤其要注意以下三点。

（一）定期进行体格检查

对儿童少年体育运动参加者或者儿童少年运动员，应定期进行全面的身体检查，间隔时间要比成年人短，一般三个月作一次全面体检。若间隔时间过长，就不能很好掌握锻炼或训练后身体的动态变化，也不利于发现因锻炼或训练不当造成的不良现象。

通过身体发育和体格检查结果，有助于对训练安排是否恰当做出客观评断。也可以及时发现下肢、足底、脊柱等的可能畸形，以便及时矫正。

（二）加强运动现场的观察和检查

儿童少年年龄小、性格好动、贪玩，不知疲倦，一旦自觉疲劳时，可能疲劳已达到相当严重的程度。因此不能仅听他们自己在训练或锻炼后的自述，对其进行运动现场的观察和检查，比成年人更重要。

（三）注意负荷后各系统的检查

如心血管、呼吸系统等的机能检查，以免做出错误的判断。

第二节　女子体育卫生

随着社会进步和妇女社会地位的提高，女子体育在世界范围内有了不同程度的发展。有越来越多的女性开始参加体育运动，并从中获益：促进了身心健康、提高了女性自尊。

然而，在女子体育蓬勃发展的同时，也因为超负荷刺激（Summers H，1999）和运动成绩的压力（特别是竞技体育），再加上不合理膳食，在女运动员或女子运动参加者身上，出现了各种月经失调（包括初潮推迟、经血量异常、黄体期缩短、无排卵和闭经等）、女运动员三联征等特殊医学问题。这就给运动医学工作者提出了如何保证女性身体健康和科学训练的一系列女子体育卫生课题。

女子与男子相比，有性别差异。因此，了解女子的生理解剖特点及其运动能力，对体育教学和安排训练有着至关重要的意义。

一、女子身体发育及其运动能力的特点

（一）身体发育的特点

女子一生要经历新生儿期、幼儿期、青春期、性成熟期、更年期和绝经期。各时期间并无截然分界线，它与遗传、周围环境、营养等诸多因素有关。

从发育过程来看：7～15 岁是女子的生长发育期，这时各项形态指标随年龄增长而增大。10 岁之前，女子处于青春发育期前，主要形态指标（如身高、体重）大多小于男子；11～12 岁时，女子多数形态指标又略超过男子；13 岁之后，女子身体发育速度逐渐减慢，又被男子超过，先后形成两次交叉，称为交叉生长。

女子的快速增长期较男子早 1～2 年出现，一般在 10～12 岁；但生长发育结束的时期

也比男子早 2 ~3 年。女子 18 岁后，进入生长发育稳定期，此时所有生长发育指标都缓慢下来，有些指标停止增长。

（二）女子的解剖生理特点及其运动能力

1. 体 型

总的说来，女子体格发育水平较男子略低。四肢总长度和各部分长度都比男子短；肢体长度对躯干长度的比例也较小；肩部较窄，骨盆较宽而重，身体重心偏低；皮下脂肪较厚，肌肉力量较弱；平衡能力与整体柔韧性较强。

女子重心低，平衡能力强，有利于下肢支撑平衡动作，如平衡木；但对运动速度、跳远、跳高等动作稍不利（下肢较短，步幅小于男子）；女子皮下脂肪较男子厚，有较好的保温效果，游泳时，具备比男子更优越的身体条件，因为女子每千克体重比男子少消耗能量 20%（以男女体脂% 差约 10% 计算）。

2. 运动系统

（1）骨骼　女子的骨骼比男子短且细，骨密质较薄，坚固度低，重量亦轻（约比男子轻 25%），抗压和抗弯的力量较差。

（2）肌肉力量　女子的总肌力约为男子的 2/3。由于女子肌肉力量较弱和体型特点，使女子的负重能力较弱。因此，男性在力量项目上（如举重、铅球、标枪等）远胜于女子；女子体脂含量较大（一般青年男子体脂% 占 15%，青年女子占 25%），瘦体重较小，导致速度与爆发力明显弱于男子；但是，经过一定时期的力量训练后，女子的肌力可增加，甚至增加幅度高于男子；还有人研究发现，女子肌肉中的慢肌纤维比例比快肌纤维高，加之皮下脂肪较厚，有利于长距离耐力性项目，比如马拉松和长距离游泳。

（3）脊柱椎间软骨相对较男子厚，腰部活动范围大，弯腰动作如“弓腰”、“下桥”动作较男子优越。

（4）关节囊、韧带较薄，弹性及柔韧性好，关节活动范围大，适宜从事武术、体操及舞蹈类需要高协调性和柔韧性的项目。

3. 心血管系统

少年时期，男女间的差异常不明显，青春期后差异则渐明显。女子的心脏重量、心脏体积相对较小，导致心脏泵血功能较弱；每分输出量及每搏输出量均小于男子，血中红细胞及血红蛋白较低，因而运送氧的能力低于男子。但是，女子的基础代谢率低于男子，对氧的利用率高于男子，从而部分弥补了心脏供血能力的不足。

血液中的红细胞具有携氧载氧功能。血液中的血红蛋白和氧合血红蛋白缓冲系统、血浆蛋白缓冲系统，能中和血液中的酸性物质，是机体酸碱平衡体系的重要组成。由于女子的血量及血红细胞均低于男子，因此其摄氧能力、耐酸能力较差，尤其在月经期间。

总之，女子的心血管系统功能相对男子较弱，这在一定程度上影响了女子的耐力水平。

4. 呼吸系统

由于女子的胸廓、胸围及呼吸差较男子小，呼吸肌力量较弱，又以胸式呼吸为主，因此，女子的肺活量、最大通气量、VO_2max 均较男子低。相对男子而言，快肌纤维较少，耐酸能力较差，导致女子的无氧能力较弱，即机体在无氧条件下，直接利用体内物质及无氧酵解供能能力较弱。一般来说，肺功能越好，人体的携氧能力越强，而女子的肺功能常低于男子。

（三）女子的运动能力

优势：柔韧性、平衡力强，且在耐力、氧利用率、利用储存脂肪的能力及可训练的潜力方面，能力较强。因此，女子适合参加体操、舞蹈、艺术体操、花样滑冰等需要较高柔韧性、协调性和平衡性的项目及长距离的耐力项目。

劣势：女子的肌力较弱、有氧和无氧代谢能力低于男子，加上心肺机能的限制，使之力量、速度方面的能力较弱于男子，不利于跳高、跳远、举重、投掷等项目。一般女子最适宜的训练量是男子的60% ~80%。

总之，要辩证地分析女子的运动能力，应扬长避短，充分发挥其可训练的潜力。

二、与月经周期相关的医学问题

月经周期是下丘脑－垂体－卵巢轴相互协调与生殖器官对性激素反应的结果。正常的月经周期为28天左右，提前或延后7天仍属正常范围。月经是子宫内膜在卵巢激素作用下发生的周期性子宫出血。月经期（即出血期）是月经周期的起始阶段，持续时间为4～7天。卵巢分泌的性激素，受到垂体促性腺激素支配，垂体又受下丘脑分泌的促性腺激素释放激素的调控。卵巢分泌的性激素，一方面影响子宫内膜的发育，另一方面又通过正负反馈，影响下丘脑－垂体的活动。下丘脑受大脑皮层的明显影响。因此，从大脑皮层到卵巢，整个功能轴任何一环节发生障碍，都会破坏平衡，导致月经失调。

（一）女运动员的初潮年龄

月经第一次来潮称为初潮。我国健康少女的初潮年龄大多在13～15岁，但早可在11～12岁，晚至17～18岁。目前，初潮年龄有提前的趋势；而运动员的初潮年龄有推迟的现象，这与运动训练有一定的关系。

1. 运动员月经初潮年龄迟于非运动员2～3年，专门化训练早者，初潮年龄较迟。初潮后开始训练者，初潮年龄平均为12.5±1.2岁；初潮前开始训练者，初潮年龄平均为15.1±1.5岁。

2. 训练水平越高，训练年限越长，初潮年龄越迟。大量研究发现：多数尖子运动员初潮年龄较晚；一般每早开始训练1年，初潮年龄约推迟5个月。

3. 体脂较少，初潮年龄较迟。研究发现，体脂百分比至少占体重的17%才有初潮。体操运动员、芭蕾舞演员体脂百分比较低，初潮年龄较迟；游泳运动员体脂百分比较高，初潮年龄较早。

不过，初潮年龄受多种因素影响，如健康、营养状况、运动、环境、种族、遗传等。不同国家、不同项目和竞技水平的女运动员可能有不同的成熟度，而且与不同年代的调研结果有关。

女运动员初潮推迟的意义：已证实，运动可大大增加催乳素的分泌，起到延缓卵泡成熟的作用，这就造成月经的延迟或一过性闭经，对运动和预防癌症有利：（1）有利于创造良好的运动成绩，成绩出现较晚的运动员一般表现为腿细长，髋部窄，体重轻，体脂百分比少的特点。Frish 认为，体脂百分比达到 17% 才有初潮。相反，游泳运动员成熟较早可具有较大的肌力和较多的体脂，有利于女游泳选手提高成绩。（2）成熟较晚的少女比同龄成熟早者，易创造好成绩，并无须受到社会舆论压力（可较晚考虑结婚）。（3）减少乳癌的发生。

月经初潮推迟的不利影响：（1）月经失调罹患率较高；（2）精神心理因素的影响，如父母认为自己的女儿发育不正常，少女本人也有思想顾虑等；（3）脊柱侧弯的罹患率较高。

应该说明的是，初潮后 1 ~2 年内，经期可以不规则，这可能是正常表现，不应认为月经失调，更没有必要放弃训练。

（二）女运动员的经血量

我国一般妇女经血量为 23 ~83.5ml，平均为 57.6ml，而运动员经血量平均为 42.3ml。经血量与运动项目有一定的关系：体脂百分比较低的体操、长跑运动员、芭蕾舞演员经血量较少；重竞技项目（举重、柔道、投掷等）和速度型运动员经血量也较少，约在 12 ~62.7ml。一般在月经期的第 1 ~3 天，出血量较多。因此，在经期训练时，第 1 ~3 天的训练量和强度应适当减小。训练年限短、训练水平不高者，应循序渐进地适应经期训练。

（三）女运动员的月经失调

月经期的第一天，是整个月经周期的开始。月经期第一天至下次月经期第一天所间隔的时期，是一个月经周期。正常的月经周期一般为 28 ~30 天，提前或延后 7 天仍属正常范围。月经周期长短，因人而异，但每个妇女都有自己的规律。正常月经期持续时间为 5 ~7 天，少数为 3 ~5 天。经血量中等。若月经周期、月经持续时间或经血量超过或低于正常范围的变化，即为月经失调。

运动性月经失调（athletic menstrual cycle irregularities，AMI），是女运动员参加训练后常见的医学问题，且近年来罹患率有增多趋势。主要表现为：月经初潮推迟，月经周期过长或过短，月经量过少，甚至闭经或功能失调性子宫出血及经前期紧张综合征等，影响全身机能和运动能力。据研究报道，非运动员月经失调的罹患率为 4% ~5%，而运动员罹患率一般达到 30% ~35%，个别报道为 59%。

究其原因，训练强度和持续时间与 AMI 的发生密切相关。当然，长期运动引起的体重降低、精神应激等因素也有促发作用。从训练本身而言，长期训练强度过大、强烈的精神应激、过分降体重使体脂百分比过低等，都容易导致 AMI，甚至闭经。

运动员中大多数的闭经是继发性的。因为对运动员继发性闭经的标准和定义尚未统一，所以各学者报道的调查结果差异较大，从 1% ~44% 不等。长跑、体操、芭蕾舞者闭经的罹患率较高，提示闭经的罹患率与调查对象所从事的项目或职业密切相关。有研究表明，女长跑运动员的孕酮水平明显低于非运动员；很多研究资料提示：雌激素浓度降低是运动员发生闭经的重要因素。

有关运动性月经失调的发生机制，存在以下几种学说。

1. 中枢神经系统功能紊乱：性功能与体内内分泌平衡，受中枢神经系统调控。运动时，神经内分泌系统高度紧张，尤其是急性力竭性运动或长期大负荷运动，使中枢神经系统得不到休息，大脑皮层兴奋－抑制镶嵌模式破坏，即分泌兴奋性与抑制性递质的比例失调，由此可波及下丘脑对性腺轴的调节功能。造成下丘脑合成、分泌促性腺激素释放激素（GnRH）的“土壤”贫瘠。因此，大脑皮层功能紊乱，可能导致AMI；

2. 下丘脑－垂体轴功能紊乱：下丘脑合成分泌GnRH是脉冲式的节律，经垂体门脉系统，直接调控垂体促性腺激素（Gn）合成与释放促卵泡素（FSH）和黄体生成素（LH），促使卵泡排卵。但是，大量研究表明：长期大强度负荷，致一些抑制性神经递质（如内源性阿片类物质、多巴胺、5－羟色胺等）分泌增加，这些递质能抑制下丘脑分泌GnRH。由此推测，AMI可能发生在下丘脑－垂体轴水平；

3. 卵巢功能紊乱：过量运动，导致女运动员下丘脑－垂体轴功能紊乱，GnRH分泌被抑制的同时，也抑制了垂体Gn的分泌，卵巢因为失去FSH、LH的刺激，而发育迟缓；

4. 肾上腺皮质轴活化学说：运动应激，使下丘脑－垂体－肾上腺皮质轴被活化，从而抑制了GnRH分泌合成。AMI运动员的皮质激素增加，支持了该学说；

5. 能耗学说：长期剧烈运动，机体能量消耗增加，如果能量摄入不足以弥补训练消耗，即使体重下降，运动员的基础代谢率、三碘甲状腺原氨酸水平也会减少，从而导致卵泡发育延迟。

总之，目前对于AMI的发生机制尚不清楚，可能涉及下丘脑－垂体－性腺轴、下丘脑－垂体－肾上腺轴以及下丘脑－垂体－甲状腺轴等多轴的复杂调控，以后有待进一步研究和探讨。

运动导致的继发性月经失调甚至闭经，不会影响女子的生育能力。出现AMI或闭经的女运动员，在减少运动量或停训后，一般都能逐渐恢复正常的月经周期；但长期闭经可导致骨质丢失，易发生骨质疏松甚至骨折，造成对身体的不良影响。Lioyd等（1986）研究报道：以闭经为主的月经失调的女运动员发生运动损伤的几率高；也有学者调查发现，月经前期和月经期有各种症状与不适的运动员，膝、踝扭伤或挫伤的罹患率高于无症状的运动员。

（四）女运动员三联征

女运动员三联征（the female athlete triad，FAT）是指能量可利用量（energy availability）、月经功能和骨密度三者及其相互关系紊乱，可表现出三个临床征象：进食障碍、闭经和骨质疏松。

1. 好发的运动项目

（1）强调低体重和苗条体型的运动项目，如需要主观打分的项目（舞蹈、体操、花样滑冰）；

（2）强调低体重的耐力项目（长跑、自行车）；

（3）比赛时着装会凸显身体轮廓的项目（网球、跳水）；

（4）分体重级别进行比赛的项目（马术、赛艇）。

2. 主要征象

（1）进食障碍

能量可利用量是三联征的核心，指膳食能量摄入量减去活动能量消耗的差值，是人体活动后剩余的、用以维持其他生理机能的膳食能量摄入量。过度限制能量摄入，造成能量可利用量过低，就会使运动员向病理方向发展，出现三联征的征象，严重者可伴有进食障碍。进食障碍主要包括神经性厌食、神经性贪食和非特异性进食障碍。

进食障碍对运动能力和健康的影响很严重。可造成脱水、肌糖原的储备损耗、肌无力、易疲劳、贫血等。这些征象涉及多个系统，包括心血管系统出现心动过缓、血压过低、心电图异常等；内分泌系统紊乱出现低血糖、性激素水平下降、月经紊乱及闭经、骨密度下降等；还可以造成胃肠功能紊乱和体温调节紊乱及皮肤科症状。

(2) 闭经

月经紊乱会使运动员出现多激素异常：雌激素和黄体酮下降、皮质醇升高、甲状腺素下降、高催乳素，及疲劳、抑郁与运动能力降低。激素异常可带来多种负面效应，如软组织损伤修复不全，因骨质合成抑制和骨质吸收加强而出现骨质疏松，应力性骨折的风险增高等。

(3) 骨质疏松

骨密度（bone mineral density，BMD）是反应骨骼健康状态，预测骨折风险的重要指标。低能量可利用量、闭经都能引起骨密度下降。目前三联征的定义中，包含了从最佳骨密度到骨质疏松的全部范畴。

骨质疏松是由于各种因素引起的骨量下降和骨微细结构受损，使人增加骨折风险的一种骨病。成年期的骨矿物质丢失，以及青少年时期骨量积累不足，都可引发骨质疏松。尽管骨量不仅取决于骨矿物质，还取决于骨蛋白。但是，对绝经后妇女骨质疏松的诊断，还要依据骨密度。因为骨密度每下降一个标准差，骨折风险就会加倍。

女运动员三联征的发病机制较复杂，各部分之间如何相互影响、如何诊断、预防和治疗等一系列问题都还在探索中。由于部分女运动员症状不明显，或不愿承认自己有进食障碍或者闭经，而给诊断带来巨大挑战。女运动员三联征严重危害女性健康和运动能力，要使运动员和教练员充分认识到这一问题的严重性，在医生、教练和相关体育工作者、家长等的齐心协力下，争取做到“三早”——早发现、早预防、早干预。

（五）人工月经周期

1. 概　念

对于经期不习惯参赛或有明显症状影响运动成绩的运动员，应用内分泌制剂（性激素）人为形成卵巢 - 子宫内膜周期性变化，提前或错后月经期，可使运动员保持原有的训练水平，不受月经期身体不适的影响，参加正常的训练与比赛。

2. 方　法

(1) 月经规律者

提前行经法（缩短周期法）

[原理] 卵泡发育期应用黄体酮制剂抑制排卵，形成卵巢黄体期子宫内膜的变化；或者在进入黄体期后，应用大量黄体酮制剂刺激子宫内膜，停药后，引起撤退性出血（后者不影响排卵）。

[优点] 月经前期运动能力最差，缩短周期，使之赛前 1 周进行适应性训练，月经后处于良好竞技状态时参赛。比推迟行经法好。

[具体措施]

a. 月经周期第15天始，1次/日，肌注黄体酮10毫克/次+己烯雌酚1mg，共5天，停药后，3~5天内行经；

b. 月经周期第5天始，1次/日，口服2号避孕药（复方甲地孕酮），共15天，停药后，3~5天内行经。

推迟行经法（延长周期法）

[原理] 应用大量黄体酮制剂，使卵巢黄体期延长，推迟行经日期。

[具体措施] 赛前末次月经第15天开始，1次/日，口服18甲基炔诺酮，共18天，停药后，3~5天内行经。

（2）月经不规律者

对月经周期不规律者，可在赛前25天开始口服18甲基炔诺酮，每天1片，连服10天，停药后2天常可来月经。

3. 注意事项

（1）人工月经周期是人为地打乱正常月经规律，不宜经常采用，更不可盲目滥用。

（2）严格在医生指导下进行，加强医务监督，并观察其远期影响。初潮刚建立不久者，慎用。注意随访调查。

（3）要根据运动员平时月经周期的身体反应和运动能力，选择使月经提前或延后的方法。要有充分准备，避免仓促进行。

（4）不能连续使用超过3次，每年最多不超过2次。

（5）少数有类早孕反应者（恶心、呕吐、色素沉着等），可在医生指导下，采取对症处理。

三、月经周期与运动能力

众所周知，适宜的体育运动，可能会减少与月经周期各时相有关的身体不适（如腰、腹痛、头疼、焦虑不安、压抑等），并可减少镇痛剂的使用。但是，剧烈运动加上其他因素，如不合理膳食、内源性女性性激素的变化、口服避孕药和激素替代疗法治疗等，能够导致各种月经失调，包括初潮推迟、黄体期缩短、无排卵和闭经。这些复杂变化，有可能影响女子的运动能力，尤其是可改变优秀女运动员的运动能力。

下面首先讨论在月经周期的特殊阶段——月经期，女运动员的表现以及参加训练或比赛的情况。

（一）女运动员月经期表现与参加训练或比赛状况

一般月经期无特殊症状。由于此时盆腔充血、子宫血流量增多，因此部分运动员感觉下腹、腰骶部下坠感，个别可有膀胱刺激症状（如尿频），乳房及手足发胀，轻度神经系统不稳症状（如头痛、失眠、精神抑郁、易于激动），胃肠功能紊乱（恶心、呕吐、便秘或腹泻），还可出现鼻粘膜充血，皮肤出疹，痤疮等现象，但一般不严重，不会影响运动员的学习、生活和训练。

据调查，女运动员在月经期可有以下4种表现类型：

1. 正常型　经期自我感觉良好，运动能力不变，心血管机能试验正常，此类型约占64%。

2. 抑制型　经期自感疲乏无力，嗜睡，体力及一般工作能力下降，厌烦训练，心血管机能试验恢复时间延长，心率慢，血压降低，此类型约占23%。

3. 兴奋型　经期情绪异常激动，各种生理指标有提高的趋势，肌肉发紧，动作僵硬，下腹有痉挛性疼痛，头晕，睡眠差，心率较快，呼吸频率增加，血压升高，此类型约占10%。

4. 病理型　这是一种类似中毒现象的病理反应。感觉腰背疼痛，头晕，头痛，睡眠不佳，恶心，口渴，全身不适，不愿训练，运动成绩下降，此类型约占3%~5%。

从事系统训练的女运动员，月经期应加强自我监督，填写月经登记卡。月经登记卡应记录：行经日期、经期的身体反应、参加运动的情况和运动后的反应，详见表5-1。根据运动员月经期不同的反应类型，及时发现问题，以便科学地安排训练和比赛。

一般正常状态下，经期不应停止训练，但应注意运动年限、训练水平、个人特点及习惯。

第一，运动年限长、训练水平高和经期反应少者，可参加训练和比赛，一般80%无不良影响，但应注意远期效果。

第二，运动年限短、训练水平低、刚经历初潮者，经期不宜参加大运动量训练或比赛，因为可造成痛经或月经失调。适应经期训练和比赛的习惯，应在初潮后尽早建立。

第三，要注意定期观察女运动员运动前后的机能变化。

第四，经期能否参加训练和比赛，应根据运动员月经期的情况而定。正常型者，如训练情况好，可以参加；抑制型和兴奋型者在做好准备活动后也可参加；有些兴奋型者，经期运动成绩比平时还好；病理型者则应禁止参加训练和比赛。

表5-1　月经登记卡

姓名　　　　单位

行经日期	年　月　日　至　年　月　日　共　天									
经期身体反应										
月经日程	第1天	第2天	第3天	第4天	第5天	第6天	第7天	第8天	第9天	第10天
经血量										
月经期参加体育活动情况										
月经期体育活动后反应										
备注										

注：1. 经期活动情况分：全休、见习、轻微活动、减量活动、照常训练。

2. 经期活动情况后反应分：差、一般、良好。

（二）女运动员月经周期的运动能力

早期调查研究显示：一般女运动员在月经期以及月经期后的成绩最好；而经前期的运动能力低下，成绩最差。后来的系统综述却指出：不能准确判断调查对象所处的月经周期时相，是上述调查研究的致命缺陷。

已证实：利用基础体温曲线以确定月经周期各时相，并不准确。可行的方法有：定量分析基础体温曲线，以预测排卵时间和黄体期长短；尿检可确定月经周期中的 LH 峰值，能估计排卵时间。但最有把握的方法是：在运动前，准确测定血清女性激素水平，以确诊卵泡期、排卵期和黄体期。

对越野滑雪运动员采用监测基础体温，以确诊月经周期时相的研究表明：排卵后和行经后，女运动员成绩最好。有学者研究足球女运动员时发现：有明显经前期紧张综合征的运动员，在月经前期和月经期，损伤的罹患率较高。

其实，女运动员在月经周期各时相的反应，存在很大的个体差异。可能受到运动员自我预期、对月经的消极态度、文化局限和信奉神明，以及月经紊乱与经前期紧张综合征巧合出现等多因素的影响。世界纪录和金牌往往是由处于不同月经周期时相的女运动员创造的。

四、女子体育运动中的卫生问题

（一）月经期的体育卫生

月经是女子的正常生理现象。体育活动可提高人体的机能水平，改善血液循环系统功能，改善腹肌和盆底肌的收缩和放松，有利于子宫经血的排出。因此勿需对女子经期进行运动提出种种不适当的限制，但也不能忽视月经期的特殊性，需要一些特殊措施。

1. 经期应避免过冷、过热的刺激，特别是下腹部不宜受凉，以免引起痛经或月经失调。

2. 经期的第一、二天应减小运动量及强度，运动时间也不宜太长，特别是月经初潮不久，周期尚不甚稳定的女少年运动员更应注意，否则易造成月经失调。

3. 经期不宜从事剧烈运动，尤其是震动强烈、增加腹压的动作，如疾跑、后蹬腿跑、高抬腿跑、跳跃、跳起扣球、跳起投篮、负荷过大的力量性训练等，以免造成经血量过多或影响子宫的正常位置。

4. 原则上，经期不宜下水游泳，以免在生殖器官自洁作用降低时，病菌侵入造成阴道炎、子宫、输卵管和腹腔炎症；经期免疫力较低，游泳池水温又低于人体皮温，易引起感冒。如需下水训练时，必须在严格消毒下应用阴道栓（体内卫生巾），游完用弱酸性洗液洗净。最好不要在月经的第一天和第二天下水。关于经期下水，要因人而异。

5. 有痛经、月经过多或月经失调者，经期应减少运动量、强度及训练时间，甚至停止体育活动。

（二）运动性月经失调

1. 初潮推迟

注意合理营养，保持与年龄、身高相适应的体重和体脂水平；尽量避免使用外源性内分泌制剂来推迟初潮年龄；尽早建立经期对运动的适应性。

2. 月经量增多

当月经量超过60毫升/日，月经持续时间超过5天时，一般会出现缺铁状态。铁的缺乏可能是运动员贫血的先兆。月经量增多，容易被运动员忽视。因此，须系统监控运动员是否出现了缺铁性贫血。一旦出现贫血先兆，应加强富含蛋白质、铁、叶酸的食物摄入，必要时，要补充铁、叶酸和蛋白质的强化剂。

3. 月经过少或闭经

可以通过增加体重、减少训练量和降低训练强度以及确保正常的饮食模式，纠正运动性月经过少或闭经现象，如仍不奏效，可采用激素替代疗法，如口服避孕药来维持骨密度。

（三）女运动员三联征

若已出现三联征症状，就必须进行干预。改善运动员的能量可利用量，以恢复正常的月经和骨密度，是首要目标和主要手段。激素替代疗法（hormone replacement therapy，HRT）和口服避孕药（oral contraceptive pill，OCP）是常用治疗方法。美国运动医学学会建议：对于16岁以上患功能性下丘脑性闭经的运动员，如果出现了BMD的下降，即使有充足的能量摄入和正常的体重，也要进行OCP治疗，以防止骨质的进一步丢失。

（四）口服避孕药不良反应的处理与预防

1. 恶　心

口服避孕药中的雌激素可能会带来胃部不适，特别是对青春期和比较瘦的女运动员。这一症状通常在1~2个月后就会消失。为了减轻恶心的反应，可在临睡前服药，或在吃饭时服用。

2. 体重改变

低剂量口服避孕药，对体重影响较小。特别是：当雌激素剂量等于或小于35微克时（如妈富隆），体重的增加最小。

不过，在服药的最初几个月里，体重可能稍有变化。是水钠潴留的结果，而不是体重的实质性增加。清淡的饮食（低盐）并结合有氧运动，有助于减少此副作用。

3. 乳房触痛

体内雌激素水平增加会引起乳房触痛。一般几个月内就会改善。减少从咖啡、茶、巧克力和饮料中的咖啡因摄入，有助于缓解症状。

4. 点滴/突破性出血

总的来说，口服避孕药会使月经周期变得更规则，经期缩短，经量减少。但偶尔也会出现点滴或突破性出血。这种情况在服药初最常见，是身体不适的反映。不必担心，继续服药，到下一个周期时，通常就改善了。如果3~4个月之后，出血仍然存在，继续用药，同时要咨询医生。

其他一些原因也会引起服药期间出血，如漏服药或每天服药时间不同等。另外，服用某些药物也会引起出血。还有，吸烟的女运动员发生突破性出血的频率较高。

5. 情绪改变

有些女运动员可能会感到情绪波动，特别在月经期前后。这可能是经前期紧张综合症（PMS）。妈富隆有利于改善这些症状。

（五）痛　经

凡在经期及其前后发生明显下腹痛、腰酸痛等不适症状，即痛经。多种原因可引起痛经。大多数情况下，属于正常生理现象，当影响正常工作和生活时，才是疾病。

痛经分为原发性和继发性（或器质性）两种，所谓原发性即生殖系统无明显器质性病变，多是生理性的，与精神紧张等心理因素有关；器质性痛经是指由于子宫内膜异位症、子宫肌瘤、盆腔炎、残角子宫等病变引起的继发性痛经。运动员的痛经，主要是原发性痛经。

处理原则：1. 自我调整，学会放松，降低精神压力；情绪波动较大者，可服用调理性的中药如乌鸡白凤丸。2. 止痛、镇静、解痉：必要时，可用止痛药（如芬必得、复方阿司匹林或消炎痛等）或者镇静剂（如安定），阿托品类解痉药也可选用。3. 激素治疗：可口服避孕药，方法同前。4. 如果痛经与子宫发育不良有关，可少量使用雌激素，如己烯雌酚：0.25～0.5mg，每日1次，于月经周期第5天开始连服22天，可连用3～6周。

（六）妊娠、分娩

1. 妊娠期的体育卫生

由于此期母体变化较大，体形、体重的改变以及腹压增加产生淤血等现象，均增加了心血管及呼吸系统的负担。因此，重视妊娠期体育卫生，确保孕妇健康和胎儿的正常发育，保持妊娠运动员的身体机能和运动能力的恢复都很重要。

在妊娠初期有些运动员照常参加训练，运动成绩可不下降，但在妊娠期的前3个月应注意勿过多运动，以免造成流产或影响胎儿发育和日后的分娩。一般认为妊娠后期应停止参加任何比赛，但可进行散步、体操等一般锻炼，不宜进行大运动量训练，因其可造成胎盘与子宫内膜分离，甚至危及孕妇和胎儿的生命。另外，由于盆底肌肉收缩力过强（如体操和技巧运动员），可能造成难产。所以，妊娠期应从事放松盆底肌肉的练习。并要增加腹肌、会阴、背肌及呼吸肌的力量。一般在妊娠5～6个月时，应注意背肌及正确的呼吸练习。妊娠8～9个月时，应加强下肢活动以促进下肢及盆腔的血液和淋巴循环。妊娠期可做些保健体操、医疗体操及散步活动。运动量的大小因人而异，避免过劳。运动中注意保护，避免跳跃、速度、力量、耐力及灵敏性的运动项目。对妊娠期出现病理现象者，应禁止一切体育活动并进行适当的治疗。

2. 分娩后的体育卫生

产后期大约6～8周。此时应特别注意生殖器官的恢复和乳腺的分泌等。产后6周内，因盆底肌肉尚未完全恢复，应避免重体力劳动或下蹲动作时间过长，以防止发生子宫脱垂。应早期进行医疗体育，主要是促进血液循环，消除盆腔淤血，防止血栓性静脉炎的发生，增强腹肌和盆腔肌肉的力量，有利于子宫的恢复和恶露（产后的阴道分泌物）的排出。

产后医疗体育以体操为主，可进行腹部局部的、轻柔的按摩手法。一般在分娩后第 2 天，可进行卧位胸式呼吸、足踝运动、腹式呼吸，第 3 天可做些转体和“半桥”运动，第 4 天可以仰卧半起坐、盆底肌和背肌运动，第 5 天后可进行直腿抬高、仰卧起坐、坐位的腹背运动、下蹲和站立转体扩胸运动等。一般每日 2 次，每次 10 ~ 15min。但如产后体温超过 38℃或有产后感染，心血管、呼吸或泌尿系统严重并发症或分娩过程中进行过某些手术（如剖腹产、会阴缝合等），可推迟锻炼的时间。

女运动员产后 3 ~ 4 个月起可逐步恢复一般训练，哺乳期和产后 6 ~ 7 个月内不宜进行大运动量训练和比赛。一般要在停止哺乳后再进行训练，因过早训练会影响乳汁分泌量和质的改变，且分娩后如过早训练也易受凉，造成坐骨神经痛、乳腺或其他疾病。

一般妊娠、分娩对运动成绩影响不大。奥运会选手产后达到产前成绩者为 85.2%，高于产前成绩者为 77.8%。运动一般不影响生育力。

（七）更年期的体育卫生

妇女的更年期是指妇女从生育年龄逐渐过渡到无生育能力的一段生命时期，是卵巢功能逐渐萎缩，接近卵巢功能完全停止的阶段。此期突出表现是绝经，多见于 45 ~ 50 岁，早者 40 岁左右，晚者可于 55 岁甚至更晚出现。10 ~ 15% 的妇女可毫无临床症状，60% 左右的妇女只有潮热、出汗等轻微的内分泌代谢失调症状，极少数人出现严重症状需要治疗。

更年期是一个生理过程，要做好宣传，解除精神负担，轻者可不用任何药物治疗。此期应加强体育锻炼，经常到户外活动，可以预防骨质疏松，增强关节、肌肉、韧带的力量，调节大脑皮层、内分泌系统和植物神经系统的功能，促进新陈代谢，使人心情舒畅。可选择散步、慢跑、功率自行车、体操、跳舞、太极拳、旅游等锻炼，多参加集体活动。每周 3 ~ 4 次，隔天 1 次，每次 30 ~ 60min，以“不感疲劳”为度。妇女应从青壮年开始注意身体和精神健康的锻炼，这样有助于预防、减轻或推迟更年期综合征。

第三节　老年人体育卫生

一、衰老的概念与机理

（一）衰老的概念

现代老年医学认为，生命周期中随时间进展而表现出功能不断衰退，直至死亡的过程，这个过程称为衰老。衰老是人类生命历程中的自然规律，有史以来，人类一直在追求健康与长寿。经常参加体育锻炼能改善和提高老年人身体各器官系统的代谢活动和工作能力，从而减轻和延缓衰老过程，预防老年常见病，延长寿命。

根据世界卫生组织和中华医学会的规定：45 ~ 59 岁为老年前期；60 ~ 89 岁为老年期；

90～120 岁为长寿期；只要年龄在 60 岁以上的人均称为老年人。

（二）衰老的机理

衰老是一个渐进性、累积性、普遍性和内生性及对人类的生命有危害性的复杂的生物学过程，其机理至今尚未完全清楚，目前较公认的有以下几种学说。

1. 程序衰老学说：认为衰老同发育、生长及成熟相似，都是由某种遗传程序规定按时表达出来的生命现象。

2. 细胞突变学说：认为体细胞和生殖细胞一样，可自发地产生突变，当突变细胞积累到一定数量时，就会影响正常生理机能，从而导致衰老。

3. 错误成灾学说：认为细胞在合成结构蛋白过程中，有可能随机地发生错误，包括氨基酸排列顺序的位置和种类的差错。如果出错在酶蛋白的活性中心，则会使酶活性或特异性降低；如果出错在与信息传递有关的 DNA 或 RNA 聚合酶上，则会产生差错的 DNA 或 RNA，由此导致一轮的合成错误；若是重复，这种错误积累到一定程度时，造成错误成灾，使细胞乃至整个机体衰老、死亡。

4. 自由基学说：自由基化学性质活泼，可与体内糖类、蛋白质、核酸、脂类发生反应，造成细胞功能和结构的损伤和破坏。因此最近提出，人体衰老是由于自由基对细胞、组织的损害。

5. 神经内分泌学说：神经元及有关激素的功能下降是衰老的重要环节，因为下丘脑、垂体、肾上腺犹如机体的“生物钟”，是调节衰老过程的主要场所，衰老时神经内分泌的功能下降，导致或调控全身功能退行性变化。

6. 免疫衰老学说：认为与自体抗体有关的自身免疫在导致衰老过程中起决定性的作用。自体抗体造成细胞的变性和死亡，这是因“自我识别功能”随年龄增长而下降、紊乱、发生障碍，以至将自体的正常细胞误认为“异物”加以攻击，引起自身免疫性疾病增多。而且免疫功能也下降，如 T 淋巴细胞功能下降，则对疾病感染的抵抗能力下降。

二、体育锻炼对抗衰老的作用

（一）对神经系统的作用

随着年龄的增加，大脑逐渐退化和萎缩，大脑皮层表面面积和脑血流量均相应减少。大脑皮层神经过程的灵活性减弱，神经调节能力较差，对外界刺激的反应因潜伏期延长而迟钝。因此，老年人的记忆力、注意力以及综合分析、推理判断等能力都有所减退，且容易疲劳。

经常参加体育锻炼，能改善神经系统的机能，预防大脑衰老。表现为大脑皮层神经过程的兴奋性、均衡性和灵活性提高，反应的潜伏期缩短，各种分析器的机能改善。从而保持老年人精力充沛，心情舒畅，乐观大方，保持生理活动的一定水平。体育活动还能解除疲劳和精神紧张，改善睡眠。此外，体育锻炼还可推迟全身衰老，防止老年性疾病。尤其能防止脑动脉硬化，维持大脑良好的血液供应。因脑动脉硬化症是由于血液内胆固醇含量过高所致。研究证明，体育活动可使血液总胆固醇含量降低，特别能降低低密度脂蛋白胆固醇含量，提高高密度脂蛋白胆固醇含量，清除沉积在血管壁上的胆固醇，防止动脉血管硬化。

（二）对心血管系统的作用

老年人心血管系统的特点是：心肌萎缩，结缔组织增生，脂肪沉着，心肌收缩能力减弱，代偿机能降低。一旦心脏负担过重，容易发生心功能不全。另外，心输出量减少，血管弹性下降，动脉血管内膜可见粥样硬化斑块，中层有钙质沉着，外层坚硬，导致动脉硬化，管腔狭窄，血流阻力加大，血流速度减慢，动静脉脉腔内氧含量差增大，动脉血压上升，心脏负担加重。

体育锻炼能提高心脏功能。表现为心肌兴奋性增高，心肌收缩力加强，冠状动脉扩张，血流改善，心肌利用氧的能力提高，因而心脏的活动能力加强。体育锻炼能降低血脂，减少老年人心血管疾病的罹患率，还可使血压随年龄增长而增高的趋势变缓。

（三）对呼吸系统作用

随着年龄的增加，老年人的呼吸肌日趋萎缩，肋骨钙化，肺组织的纤维组织增多，弹性降低，肺泡萎缩，胸廓的活动幅度减少，致使呼吸机能下降。如肺活量和最大通气量降低，肺泡内 CO_2 分压增加，动脉血氧饱和度下降。因此机体容易缺氧。

体育锻炼能保持肺组织的弹性，提高呼吸肌的收缩力，加强胸廓的活动幅度，改善肺脏的通气和换气功能，增加吸氧能力，从而提高全身各内脏器官的新陈代谢。经常参加体育锻炼能预防老年人慢性支气管炎和肺部其他疾病。

（四）对消化系统的作用

老年人胃肠粘膜变薄，胃肠道的腺体和绒毛逐渐萎缩，肌纤维萎缩而弹性降低，肝脏和胰腺重量减轻，功能减退。因此，老年人容易出现胃肠扩张、下垂、消化不良和便秘现象。另外，老年人胃肠道的分泌能力减弱，各种消化酶的分泌随年龄增长而减少，胃液量和酸度也逐渐下降，易产生贫血。加之牙齿的丧失，可使咀嚼能力降低，加重胃肠的负担。

经常参加体育锻炼，可以加强消化系统的功能，使胃肠蠕动加强，改善血液循环，增加消化液的分泌，加速营养物质的吸收，推迟消化道的老化，减少萎缩性胃炎、慢性胃肠炎、便秘、腹泻及胃肠癌肿的罹患率。据报道，唾液中淀粉酶含量和活性，长期锻炼的老人比不经常锻炼的人要高。体育锻炼还能改善和提高肝脏的功能。

（五）对运动系统的作用

随着年龄的增加，老年人的骨骼结构发生退行性变和营养不良，骨质疏松和萎缩。骨的化学成分为无机盐含量增加，骨的弹性和韧性减弱，脆性增加，容易骨折且愈合慢。老年人容易因骨质疏松而引起老年性腰痛。肌肉也发生退行性变化，表现为肌肉萎缩，肌纤维变细，肌肉重量减轻，肌肉的力量、弹性和兴奋性都下降，肌肉工作能力下降，容易出现疲劳。

经常参加体育锻炼，对骨、关节和肌肉都有良好作用。据研究报道，60 岁的老人进行 16 周以上的适度力量运动，可以使肌力增加 45%，股骨骨密度增加 3. 8%，脊柱骨密度增加2%，骨钙素增加19%，磷酸化酶增加26%。通过运动使关节滑利，骨质增强，骨密度及骨小梁分布适度，骨与关节的强度和柔韧性提高，增强抗骨折和应变能力，推迟和延缓骨质疏松的发生，保持身体的灵活性和应激性，有助于体力活动的保持。

（六）对内分泌系统的作用

体育锻炼能促进各种腺体如甲状腺、垂体、胰腺、肾上腺、卵巢、睾丸、唾液腺等的正常分泌。据研究报道，长期太极拳锻炼的老人甲状腺和性腺轴的功能得到改善，表现为靶腺激素水平和垂体激素水平都比非运动组高。有研究显示：经常参加跑步、太极拳、舞蹈的老年男子血清T（testosterone，睾酮）水平提高，血清 E_2（estradiol，雌二醇）降低、血清 E_2/T 比值下降，血清FSH（follicle stimulating hormone，促卵泡激素）呈升高趋势。坚持长期体育锻炼能使这些腺体得到充分的血液供应和氧气，因而保障了机体的新陈代谢正常运转，改善衰老对激素的影响，延缓衰老进程。

（七）对免疫系统的作用

适宜而持久的体育锻炼还可以促进免疫系统的功能，延缓免疫器官衰老。据研究报道，老年运动员或老年长跑锻炼者（10年以上），安静时血浆IL－1（interleukin－1，白细胞介素－1）活性显著高于不运动组，外周血白细胞GR（glucocorticoid receptor，糖皮质激素受体）低于不运动组，且GR与IL－1呈负相关。动物实验也显示，大鼠每天低强度跑台训练30分钟，训练3个月后，T细胞、NK细胞（natural killer cell，自然杀伤细胞）抗体水平及其功能都比同龄对照组大鼠明显升高，胸腺和脾脏重量明显增加。由此表明，持久而适宜的体育锻炼可以推迟机体免疫功能衰老。

（八）对自由基清除系统的作用

最近，大量动物实验或人体研究表明，人体衰老是由于脂质过氧化物积累对细胞、组织损害有关。然而适宜的体育锻炼可以加强机体对自由基的清除，提高抗氧化能力，延缓衰老发展。据研究报道，长期坚持健身跑的老年人，红细胞SOD（superoxide dismutase，超氧化物歧化酶）活性显著高于不运动组，而血浆MDA（丙二醇）含量明显低于不运动组。由此提示，适宜的运动使体内自由基生成与清除达到了动态平衡，减少和阻止自由基对组织细胞的损伤，延缓人体衰老。

大量研究表明，适宜的健身运动对人体衰老的发生、发展过程是一种延缓的良性影响（表5－2），因此终身体育，终身受益，延年益寿。

表5－2 参加锻炼与不参加锻炼的老年人形态、血压、血脂的比较

	56～60岁（n＝50）		61～65岁（n＝89）		>65岁（n＝111）	
	锻炼	不锻炼	锻炼	不锻炼	锻炼	不锻炼
体重（kg）	60.9±7.9	59.3±9.3	59.1±6.5	61.1±7.4	60.9±8.4	57±9.6
身高（cm）	156.1±4.3*	152.5±4.4	154.8±4.4*	154.1±6.5	154.1±6	152±5.1
收缩压（SP，mmHg）	130.7±22	138.8±30	143.4±24	144.1±27	146.8±24	148.5±28
舒张压（DP，mmHg）	84.4±14	86.2±15.4	81.6±12	85.5±12.9	81.8±12.7	86±14.2
体重指数（BMI，kg/m^2）	24.9±3.2	25.7±3.3	24.9±2.1*	25.5±3	24.8±4	25.7±3.4
总胆固醇（TC，mg/dl）	109.1±31*	205±33	195.7±32*	209.5±46	194.7±16	195.5±37
总甘油三脂（TG，mg/dl）	95.3±32*	123.8±42	129.5±56*	153.8±118	154.6±8*	176±21
高密度脂蛋白胆固醇（HDL，mg/dl）	59±13*	53.7±14	55.7±16*	52.5±8.2	54.8±13*	45±16
低密度脂蛋白胆固醇（LDL，mg/dl）	109±29	112±41	120.3±40	120.8±24	97±25*	114±33
极低密度脂蛋白（VLDL，mg/dl）	19.3±6.4	25.3±8.5	24.4±12.7	27.6±15	28±11	35±6.3
总胆固醇/高密度脂蛋白胆固醇（TC/HDL－C）	3.55±0.9	3.8±1.1	3.82±1.2	3.9±0.9	3.8±1.1*	4.7±1.5
血糖（GLU，mg/dl）	91±4.1**	108.7±37	101±25	103±35	99±16.2	109.5±16
骨密度（BMD，g/cm^2）	0.52±0.10	0.52±0.14	0.45±0.09	0.41±0.17	0.39±0.12	0.38±0.10

注：表示同一年龄段锻炼与不锻炼的差异* $P<0.05$，** $P<0.01$。

三、普通健康老年人的体育锻炼

（一）体育锻炼的一般原则

1. 循序渐进原则　开始锻炼的运动量和强度要小，以后随身体适应能力提高而逐渐加大。老年人最合适的运动强度一般用最高心率的60%来表示。最高心率随年龄增长而减少。也有人提出老年人慢跑时的心率应是170－年龄或比安静时心率增加50%～60%为宜。如果采用慢走，开始时的走速要慢，每分钟60～90步（每步70～80cm），或每小时2.5～4km。以后逐渐增加步数速度，最高可到每分钟120～140步，或每小时5.6～6.4km。在此基础上转入慢跑或走跑交替。开始跑速要慢，距离要短，适应1～2周后，再逐渐增加运动量和锻炼时间。

2. 经常性原则　由于老年人心血管系统适应能力较差，突然剧烈的运动容易引起心血管意外。只有经常坚持运动，才能收到效果。一旦间断，心肺功能、体力和工作能力即随之下降。

3. 区别对待原则　要根据老年人的年龄、性别和体力特点、健康状况及以往运动史等来决定最适宜的运动项目，并制订合理的锻炼计划。老年人适宜进行强度不大的活动，如长跑、快走、游泳、骑自行车、气功、太极拳等。不宜进行速度性项目，如短跑。运动量要适中，应根据个人具体情况而定。40岁以上的人，每周至少3次，每次10～15min，运动强度应相当于最高心率的60%或最大吸氧量的50%以上。在锻炼中如果感到心胸舒畅、精神饱满、有轻度疲劳但无气喘、心跳过快现象；锻炼后食欲增加、睡眠改善、晨脉较稳定、血压正常、体重正常等情况，都是良好反映。如果锻炼后有头疼、恶心、胸部不适、食欲下降、睡眠不好、晨脉加快、疲劳不能消失、体重下降等征象，表示运动量过大，需要调整或暂停活动。锻炼时间应根据四季有所变化。一般早晨要等到太阳出来后锻炼才好。若在室外，避开太阳直晒（如夏季）。至于上午、下午什么时间锻炼最好，并不绝对，要因人而异。春秋季节可在花园、林间、庭院等室外空气清新的地方进行，冬夏季节可在室内。

（二）老年人体育卫生

1. 锻炼前必须经过严格的体格检查，了解健康状况，以便合理选择运动项目和确定运动处方，尤其要进行心血管系统的功能检查。50岁以上的人要有近期体检证明，特别是安静时和负荷后心电图应无异常。定量负荷后每分钟心率的标准是：40～44岁为160次，45～49岁为155次，50～54岁为150次，55～59岁为145次，60～65岁为140次，65岁以上为135次。

2. 加强锻炼的医务监督（包括自我监督），防止过劳或意外损伤。如进行慢跑锻炼，不能跑得太快，否则踝关节容易扭伤、高血压的病人容易出事故，还会使身体缺氧，诱发心脏病。要注意跑的环境卫生，跑鞋要轻软合脚等。锻炼中要有间歇，可以走跑结合。跑中如发现有胸痛、胸闷、轻度头晕、恶心，甚至呼吸困难等，应立即停止活动。冬季锻炼要注意身体保暖，防止感冒。

3. 锻炼期间要遵循正常的生活制度。如保证充足的睡眠，夏季最好在早晨锻炼，跑后勿大量饮水，饭后至少间隔1～2小时进行锻炼等。

4. 注意锻炼期间的饮食和营养。饮食以易消化、含充足的蛋白质和维生素、低脂肪为主。可多吃瘦肉、黄豆制品、鱼类，以及蔬菜和水果。还应多吃花生、牛肉、包心菜、芝麻油等富含维生素E的食物。要控制热量、糖和盐的摄入量。

5. 老年人在锻炼期间应禁烟和禁酒。因为吸烟能诱发心脏病，并能使肺癌罹患率增加。健康老人应不饮酒或少饮酒，过量饮酒可使肝脏中毒，故冠心病、胃溃疡、肝炎、高血压患者不应饮酒。

四、某些患慢性病老人的体育卫生

（一）高血压患者的体育卫生

适当的体育锻炼可作用于大脑皮质和皮质下血管运动中枢，使血压下降。高血压患者最常采用的锻炼手段是气功、太极拳、医疗体操、步行或慢跑等，如有条件也可以进行放松性游泳和爬山活动。气功宜采用放松或强壮功，每天练 1 ~ 2 次，每次练 20 ~ 30min。太极拳可根据体力情况打一套或挑选某些动作。步行开始速度不要超过每分钟 120 步，每天 1 次，每次 30min，以后逐步改为慢跑。50 岁以上者，心率不宜超过每分钟 120 次。降压体操的动作幅度宜大，肌肉放松，速度适中平稳，要和腹式呼吸结合进行，不宜做长时间头低位动作（如过度体前屈），避免跳跃运动，每天做数次。不论采取哪种方法，进行锻炼时须注意：

1. 有心律不齐、心动过速、脑血管痉挛、明显心绞痛以及心脏功能失代偿者，不宜进行锻炼。
2. 锻炼时要全身放松，勿紧张用力，勿做憋气动作。另外，弯腰时，要注意头的位置不要低于心脏水平。
3. 加强锻炼时的医务监督。医生要定期检查血压和脉搏变化，以及病人锻炼前后的身体反应。

（二）冠心病患者的体育卫生

冠心病是老年人中最常见的也是最值得重视的心脏病。主要特点是心肌缺血产生心绞痛和心肌梗塞。经常参加体育锻炼有助于建立侧支循环，增加心肌的氧供应量，提高心脏的工作能力。冠心病老人锻炼的方式应该多种多样，主要有气功、太极拳、步行、慢跑、骑自行车、游泳、乒乓球、登山、羽毛球等。如采用慢跑，应先从散步开始，距离为 1000 ~ 3000m，15 ~ 30min/次，每天 1 ~ 2 次，心率勿超过每分钟 100 次。以后逐渐提高走速或走跑交替，最后过渡到慢跑，直到规定的运动量。进行锻炼时应严格控制运动量，并注意循序渐进。运动量以不出现心绞痛为宜。运动后如感到轻快，食欲、睡眠较好，表示运动量适宜。如果运动后头晕、胸闷、心跳不适、气短、食欲减退、睡眠不佳、明显疲劳，说明运动量过大。若在运动中突然心绞痛发作应立即停止运动，一般舌下含服硝酸甘油或速效救心丸。发作期休息 7 ~ 10 天后方可再锻炼。

（三）老年慢性支气管炎患者的体育卫生

慢性支气管炎是老年人最常见的呼吸系统疾病。大多由感冒引起，也与吸烟有关。严重者可导致肺气肿、肺源性心脏病。体育锻炼能改善病人的呼气过程，使膈肌活动幅度增加，肺泡残气充分呼出，有效地改善肺通气量，改善呼吸道阻塞，增加呼吸道分泌物的排出，减轻支气管的炎症和咳嗽、气喘、气短等症状。

慢性支气管炎病情轻的老人可进行多种体育锻炼，如呼吸操、太极拳、步行、慢跑等。病情较重，并发肺气肿的老人，应着重腹式呼吸和加强呼气的锻炼，结合太极拳、步行等运动。常用的腹式呼吸操有：普通式、双手压腹式、下蹲压腹式。通常先练好普通式，具体方法是：病人取舒适的体位，一手放在胸部，另一手放在腹部。吸气时腹部徐徐尽量隆起，胸部不动；呼气时腹部内陷，尽量将气呼出。用鼻吸气，用口呼气。呼气时嘴唇收拢像吹哨一样。呼气时间是吸气时间的 2～3 倍。每分钟呼吸 7～8 次，每天锻炼 2 次，每次 10～20min。在练习腹式呼吸的基础上，还可以进行专门的呼吸体操或气功、太极拳、自我按摩、慢走等锻炼。如有头昏、头胀、胸闷等，应停止锻炼。

（四）糖尿病患者的体育卫生

糖尿病是老年人常见的疾病。大多与遗传和诱发因素有关。肥胖、缺少体力活动和精神负担是主要的诱发因素，极少数是由胰腺炎等其他疾病引起。糖尿病的特征为血液含糖量过高及尿中常有糖。主要症状为多饮、多尿、多食和消瘦（即三多一少）。常会引起心血管、肾脏和视网膜等的病变。体育锻炼能促进肌肉血糖利用，降低血糖，改善新陈代谢，可以减肥，防止各种并发症。除重度糖尿病外，一般轻度和中度糖尿病患者，在饮食调整和必要药物治疗下，使升高的血糖下降后，开始应用体育疗法。糖尿病的体育疗法可采用步行、慢跑、踏功率自行车、上下楼梯、爬坡等，强度为中等。步行每分钟 90～100 步，每天 1 次，也可分作 2～3 次进行，每天总的步行距离不超过 5km，每天运动时间为 30～60min。锻炼时要注意，不要在空腹或降糖药物作用高峰时间内进行，以免引起低血糖反应（胰岛素皮下注射后 2～4 小时为药物作用高潮期）。一般饭后 0.5～1 小时开始运动。当锻炼时间较长、距离较长时，应随身携带一些糖果、干点以备饥饿时食用。在锻炼期间，应当定期检查血糖和尿糖，注意症状的变化，当病情好转时可逐渐减少用药量，适时调整饮食。

本章提要

本章从儿童少年、女子及中老年的身心生长、发育、成熟和衰老变化规律特点出发，进而分别阐明了儿童少年、女子及老年人的一般与特殊体育卫生要求，以下为掌握要点。

1. 早衰，是儿童少年早期专项训练中，由于片面追求单项训练，强调早出运动成绩，忽略身体发育特点，训练强度过大，比赛过多，致使身体不能适应而产生多种伤病，使运动寿命缩短，过早终止运动训练。早衰存在两大原因。

2. 儿童少年的体育卫生要求是：须定期进行体格检查；特别要加强运动现场的观察和检查；还应注意负荷后各系统的检查。

3. 月经第一次来潮称为初潮。运动员应尽早建立对经期的适应。

4. 人工月经周期：对于经期不习惯参赛或有明显症状影响运动成绩的运动员，应用内分泌制剂（性激素）人为形成卵巢－子宫内膜周期性变化，提前或错后月经期，可使运动员保持原有的训练水平，不受月经期身体不适的影响，参加正常的训练与比赛。有提前行经法、推迟行经法两种方法。

5. 女运动员在月经期有四种表现类型：正常型、兴奋型、抑制型、病理型。

6. 月经期的一般体育卫生要求：5 点。

7. 现代老年医学认为，生命周期中随时间进展而表现出功能不断衰退，直至死亡的过程，这个过程称为衰老。根据世界卫生组织和中华医学会规定，年龄在 60 岁以上的，均称为老年人。

8. 老年人体育卫生的基本要求：5 点。

推荐阅读文献

［1］季成叶．现代儿童少年卫生学（第 2 版）［M］．北京：人民卫生出版社，2010.

［2］Nattiv，A．，A. B. Loucks，Manore，M. M．，et al. American College of Sports Medicine position stand. The female athlete triad［J］．Med Sci Sports Exerc，2007，39（10）：1867 – 82.

参考文献

［1］Barbara L. Drinkwater. 运动医学百科全书第八卷：女子与体育运动（第 1 版）［M］．北京：人民体育出版社，2004.

［2］Oded. Bar – Or. 运动医学百科全书第六卷：儿童青少年与体育运动（第 1 版）［M］．北京：人民体育出版社，2008.

［3］季成叶．现代儿童少年卫生学（第 2 版）［M］．北京：人民卫生出版社，2010.

［4］曲绵域，于长隆．实用运动医学（第 4 版）［M］．北京：北京大学医学出版社，2003.

［5］王安利．运动医学（第 1 版）［M］．北京：人民体育出版社，2008.

［6］Nattiv，A．，A. B. Loucks，Manore，M. M．，et al. American College of Sports Medicine position stand. The female athlete triad［J］．Med Sci Sports Exerc，2007，39（10）：1867 – 82.

第六章　运动性病症

群众体育爱好者在日常锻炼中不会像职业运动员那样承受巨大的运动负荷，但是由于爱好者是在工作之余参加锻炼，又没有相应的监控、营养保障，他们也可能出现一些运动员在运动训练过程中所发生的内脏器官疾病。而且这些疾病或者病症具有一定的特殊性，如果不注意进行及时调整，也可能发展到影响健康的程度。通过本章的学习，应该掌握：常见运动性病症的发病原因、原理；常见运动性病症的主要征象、特点；急性疾病的现场处理方法；如何预防运动性病症。

第一节　过度训练综合征

过度训练综合征在一般体育锻炼者身上很少发生，但是这是一种与运动密切相关的运动性病症，并且在一般医院中容易被忽略，所以需要引起参加体育锻炼者的重视。过度训练综合征一直是一个热门话题，到现在为止也还没有从临床上给出一个清晰的定义。现在认为过度训练综合征的发生不仅仅是由于运动量过大所引起，还与锻炼者的身体状况、所面临的社会压力和情绪状况等有密切关系。如果仅仅是进行体育锻炼，此病症不会发生，但是在准备比赛等导致运动负荷突然明显增加的阶段，则要注意该综合征的发生。

在现代运动训练中，负荷量逐渐增加，不断超过机体原有的负荷能力，使机体不断产生适应和超量恢复，从而提高运动能力，这种过度负荷原则是现代训练学的重要部分。科学训练是在不引起损伤和疾病的情况下使机体不断产生适应的过程，在此过程中如何掌握好超负荷训练同时又不导致伤病出现是非常困难的。要注意的是，这里所说的“负荷”包括了运动负荷和精神或者心理层面的负荷，如果训练和精神层面的总负荷超过了机体所能接受的限度，将有可能导致过度训练综合征的发生，出现一系列涉及多个系统的症状。

过度训练是指在训练过程中的训练负荷超过机体正常承受能力的状况，它是一个过程。

过度训练综合征是指由于过度训练的持续存在和训练后机体无法充分恢复所导致的一种机体多个系统功能下降或者紊乱，甚至是伴有健康损害的结果。

一、原　因

过度训练综合征的基本原因，主要有以下几方面。

（一）训练安排不合理，负荷量超过机体承受能力

教练员没有按照队员的实际情况科学安排运动量，或者运动员没有按照训练计划进行训练是导致过度训练综合征的根本原因。常见情况包括：运动量过大，身体训练和技术训练搭配不合理，训练周期设计不当，缺乏必要的训练节奏。

（二）训练方法单调、局部负担量过大

这一原因造成的过度训练综合征多见于运动新手、体育爱好者。他们缺乏身体全面训练的基础就集中专项训练，再加上运动训练安排不当，容易造成过度训练综合征。

（三）生活规律破坏，或比赛过多

运动员训练后得不到充分休息或社会活动过多、训练不系统，特别是睡眠不足，导致机体运动负荷承受能力下降，引起过度训练综合征。

（四）在身体机能不良的情况下，参加超出自身负担能力的训练和比赛

发生在伤后病后，身体衰弱或未完全恢复时。不少运动员的过度训练综合征是在感冒后过早训练或训练量过大造成的。有些运动员是在旅途劳累、时差反应尚未恢复或适应时参加紧张的训练或比赛而引起过度训练综合征。因此患病后，尤其在诸如感冒等小病后，遵守训练原则是很重要的。

（五）饮食营养不合理，消耗的物质得不到及时的补充

如脱水、热能物质摄入不足、长期缺乏微量元素等。

（六）各种沉重的精神负担

例如，社会、家庭、领导的过度关心和赋予期望；精神上的打击、感情上的挫折、人际关系不协调、学习训练不顺心、训练单调等等，也都是造成过度训练综合征的诱发原因。

应该指出，运动员过度训练综合征的发生，是上述多种原因共同作用所致，从目前的研究结果来看，训练因素之外的因素越来越受到重视。特别是运动员现在所面临的来自教练、领导、家庭甚至是社会的期望和关心也是造成精神压力增大的重要原因。

二、发病机理

过度训练综合征的发病机理还不清楚。过去认为过度训练综合征的发病主要是由于运动员中枢神经系统的功能紊乱，造成兴奋和抑制之间失去平衡所致。所以一直把过度训练综合征视为一种特殊的“神经官能症”。近年来，有关研究发现典型的过度训练综合征的诸多表现，与神经内分泌系统功能紊乱有密切关系，导致这一结果的原因主要是训练后的恢复期中，机体的分解代谢大于合成代谢，导致机体无法及时恢复到正常水平，这种状况的长期积累，最终导致过度训练综合征的发生。

三、征　象

过度训练综合征的征象是多种多样的，可涉及到各个系统和器官，而且可因过度训练综合征的程度、个体特性而异。

（一）早　期

早期过度训练综合征的运动员一般无特异性症状，很难与大强度训练后正常的疲劳感觉相区别。然而，充分的恢复给机体复原的机会，使机体可以在第二天的训练中承受更大的负荷，恢复不足则会导致持续的疲劳积累，导致肌肉酸痛，体力差，无法应付正常的训练，以及运动成绩下降。运动员常有以下表现。

1. 一般疲劳症状

疲乏无力、倦怠、精神不振、食欲下降。

2. 参加训练的态度改变

表现为没有训练的欲望或厌烦训练，过度训练综合征较重时表现为厌恶或恐惧训练，训练中容易疲劳，训练后疲劳加重而不易恢复，运动成绩下降，动作协调性下降。

3. 神经系统方面

出现头晕、记忆力下降、精神不集中、反应易激动，有的运动员反应为入睡困难、多梦、早醒，严重时则表现失眠头痛，有些运动员还出现盗汗、耳鸣、眼花、体位性低血压等症状。有人认为中枢神经疲劳最明显的征兆是消化机能下降和食欲减退。

过度训练综合征主要反应在神经系统和心理方面，如果上述症状出现后未能及时消除病因，过度训练综合征就会进一步发展。

（二）晚　期

如果早期过度训练综合征中的各种不良刺激因素持续存在，病情就会进一步加重。造成这种状况的另一个重要原因是运动员、教练员往往把不理想的竞赛成绩归咎于训练不足。在这种情况下，将会导致运动员心理、生理各系统的严重耗竭，以致没有数周、甚至数月的休息而不能恢复。上述症状则会更加明显，并出现一系列全身多系统的异常表现。

1. 心血管系统

心悸、胸闷、气短、晨脉明显加快，运动后心率恢复缓慢、心律不齐等。举重、投掷等力量性项目的运动员，安静和运动负荷后血压常明显偏高。

2. 消化系统

除出现食欲不振、食量下降外，还会出现恶心、呕吐、腹胀、腹痛、腹泻、便秘等症状。个别运动员可出现消化道出血症状。

3. 肌肉、骨骼系统

常表现为肌肉持续酸痛、负荷能力下降，易出现肌肉痉挛、肌肉微细损伤等。当出现下肢过度训练时可表现为过度使用症状：疲劳性骨膜炎、小腿胫前间隔和小腿外侧间隔综合征、应力性骨折、跟腱、髌腱周围炎。

4. 内分泌系统

女运动员可出现月经紊乱，严重时出现闭经。血游离睾酮/皮质醇比值的明显降低，比值小于0.03时，发生过度训练综合征的可能性明显增大，但还应根据其他临床表现来综合分析判断。从早期的肾上腺素、去甲肾上腺素、肾上腺皮质激素及生长激素的升高，到中晚期激素的水平下降（耗竭状态）。

5. 免疫系统

过度训练综合征的运动员免疫系统有不同程度的损伤，可表现为淋巴细胞计数减少、血清免疫球蛋白、分泌型IgA和非特异性免疫功能的下降。运动员易受感染，内分泌系统也会出现应激反应。

6. 其　他

过度训练综合征的运动员常诉说全身乏力、体重下降；易发生感冒、腹泻、低热、运动后蛋白尿、运动性血尿、运动性头痛、脱发、浮肿、排尿不尽等症状。

四、诊　断

目前对运动员过度训练综合征还没有一种特异的、灵敏的和简便的诊断方法。一般认为应从有无明显的过度训练史、有无自觉症状、对运动负荷的反应及体检有无阳性发现（如体重、血红蛋白、心电图、激素水平）等方面去综合分析考虑。

五、处　理

从过度训练综合征的发病原因可知，运动量、运动强度过大是造成过度训练综合征的主要原因，但是绝对不可忽视精神压力的作用。因此对过度训练综合征的处理应包括：消除病因；调整训练内容和/或改变训练方法；加强各种恢复措施，特别注意精神压力的释放；对症治疗。

对于过度训练综合征的处理关键在于早期进行。这时一般经1～2周左右的调整即可基本消除，恢复正常训练。这时主要是减少运动量，但是要保持一定的运动强度，避免参加剧烈比赛，同时保证睡眠时间、注意保证营养供给和热能平衡。

六、预　防

（一）合理安排运动训练

过度训练综合征发生的主要原因是训练安排不当，因此预防的关键在于根据运动员的性别、年龄、身体发育状况、训练水平和训练状态等具体情况制定合理的、切合实际的训练计划，即制定逐渐增加训练量、节奏明显、避免骤然增量的方案。训练有素、事业心强的优秀运动员，常常处于训练最佳状态与过度训练的边缘。为了察觉过度训练综合征的早期信号，并及时采取措施，有效预防过度训练综合征，运动员和教练员之间的密切交流是非常必要的。

（二）合理安排生活制度

身体状况不良时不宜进行剧烈运动。保证充足的营养供给，保证良好的作息制度，保持身体健康，提高机体对运动负荷的承受能力及对外界环境的适应能力。

（三）注意训练因素之外的干扰因素

运动员不可避免地要生活在现实生活之中，社会环境、文化修养、队友及教练之间的关系、父母及朋友的期望都可能是导致运动员过度训练的原因。这些因素本身不会单独导致过度训练发生，但是却是促进过度训练发生的重要因素。

第二节　过度紧张

过度紧张是指体育运动参加者和运动员在训练或比赛时，体力负荷超过了机体的潜力而发生的生理功能紊乱或病理现象。它常在一次剧烈的训练课或比赛后即刻发生，或在训练后、赛后短时间内发生。过度紧张多发生在中小学生，身体机能水平较差者，训练水平低、经验较少的新手身上。在进行中长跑、马拉松、中长距滑冰、自行车、划船、足球等运动时比较多见。

一、原　因

过度紧张是由于剧烈运动超过了机体耐受程度而引起的。其主要原因如下。

（一）平时缺乏锻炼，突然参加剧烈运动或者比赛。

（二）训练水平差和生理状态不良，比赛经验较少。如因患病长期中断训练后突然参加剧烈运动和比赛。

（三）慢性疾病患者。如患心血管疾病的人，如动脉粥样硬化、高血压、各种心脏病人，参加剧烈运动时也可发生过度紧张，严重时可导致猝死。

二、发病机理

由于一次性负荷过度，导致机体的心血管系统、消化系统或者脑血管系统发生功能紊乱从而导致急性心功能衰竭、消化性溃疡或者暂时性麻痹。

（一）急性心功能衰竭

多见参加剧烈运动的体育运动参与者或者运动员。由于运动负荷超出心脏负荷能力，这种负荷可能是一场马拉松比赛，也可能只是一次 4×100 米接力赛跑，导致心脏功能发生衰竭，使心输出量下降，表现出相应的心功能急性衰竭的症状；也可以由于剧烈运动时交感－肾上腺髓质系统兴奋，使心率加快，心肌耗氧量增加，心脏负荷过重而诱发心力衰竭；有的则是在原有心脏病（风湿性心脏病、病毒性心肌炎、肥厚性心肌病、马凡氏综合征）的基础上诱发的。

（二）急性胃肠综合征

剧烈运动导致内脏血液供应减少，胃粘膜自我保护能力下降所致的急性胃肠综合征可以是过度紧张的一种类型。

（三）脑血管暂时性麻痹

由于剧烈运动导致脑血管暂时性痉挛，导致肢体出现暂时性麻痹现象，这种情况会随着休息而缓解。

三、征 象

（一）急性心功能衰竭：往往是在剧烈运动后即刻出现面色苍白、恶心、呕吐、头晕、无力和大汗淋漓等。轻者休息片刻好转，重者被迫卧床休息 1 ~ 2 天才缓解，严重者可以发生昏迷、甚至死亡。多数运动者神志清楚，能回答询问。这一类型多见于训练水平不高或已间歇训练一段时间突然参加比赛的体育运动参加者和运动员。

（二）急性胃肠综合征：轻者在剧烈运动后很快发生恶心、呕吐、头痛、头晕、面色苍白等症状，经过 1 ~ 4 小时逐渐缓解。有些体育运动参加者和运动员在运动后呕吐咖啡样物，化验潜血阳性，提示有上消化道出血。这可能与运动引起的应激反应、胃肠道血流量急剧减少有关。

（三）脑血管暂时性麻痹：表现为体育运动参与者和运动员在运动中或运动后即刻出现一侧肢体麻木，动作不灵活，常伴有剧烈的恶心、呕吐。

四、现场处理

（一）对急性心功能不全者，身体可取半卧位，保持安静并保暖，尽快找急救人员进行处理。有意识丧失者，现场急救时可按压人中、百会、合谷、涌泉等急救穴。如呼吸、心跳停止，应做人工呼吸与胸外心脏按压。

（二）对发生急性胃肠征候群者，尤其是发生胃出血者，应休息观察，必要时服用止血药物，吃流食、半流食和易消化食物。一般 1 ~ 2 周可恢复训练；若反复出血，则应做安静时和运动后胃镜检查，以查明原因，给以适当治疗。

（三）对脑血管痉挛型者主要处理是平卧，头稍低位，保持呼吸道通畅，并进行脑部的一系列检查，以发现脑血管病变。

五、预 防

预防锻炼者发生过度紧张是极为重要的。预防的关键如下。

（一）运动前先做身体检查，有心血管机能不良者，患有急性病，如感冒、扁桃体炎、急性肠胃炎等均不应进行剧烈运动或参加比赛。

（二）遵守循序渐进的原则。避免缺乏锻炼就参加剧烈的比赛，避免伤病初愈或未完全恢复就参加比赛。

（三）加强运动时的医学观察和自我监督，尤其对少儿、老人等锻炼基础差的人要区别情况，因人而异。要坚持健身原则，不应过分追求比赛分数和成绩。

（四）锻炼和比赛前做好充分的准备活动，运动后要使身体各部分达到充分放松。

第三节　晕　厥

晕厥是由于脑血流暂时减少或血中化学物质变化所致的意识短暂紊乱和意识丧失。晕厥的主要危害在于晕厥发生刹那间摔倒后的骨折和外伤。运动在特殊环境如空中、水下和高原以及运动时速度、力量和方位的迅速变化，突发的意识丧失会导致严重的后果，如头颅外伤、溺水和窒息等。这些后果远远超过晕厥本身的危害。

一、原因和发病机理

脑血流量减少是导致晕厥发生的机理。人脑重占体重的2%，脑血液供应占心脏输出量的1/6，脑耗氧量占全身耗氧量的20%，维持意识所需的脑血流的临界值为30ml/100g，当脑血流骤减至临界值以下就可以发生晕厥。由于血压急剧下降和心输出量突然减少或脑血流量骤减能引起晕厥，因此凡引起血压急剧下降和心输出量突然减少的因素均可能引起晕厥。

（一）精神和心理状态不佳

如体育运动参加者和运动员过分紧张和激动，见到别人受伤、出血而受惊、恐怖等。这是由于神经反射使血管紧张性降低，引起急性外周组织血管扩张，血压下降，回心血量减少，心输出量较少，导致脑部缺血缺氧引起晕厥。

（二）重力性休克

疾跑后突然停止而引起的晕厥称为重力性休克。多见于径赛体育运动参加者和运动员，尤以短跑、中跑为多见，有时自行车和竞走体育运动参加者和运动员也可见到。运动员在进行运动时，外周组织内的血管大量扩张，血流量比安静时增加多倍，这时依靠肌肉有节奏的收缩和舒张以及胸腔负压的吸引作用，血液得以返回心脏，当运动者突然终止运动时，肌肉的收缩作用骤然停止，使大量血液聚积在下肢，造成循环血量明显减少、血压下降、心跳加快而心脏搏出量减少，脑供血急剧减少而造成晕厥。

（三）胸内和肺内压增加

举重者做大重量挺举时，由于胸腔及肺内压突然剧增，造成回心血量减少，致使心输出量急剧减少，造成短暂的脑供血不足，可发生持续20～30秒的晕厥状态。

（四）直立性血压过低

长时间站立不动或久蹲后突然起立，长期卧床后突然站立等体位时都可引起晕厥。这是由于体位的突然变化，植物性神经功能失调，体内血液重新分布的反应能力下降，致使回心血量骤减和动脉血压下降，引起脑部供血不足而产生晕厥。可发生在完成游泳比赛的站立位。

（五）过度换气

由于兴奋、紧张、哮喘发作或其他原因引起的持续深快呼吸，导致过度通气，CO_2 过多排出，可引起低碳酸血症，导致出现头晕、甚至晕厥。

二、征　象

晕厥时，往往没有明显致病因素，患者失去知觉，突然昏倒。昏倒前，患者感到全身软弱，头昏，耳鸣，眼前发黑。昏倒后，面色苍白，手足发凉，脉搏细而弱，血压降低，呼吸缓慢。轻度晕厥，一般在昏倒后不久，由于脑部缺血缓解，能很快恢复知觉。醒后仍有头昏、全身无力等征象。

晕厥的病因诊断主要依据发作时病史和体征，尤其是发作起始、经过和恢复全过程，包括发作诱因、场合、体位、有无前驱症状和后遗症状。发作时的体征对诊断晕厥原因非常重要，如面色、血压、脉搏、呼吸、心率、心音的改变等，有条件时可做心电图、脑电图或血糖检查。

三、现场处理

发生晕厥后应让患者平卧，足部略抬高，头部稍低，松开衣领，这可增加脑血流量。注意保暖，防止受凉。针刺或点掐人中、百会、合谷、涌泉穴，一般能很快恢复知觉。如有呕吐时应将患者头偏向一侧。患者清醒后可服用热糖水和维生素 C 及维生素 B_1 等并注意休息。

四、预　防

（一）运动员应进行定期体格检查，尤其在重大比赛和大强度训练前。对发生过晕厥的运动员应做全面检查，避免再发生晕厥。

（二）坚持科学训练的原则，避免发生过度疲劳、过度紧张等运动性疾病，平时要加强体育锻炼，增强体质，提高健康水平；疾病恢复期或年龄较大者参加运动时必须按照运动处方进行。

（三）疾跑后不要立即站立不动，而应继续慢跑并调整呼吸，然后再停下来，有的人疾跑后感到很虚弱，应让别人扶着走一段路，以免昏倒。久蹲后不要骤然起立，应慢慢起立，如感到头晕有前驱征象时，应立即俯身低头或卧倒，以免摔伤。避免在高温、高湿度或无风条件下进行长时间训练和比赛；进行长距离运动时要及时补充糖、盐和水分；不宜在闭气下做长距离游泳，水下游泳运动应有安全监督措施。

（四）体育老师、运动员、教练员应有预防和简单处理运动中发生晕厥的本领。

第四节　运动员贫血（Athletic Anemia）

近 20 多年来，运动医学界对运动员贫血的诊断标准、发生（检出）率、原因、影响因素、临床表现、实验室检查、诊断、预防和治疗等方面进行了较多的研究，深化了人们对运动员贫血的了解和认识。

20 世纪 70 年代国内运动员贫血的检出率为 5% 左右，女子少年运动员贫血检出率明显大于男子少年运动员。20 世纪 80 年代末，成人运动员贫血检出率增加至 13.9%，女子为 33.3%，少儿运动员更高，男少年达 33.3%，女少年达 45.9%。除年龄因素外，不同运动项目的运动员的贫血检出率也不同。

一、贫血概述

贫血是指外周血液在单位体积中的血红蛋白浓度、红细胞计数和/或红细胞压积低于正常最低值。

根据我国情况制定的贫血标准是：成年男性血红蛋白 <120g/L，红细胞 $<4.5\times10^{12}$/L 及红细胞比容 <0.42；成年女性血红蛋白 <110g/L，红细胞 $<4.0\times10^{12}$/L，红细胞比容 <0.37。临床上根据血红蛋白减低的程度将贫血分为四级：轻度，血红蛋白低于正常值低限至 90g/L；中度，90 ~ 60g/L；重度，60 ~ 30g/L；极重度，低于 30g/L。贫血是多种病因引起的一个征象，而不是独立的疾病，各系统疾病均可引起贫血。

运动导致的贫血，除有一般人的发病原因之外，由于训练因素引起血红蛋白低于正常值称运动贫血（Sports Anemia）。运动贫血仅占运动员贫血的 20% ~ 35%。从运动贫血发生率来看，女性多于男性，年龄小的运动员高于年龄大的运动员。

运动员贫血的常见种类有：缺铁性贫血、溶血性贫血和混合性贫血。其中以缺铁性贫血最为多见。

体育锻炼者很少发生运动员贫血或者运动贫血，这是因为他们的运动负荷量一般情况下不足以达到引起运动员贫血、运动贫血的水平，但是如果喜爱剧烈运动，而又有素食倾向者，要注意营养的补充。否则容易发生缺铁性贫血。因此，体育锻炼者发生贫血时，主要要从病理角度查找原因。

二、运动员贫血发生的原因和机理

（一）缺铁性贫血

1. 铁的需要量增加而摄入不足

由于运动锻炼中的消耗增大，对蛋白质、铁等营养素的需求量随之增加。如果其营养素摄入量仅达到一般需要量，而未增加额外的补充，就更易出现原料不足，血红蛋白合成减少。另外，血红蛋白合成需要足够量的铁、蛋白质、维生素 B_{12} 和叶酸等，如果膳食供给不合理，如饮食中铁缺乏、维生素 C 不足、蛋白供给不足则易致缺铁性贫血。

2. 铁的吸收不良

因铁的吸收障碍而发生缺铁性贫血。剧烈运动后，机体的消化机能降低，体育锻炼者患有慢性胃肠炎导致铁吸收不良。

3. 失　血

失血尤其是慢性失血，是缺铁性贫血最多见、最重要的原因。消化道出血如溃疡病、妇女月经过多和溶血性贫血等均可引起缺铁性贫血。

（二）溶血性贫血

1. 运动引起的溶血和红细胞破坏增加

运动时由于肌肉的极度收缩、挤压或牵伸造成相应部位微细血管内溶血或红细胞的破坏，长跑运动员易造成足部毛细血管内溶血，表现为血红蛋白尿。

2. 脾脏收缩，脾脏中大量释放具有溶血作用的溶血卵磷脂使红细胞破坏增加

随着运动时间延长，运动员体温升高、代谢产物堆积、血液酸性增加，使红细胞可塑性下降、细胞膜脆性增加，加之运动时血流加速，红细胞与血管壁的撞击、摩擦使红细胞破坏增加。

（三）运动性贫血

血浆容量增加引起的相对性贫血：即血浆容量的增加与血红蛋白的增加不成比例，血浆容量的增加大于血红蛋白总量的增加，出现相对性贫血（pseudoanemia）。一些耐力项目运动员经训练后可引起血浆容量增加，红细胞压积降低。这一高容量反应被视为机体对训练的适应性反应，通过血容量增加，剧烈运动时使心搏出量增加，有利于周围组织氧的运送和释放。

贫血发生的基本机理是红细胞生成与破坏之间的动态平衡被打乱。红细胞的寿命为120天，一个正常人体每天约有1/120的红细胞破坏，大约有相等数量的红细胞生成，从而维持其平衡状态。当各种原因导致红细胞寿命缩短，或者红细胞破裂增加，超过了骨髓造血能力的限制时，就会导致血液中的红细胞数减少或者血红蛋白浓度下降，使贫血发生。

三、征　象

由于血红蛋白是人类皮肤呈色的主要因素，故缺血时皮肤粘膜苍白；红细胞的主要功能是携带氧气，故贫血时可出现缺氧及由缺氧所致的代偿表现。运动员贫血症状的轻重也取决于贫血产生的速度、贫血的原因和血红蛋白浓度降低的程度。运动员心血管系统代偿能力较强，所以当运动员患轻度贫血时，安静状态和小运动量训练时不出现症状或症状很不明显，仅在大运动量训练时才出现某些症状。中度和重度贫血时，由于血红蛋白明显降低，已经影响到运氧能力，这时可出现缺氧引起的一系列症状，主要表现如下。

（一）有氧能力下降

血红蛋白水平降低导致机体氧运输能力降低，机体在运动中容易出现心悸、容易疲劳、运动能力下降。

（二）神经系统方面

可出现头痛、头晕、注意力下降、反应能力降低等症状。原因是缺铁影响脑组织的氧化代谢与神经传导。

（三）体　征

轻度贫血体征不明显。中、重度贫血可出现皮肤和粘膜苍白（以口唇、眼睑部较明显）；贫血较重时出现反甲现象（匙状指），心率加快，心尖部出现收缩期吹风样杂音，重者可出现肢体浮肿、心脏扩大等体征。

四、处　理

（一）病因治疗

对于潜在缺铁的因素如月经过多或其他慢性失血问题要积极治疗。

（二）饮食治疗

通过合理膳食补充蛋白质、铁等造血原料，以纠正贫血，主要用于轻度贫血和辅助治疗以及贫血的预防。

（三）合理安排运动量

经常进行剧烈运动的体育锻炼者，当血红蛋白低于90g/L时，应停止中等和大强度体育锻炼，以治疗为主。待血红蛋白水平上升后，再逐渐恢复运动强度。当血红蛋白上升到90g/L以上时可边治疗边锻炼，但在锻炼中应减少强度，避免长距离跑等。对重度贫血应以休息和治疗为主。应避免在贫血的情况下长期进行剧烈运动，否则会带来不良后果。

五、预　防

（一）合理安排运动量和运动强度，遵守循序渐进和个别对待的原则。

（二）定期检测血红蛋白和血清铁蛋白，做到早发现早治疗。

（三）加强营养，膳食要合理，营养丰富，尤其富含蛋白质和铁，食物烹调加工要科学。运动员每天每千克体重至少保证摄入蛋白质2克以上，其中1/3以上是优质蛋白，克服偏食和吃零食的习惯。

（四）合理安排生活制度和膳食制度。

第五节　运动中腹痛

腹痛是运动过程中一种常见的症状，在中长跑、马拉松、竞走、自行车、篮球等运动项目发生率较高，其中三分之一的人查不出发病原因，而仅与运动有关。

一、原因和发病机理

（一）原　因

引起运动中腹痛的原因，从总体来看，基本上分为原因不明但与训练有关的运动性腹痛，腹腔内、外疾病导致的运动性腹痛。运动性腹痛往往与下列一些因素有关。

1. 缺乏锻炼或训练水平低。
2. 准备活动不充分。

3. 身体情况不佳、劳累、精神紧张。

4. 运动时呼吸节奏不好，速度太快，运动前食量过多或饥饿状态下参加剧烈训练和比赛等。

（二）发病机理

1. 肝脏淤血

其发生原因可能与运动中心血管功能不协调有关。开始运动时，由于准备活动不充分、运动强度增加过快，以致内脏器官功能在还没有提高到应有的活动水平时就承担了过大的负荷，特别是心肌收缩力较差时，心腔内压力增加，使下腔静脉血液回流受阻，导致下腔静脉压力升高，肝静脉回流受阻，引起肝脏淤血，造成血液淤积在肝脏内。肝脏由于淤血体积增大，肝脏被膜受到牵拉，使被膜上的神经受到牵扯，因而产生疼痛。疼痛的性质多为钝痛、胀痛和牵扯性疼痛。此外，剧烈运动时呼吸急促、表浅，造成胸内压上升，也影响下腔静脉的回流而引发右上腹部疼痛。

2. 呼吸肌痉挛

呼吸肌包括肋间肌和膈肌，当其痉挛时多感到季肋部和下胸部锐痛，与呼吸活动有关。其发生是由于运动中未注意呼吸节律与动作的协调，未注意加深呼吸，以致于呼吸表浅急促，呼吸肌收缩不协调并过于频繁、紧张而发生痉挛。另外准备活动不充分，心肺功能不能满足肌肉工作的需要，发生呼吸肌缺氧，从而加剧疼痛。

3. 胃肠道痉挛或功能紊乱

其发生可能是剧烈运动使血流重新分布，胃肠道缺血、缺氧；或者是由于类似于饭后过早参加运动，吃得过饱，喝得过多（特别是喝冷饮过多），空腹运动、吸入冷空气等刺激而引起胃肠痉挛。胃肠痉挛时胃壁和肠壁的神经受到牵扯而发生疼痛，胃痉挛疼痛部位多在上腹部。腹部着凉，运动前吃了难以消化或容易产气的食物，如豆类、薯类、牛肉等，而引起肠蠕动增加或痉挛，疼痛部位多在脐周围。

4. 腹内疾病

急慢性肝炎和胆道疾病（包括胆石症、胆囊炎、胆管炎、胆道蛔虫等）、溃疡病、肠结核、慢性阑尾炎，运动时由于病变部位受到牵扯和震动而产生疼痛，其疼痛部位多与病变部位一致。

5. 腹外疾病

常见有肺炎、胸膜炎、肾结石以及腹肌损伤。据报道，在腹外疾患中，运动员的腹直肌损伤并不少见，却容易被忽略。

6. 原因不明

安静时不痛，运动时发生，与运动强度成正比，多不伴有其他症状。这些人可以一边锻炼，一边查找规律和原因。

二、处　理

（一）对于因腹内或腹外疾病所致的腹痛，主要根据原发疾病进行相应的治疗（药物、理疗、局部封闭等）。

（二）对于仅在运动时加快速度后才出现腹痛的运动员，首先要加强全面身体素质训练，提高训练水平，提高在运动中控制运动速度和呼吸节奏的能力。

（三）运动中出现腹痛时，要适当减慢速度，加深呼吸，调整呼吸与动作的关系；用手持续按压疼痛部位，弯腰跑一段距离，一般疼痛即可消失。如仍然疼痛，应暂时停止运动，进行腹部热敷等。如无效应请医生处理。

（四）对于原因不明的运动中腹痛要积极查找规律和原因，除外疾病因素后可以进行正常训练。但是在运动中要注意控制运动强度、呼吸深度、呼吸方式，做好准备活动。

三、预　防

（一）遵守训练的科学原则，要循序渐进地增加运动量，加强全面身体训练，提高生理机能水平。在训练和比赛时要调整好动作与呼吸节奏间的关系，合理地分配运动速度。

（二）运动前要做好充分的准备活动。冬天参加长跑或自行车运动时，要注意保暖，要在运动中逐渐减少衣服。

（三）合理安排膳食，运动员激烈运动前不要吃的过饱，不要大量饮水，特别是冷饮，不吃平时不习惯的食物；不要在饥饿状态下参加训练和比赛；餐后过1.5小时才能参加运动。

第六节　肌肉痉挛

肌肉痉挛俗称抽筋，是肌肉发生不自主的强直收缩时的表现。运动中最易发生痉挛的肌肉往往是负荷重的肌肉，常见部位有腓肠肌、屈拇肌和屈趾肌。在游泳运动中发生腓肠肌、足底屈趾肌痉挛的人较多。

一、原因和发病机理

（一）寒冷刺激

在寒冷环境里，肌肉兴奋性会相应增高，容易导致肌肉发生强直收缩。另外，在水里因为散热快，加上游泳时冷水的刺激易导致痉挛的发生。

（二）电解质丢失过多

运动中大量排汗，特别是长时间的剧烈运动或高温季节，造成人体内电解质水平紊乱，引起肌肉兴奋性增高，导致肌肉痉挛发生。

（三）肌肉连续快速收缩而放松不足

在训练和比赛中，肌肉连续快速收缩，可能导致肌肉收缩与放松的协调性紊乱，引起肌肉痉挛。这在刚开始参加体育锻炼者、新手中较多见。

（四）疲　劳

身体疲劳会直接影响肌肉的生理功能，疲劳的肌肉往往其血液循环、能量代谢、内环境发生改变，导致痉挛产生。因而身体疲劳时，特别是局部肌肉疲劳时再进行剧烈运动，容易发生肌肉痉挛。

二、征　象

发病部位的肌肉剧烈收缩，疼痛明显，痉挛肌肉所涉及到的肢体或者关节活动受限，发作可持续数秒至数分钟不等。

三、处　理

（一）向痉挛肌肉收缩相反的方向缓慢持续牵引痉挛的肢体，即使肌肉拉长。牵引时切忌采用暴力，牵引用力均匀、缓慢，以免造成肌肉拉伤。如腓肠肌痉挛时，可伸直膝关节，同时用力使踝关节充分背伸，拉长痉挛的腓肠肌；屈拇肌和屈趾肌痉挛，可将足及足趾背伸。

（二）对痉挛肌肉部位做按摩，手法以揉捏、重力按压为主，要注意保暖。

（三）热疗（如热水浸泡、局部热敷）也有一定疗效。

在游泳中如果发生肌肉痉挛，不要惊慌，如自己无法处理或解救时，先深吸一口气，仰浮于水面，并立即呼救。

在水中缓解腓肠肌痉挛的方法是，先吸一口气，仰浮于水面，用痉挛肢体对侧的手握住痉挛肢体的足趾，缓慢用力向身体方向拉。同时，用同侧的手掌压在抽筋肢体的膝盖上，帮助将膝关节伸直，待缓解后，慢慢游向岸边。发生肌肉痉挛后不宜再进行游泳，应上岸休息，注意保暖，可进行局部按摩使肌肉放松。

四、预　防

（一）加强体育锻炼，提高身体的耐寒力和耐久力。

（二）运动前必须认真做好准备活动，对容易发生痉挛的肌肉可事先做适当按摩。

（三）冬季运动要注意保暖。

（四）夏季运动时，尤其是进行剧烈运动或长时间运动时，要注意电解质的补充。

（五）疲劳和饥饿时不宜进行剧烈运动。

（六）游泳下水前要用冷水冲淋全身，使身体对寒冷有所适应；水温太低时，游泳时间不宜过长。

第七节　运动性血尿

正常人尿液中无红细胞或偶见个别红细胞，如离心沉淀后的尿液在光学显微镜下每高倍视野有 3 个以上红细胞，称为镜下血尿。血尿轻者尿色正常，须经显微镜检查方能确定，称显微镜血尿。重症者尿呈洗肉水状或淡红色，称肉眼血尿。

血尿是一个重要的临床症状，可由泌尿系统疾患（肾小球肾炎、肾盂肾炎）引起，也可由全身性疾病（血液病、感染性疾病、风湿病、心血管疾病、代谢性疾病等）、药物而引起。

运动性血尿是指健康人在运动后出现的一过性血尿，虽经详细检查但是找不到其他原因。对运动性血尿发生率的报道差异性较大，但在各个体育项目中，无论是有训练经验的运动员，还是刚开始训练的新手、体育运动爱好者都有报道，尤其在跑、跳（如长跑、三级跳）、球类和拳击项目中较多见，男运动员发生率较高。有报道称运动性血尿在长跑运动员的发生率为17% ~69%，在超级马拉松项目中发生率最高。

一、原因及发病机理

运动性血尿的发生主要与剧烈运动有关，其发病原因和原理尚不十分清楚，主要与下列因素有关。

（一）肾静脉高压

运动中的剧烈震动可以使肾脏这个实质器官位置下移，导致肾静脉与下腔静脉之间的夹角变小，还可能引起两静脉交叉处的扭转，使肾静脉管腔变小，导致肾内压力增高，从而导致红细胞漏出，出现运动性血尿。

（二）肾脏缺血、缺氧

运动时肾上腺素和去甲肾上腺素分泌增多，全身血液重新分配，肾血管收缩、肾血流减少，造成肾脏缺血、缺氧，同时血液中乳酸、丙酮酸等酸性物质增加，PH 值下降，也可使肾小球毛细血管的通透性增加，导致红细胞漏出而出现血尿。这解释了为什么游泳运动员也会发生运动性血尿。

（三）肾损伤

运动时腰部的屈伸扭转、撞击和挤压可造成肾组织和肾内毛细血管的微细损伤，因而出现血尿。

（四）膀胱损伤

在膀胱排空的情况下跑步，脚落地时的震动使膀胱后壁和前壁相互接触、摩擦，造成膀胱粘膜的轻微损伤。

二、征　象

（一）健康人在运动后即刻出现血尿，其明显程度与运动量和运动强度的大小有密切关系。

（二）男性多见，尤以跑、跳和球类项目运动后。

（三）出现血尿后若停止运动，则血尿迅速消失，在绝大多数情况下在运动后 24 ~72 小时完全消失。

（四）除血尿外，血液化验、肾功能检查、腹部 X 线检查、B 超检查及肾盂造影等项检查均正常。不伴随全身和局部特异性症状和体征，半数以上运动性血尿的运动员无任何伴随症状，少数运动员有身体机能下降、腰痛、腰部不适、尿道口烧灼感等症状中的某种表现。

（五）从长期随诊观察结果来看，虽然有的运动员可在多年内反复出现运动性血尿，但对运动员的健康未见明显的不良影响。

三、处　理

运动后出现血尿，除运动性血尿外，还有一些器质性疾病和外伤也可引起。因此，在进行处理前需要找专业人员进行诊断，以确认是否为运动性血尿。

（一）对出现肉眼血尿者不论有无其他伴随症状均应终止剧烈运动；对无症状的镜下血尿者，应减少运动量，继续观察。

（二）在医生指导下进行相应治疗，如服用止血药物、能量合剂等。

（三）对有器质性疾病和外伤所致的血尿，应针对病因进行积极治疗，一般需痊愈后再进行锻炼。

四、预　防

（一）遵守运动训练的科学原则，负荷量和训练强度要循序渐进，避免骤然加大负荷量和训练强度。做好充分的准备活动。

（二）注意身体疾病和所服用药物对肾脏的影响，在医生指导下进行锻炼才是安全和有效的。

第八节　运动性中暑

中暑是由高温环境引起的，以体温调节中枢功能障碍、汗腺功能衰竭和水、电解质丢失过多为特点的疾病。运动性中暑是运动中发生的一种急性病。常在高温、高湿和通风不良的环境中进行运动时发生。根据发病机制和临床表现不同，中暑可分为热射病、热痉挛和热衰竭。

运动性中暑是近年来提出的运动性疾病之一，是指肌肉运动时产生的热超过身体散发的热而造成运动员体内的过热状态。此症多见于年轻的体育锻炼者，战士、马拉松跑者、铁人三项运动员等。

一、原　因

（一）中　暑

环境高温是致病原因。室温过高，超过35℃，炉窑等热源强辐射下从事一定时间的训练或劳动，炎夏烈日暴晒等，如无足够的防暑降温措施，都可发生中暑。即使气温不是很高，但湿度较高和通风不良，在此种环境下从事训练或重体力劳动，也可发生中暑。

中暑的诱因有：年老体弱、疲劳、肥胖、饮酒、饥饿、脱水、失盐、穿着不透风、发热、甲亢、糖尿病、心血管疾病、汗腺缺乏及服用阿托品等抑制汗腺分泌的药物等。

（二）运动性中暑

运动性中暑是由于体温调节系统在运动时超载或衰竭所致。机体在运动时产生大量热，除其中约1/4用于完成机械功外，其余均以热的形式储存或散发，当产热或储热超过散热时就会出现体温调节系统的超载，可伴随大量出汗，运动时间维持较长时，直肠温度升高甚至虚脱。衰竭是由于丘脑下部体温调节或周围性反应功能紊乱，使心脏充盈压和心搏出量减少，心率加快所致。当直肠温度升高后，皮肤和内脏小动脉扩张，引起血压下降。运动性中暑时直肠温度可达40～42℃。

二、发生机理

正常人体温一般恒定在37℃左右。这是在丘脑下部体温调节中枢控制下，产热与散热平衡的结果。人体产热主要来自体内氧化过程中产生的基础热量。肌肉收缩和不自主寒战也能产生热量。在一般情况下，人体散热主要靠辐射（60%），其次为蒸发（25%）和对流（12%），少量为传导（3%）。运动时，人体散热只能靠出汗以及皮肤和肺泡表面的蒸发。每蒸发1ml水，可散失2.4kJ（0.58kcal）热量。人体散热还通过循环血流将深部组织的热量带至皮下组织，并通过扩张的皮肤血管散热。因此，皮肤血管扩张和经皮肤的血流越多，散热越快。

三、中暑的一般类型

中暑是夏天训练中常见现象，易发生在天气开始炎热时，故此时组织训练和比赛，要预防中暑。中暑可分为热射病、热痉挛、热衰竭三种。

（一）热射病

又称中暑高热。高热、无汗和昏迷是本病的特征。往往在高温环境下训练或工作数小时后发病；老年人、体弱者和慢性病患者常在夏季持续高温数天后发病。热射病的症状轻重不等，轻者仅呈虚弱状态，重者有高热、无汗和昏迷。一般发病急，体温上升，脉搏及呼吸加快，重者可引起昏迷，体温41℃以上，脉搏极快而呼吸短促，严重者可因心力衰竭或/和呼吸衰竭而致死。头部直接受太阳辐射引起的热射病称日射病。

（二）热痉挛

大量出汗引起氯化钠丢失过多，导致肌肉兴奋性升高，发生肌肉疼痛和肌肉痉挛者，称为热痉挛。轻型热痉挛只是对称性肌肉抽搐，重者大肌群也发生痉挛，并呈阵发性，负荷较重的肢体肌肉和腹肌最易发生痉挛。患者意识清楚，体温一般正常。

（三）热衰竭

多发生于饮水不够的老年人、体弱者和婴儿，也见于从事高温下训练的新手，补充盐和饮水不足者。因体内无过量热蓄积，一般无高热。患者先有头痛、头晕、多汗、恶心、呕吐，继而口渴、疲乏无力、焦虑、胸闷、面色苍白、冷汗淋漓、轻度脱水、脉搏细弱或缓慢、血压下降、心律不齐；可有晕厥，并有手足抽搐，重者出现循环衰竭。

在临床上，热射病、热痉挛、热衰竭可同时存在，不能截然区分。

四、运动性中暑的特征

（一）征　象

运动性中暑多见于年轻的锻炼者，尤其是马拉松跑者和其他运动员。运动性中暑与一般中暑不同的是骤然发生居多，主要征象有高热、中枢神经系统功能障碍和皮肤发热、干燥呈粉红色。

（二）诊　断

在炎热天气剧烈运动时，原先健康者突然出现虚脱，首先应想到运动性中暑，应注意除外急性中枢神经系统疾病和药物中毒的可能。运动性中暑一般呈急性经过，少数人有数分钟至数小时的先兆症状，这些先兆症状为头晕、无力、恶心、定向力障碍等。

（三）并发症

严重的运动性中暑可并发中枢神经系统、心血管系统、呼吸系统以及泌尿系统功能紊乱和损伤，导致严重后果。

五、处　理

（一）场地急救

要保持呼吸道通畅，测量血压、脉搏、直肠温度、点滴输液、严重者要及时送往医院抢救。热射病如不及时采取有效的抢救措施，死亡率可高达5%～30%。

（二）一般处理

热衰竭和热痉挛患者应转移到通风阴凉处休息。热痉挛患者口服凉盐水或含盐饮料或静脉注射生理盐水，可服用十滴水或藿香正气水，可迅速好转。有循环衰竭者由静脉补给生理盐水和氯化钾。一般患者在30min至数小时内即可恢复。

（三）物理降温

用4～11℃凉水擦摩皮肤，使皮肤血管收缩加速血液循环，加用风扇吹风。在头部、腋窝、腹股沟放置冰袋以降温。

六、预　防

（一）夏天炎热季节要安排好训练时间，避免在一天中最热的时间中进行。热天运动时，宜穿浅色衣服，戴遮阳帽。保证充足的睡眠，并加强常规医务监督。

（二）安排好炎热天气训练和比赛时的营养和饮水，注意补充食物中的蛋白质，额外增加维生素B_1、B_2、C供给量。组织合理的水盐供应，主要强调运动员采取少量多次饮水的原则，训练或比赛后的氯化钠供给量宜从常温下的10～15g增加到20～25g，所需氯化钠可通过含盐饮料、菜汤和盐渍食品提供。

（三）对不耐热个体要加强预防措施。中暑存在明显的个体差异，一些人对炎热较敏感。不耐热个体是指某些人不能耐受炎热，其体温升高早于一般人，他们更易出现中暑。年轻人（运动员、士兵等）发生运动性中暑的危险性较大。对炎热的低耐受性的诱因有：脱水、肥胖、体能水平低、疾病、皮肤因素等，有诱因存在时应减少或避免炎热天气时的剧烈运动。对曾发生过中暑者应倍加重视。

第九节　运动猝死

猝死，即人体在症状出现后 6 小时内发生的死亡（根据 WHO 规定）。运动中猝死，即运动员在运动中或运动后即刻突然发生的死亡。运动猝死虽然比较少见，但对人们心理的危害却很大。

一、运动中猝死的发病率

美国学者 Vander 和他的同事进行了较大规模的实验研究，他们的实验证明：在普通人群中与运动有联系的死亡率极低，与美国每年的自然死亡率一样。运动中猝死的发病率极低，对于身体健康的人并不构成威胁。只是在有潜在心脏病的人参加体育活动时，运动才可能成为猝死的诱因。运动员猝死的发病率不比一般人高，运动中猝死的发病率比日常生活中的发病高的认识是错误的，是一种假象。这是由于运动员或在运动中死亡，特别是著名运动员的猝死，将更多受到公众的注意所导致的。

二、运动中猝死的常见原因

（一）先天性心脏疾患

1. 马凡氏综合症

马凡氏综合症是一种染色体显性疾患，主要病变累及全身结缔组织，常引起骨骼、心脏及眼部疾病。典型马凡氏综合症患者，通常瘦高、管状骨长、关节活动幅度大。主动脉因结缔组织缺乏而薄弱，常表现为主动脉扩张、二尖瓣脱垂、主动脉瘤形成，并有潜在主动脉断裂倾向。世界著名排球运动员海曼、我国著名排球运动员朱刚等均因马凡氏综合症引起的心脏先天性改变而猝死。

主动脉的扩张程度可用超声心动图来进行评价。马凡氏综合症患者没有主动脉根部扩张或没有二尖瓣脱垂的人，只可参加低强度的运动。

2. 冠状动脉畸形

冠状动脉畸形是罕见的先天性心脏疾患。在死前很难诊断，但可引起猝死，一般多见于青少年。如儿童少年出现原因不明的晕厥时，应详细检查，以排除或发现冠状动脉畸形是否存在。冠状动脉畸形在外科手术修补后，如运动负荷试验心电图正常，允许参加运动。

（二）心律失常

有些人由于预激综合症一类的心律失常导致猝死的发生。

（三）滥用药物

刺激剂（包括精神刺激剂、中枢神经刺激剂、交感神经胺剂）如苯丙胺和可卡因等。这类药物的主要作用，是靠抑制身体的自然警报系统，减轻剧烈运动引起的痛苦的感觉来增强自信心，增加耐力和力量，来争取更好的成绩。

刺激剂的主要影响包括：使疲劳感消失，导致机体耗竭，而引起严重后果；使血管收缩从而导致机体散热机能下降，引起体温过高；在进行高强度运动时服用大剂量的刺激剂，对中枢神经系统的危害引起的副作用包括焦虑、烦躁、神经紧张、易怒和失眠，增加心率、血压和能量代谢；可导致由极度兴奋转为深度抑制、呼吸和循环衰竭，甚至引起心脏衰竭而造成死亡。

（四）缺血性心脏病

在缺血性心脏病中，由动脉粥样硬化引起的心脏病是最常见的。动脉粥样硬化、动脉中层钙化症和细动脉硬化，其中以心脏冠状动脉粥样硬化（即冠心病）的影响最大。冠心病是因狭窄性冠状动脉疾病引起的心肌供血不足所造成的缺血性心脏病。冠心病的发病过程漫长，发病初期往往不引起人们关注，随年龄增加患病率逐渐增加，症状也越来越明显。冠心病在病变较轻时，在安静时多无症状，据研究当冠状动脉堵塞达75%时，病人在安静时才有反应。

运动时由于机体的代谢加强，需氧量急剧增加，运动肌肉和心肌的供血供氧需要量也急剧增加。在正常情况下，供应心肌血液的冠状动脉的口径可随代谢的增强而扩张。当冠状动脉病变严重到一定程度时，当运动达到一定强度，在心率过快、心脏舒张期过短时，就会导致冠状动脉痉挛、诱发心绞痛甚至心肌梗死。

（五）过度紧张

过度紧张是指体育运动参加者和运动员在训练或比赛时，体力负荷超过了机体的潜力而发生的生理功能紊乱或病理现象。过度紧张多发生在训练水平低、经验较少的新手身上，也可发生在因伤病中断较长时间后恢复训练的运动员身上。

它常在一次剧烈的训练课或比赛后即刻发生，或在训练后、赛后短时间内发生。运动者常表现出现呼吸困难、憋气、胸痛、咳血性泡沫样痰，右季肋部疼痛、肝脏肿大、心跳快而弱或节律不齐、血压下降、全身无力、面色苍白等急性心功能不全症状，严重时可导致猝死发生。

从体育运动中发生的情况来看，主要是剧烈运动时交感－肾上腺髓质系统兴奋，使心率加快，心肌耗氧量增加，心脏负荷过重而诱发心力衰竭。

（六）中　暑

中暑是一种急性病，严重时可导致循环衰竭，甚至昏迷死亡。

三、运动中猝死的发病特点

（一）男性多于女性，其中男性188例占83.16%。

（二）好发年龄较小，男女均在30岁左右。

（三）与竞赛项目的关系：马拉松、公路自行车发病最高，其次是球类，再次是举重、舞蹈、游泳及其他项目。

（四）在耐力项目中，终点后死亡>终点前死亡>跑步开始或途中的死亡。

（五）运动员与非运动员比较：非运动员多死于心肌梗塞，而运动员致死原因复杂，多死于潜在的心脏病。

（六）竞赛时多于训练时。

四、运动中猝死的预防

要在运动中完全杜绝猝死发生是不可能的。因为有些患者潜在的心血管疾病，直至死亡时才表现出来。就大多数猝死来说，积极的预防，对于减少不必要的牺牲，仍有其重要的实际意义。根据国内外的一些报导，猝死的预防，应从以下几方面来进行。

（一）认真做好体育训练和比赛的医务监督，在学生中开展体育活动要根据青少年的生理特点合理安排运动量和运动强度。

（二）在竞赛前，对于没有运动经历和运动习惯的人，应进行必要的体格检查，特别是心血管系统的检查，注意询问病史、运动史和家族史。

（三）对于运动中有过心前区不适、上腹部疼痛、呼吸困难、面色苍白、汗淋漓等症状的，要予以特别注意。

（四）曾在运动中或后有过晕厥、意识丧失的人，应注意是否与心脏病有关，有无潜在的心脏病，要请专科医生做出确切诊断，在问题尚未查清之前，应禁止从事剧烈运动。

（五）在进行长距离赛跑及剧烈比赛时要有医务人员在场，并准备必要的急救设备。在长距离跑结束后，不要迅速停止活动或就地卧倒，避免由于“重力性休克”引起的回心血量不足，或突然卧倒后回心血量突然增加而引起心脏扩张，进而影响心肌的供血供氧。

（六）定期进行体格检查，经体检有异常发现，特别是有心脏疾患者应在医生指导下进行合理锻炼，一般应禁止参加剧烈活动或比赛。

（七）在伤后、病后、发烧、急性感染期间及恢复期，应避免参加剧烈运动。运动量和运动强度要逐渐增加，禁止带伤、带病参加剧烈运动。

（八）体育锻炼要持之以恒，不要间隔时间过长，切忌“三天打鱼，两天晒网”，积极预防冠心病。

（九）夏季进行长距离、长时间的训练和比赛时，要及时补水及电解质，防止电解质平衡紊乱及中暑发生。

（十）洁身自好，自觉抵制滥用违禁药物。

本章提要

1. 过度训练综合征的原因有训练安排不合理、负荷量超过机体承受能力，训练方法单调、局部负担量过大，生活规律破坏、或比赛过多，在身体机能不良的情况下参加超出自身负担能力的训练和比赛，饮食营养不合理、消耗的物质得不到及时的补充，各种沉重的精神负担。

2. 早期过度训练综合征的运动员一般无特异性症状，很难与大强度训练后正常的疲劳感觉相区别。

3. 过度训练综合征的处理应包括消除病因；调整训练内容和/或改变训练方法；加强各种恢复措施，特别注意精神压力的释放；对症治疗。

4. 过度紧张是由于一次性负荷过度，导致机体的心血管系统、消化系统或者脑血管系统发生功能紊乱从而导致急性心功能衰竭、消化性溃疡或者暂时性麻痹。

5. 预防过度紧张的关键是：运动前先做身体检查，遵守循序渐进的原则，加强运动时的医学观察和自我监督，锻炼和比赛前做好充分的准备活动、运动后要使身体各部分达到充分放松。

6. 凡引起血压急剧下降和心输出量突然减少的因素，如精神和心理状态不佳、重力性休克、胸内和肺内压增加、直立性血压过低、过度换气均可能引起晕厥。

7. 贫血的标准是：成年男性血红蛋白 $<120g/L$，红细胞 $<4.5\times10^{12}/L$ 及红细胞比容 <0.42；成年女性血红蛋白 $<110g/L$，红细胞 $<4.0\times10^{12}/L$，红细胞比容 <0.37。由于训练因素引起血红蛋白低于正常值称运动贫血。

8. 根据血红蛋白减低的程度将贫血分为四级：轻度，血红蛋白低于正常值低限至 90g/L；中度，90～60g/L；重度，60～30g/L；极重度，低于 30g/L。

9. 运动员贫血的常见种类有：缺铁性贫血、溶血性贫血和混合性贫血。其中以缺铁性贫血最为多见。

10. 运动中腹痛往往与缺乏锻炼或训练水平低，准备活动不充分，身体情况不佳、劳累、精神紧张，运动时呼吸节奏不好、速度太快、运动前食量过多或饥饿状态下参加剧烈训练和比赛等因素有关。发病机理有肝脏淤血、呼吸肌痉挛、胃肠道痉挛或功能紊乱、腹内腹外疾病、原因不明等。

11. 肌肉痉挛俗称抽筋，一般是由于寒冷刺激、电解质丢失过多、肌肉连续快速收缩而放松不足、疲劳等原因引起的。处理方法有：向痉挛肌肉收缩相反的方向缓慢持续牵引痉挛的肢体、对痉挛肌肉部位做按摩、热疗。

12. 血尿分为显微镜血尿和肉眼血尿。运动性血尿主要与剧烈运动引起的肾静脉高压，肾脏缺血、缺氧，肾损伤，膀胱损伤有关。

13. 中暑可分为热射病、热痉挛和热衰竭。中暑在环境高温，或湿度较高和通风不良时宜发生。运动性中暑一般以骤然发生居多，主要有高热、中枢神经系统功能障碍和皮肤发热、干燥呈粉红色等现象。处理包括场地处理、一般处理和物理降温。

14. 热射病又称中暑高热，以高热、无汗和昏迷为特征。热痉挛患者意识清楚，体温一般正常。热衰竭患者因体内无过量热蓄积，一般也无高热。

15. 运动中猝死是运动员在运动中或运动后即刻突然发生的死亡。常见原因有：先天性心脏疾患、心律失常、药物乱用、缺血性心脏病、过度紧张、中暑。运动猝死虽然比较少见，但对人们心理的危害却很大。

参考文献

[1] J. L. Durstine, G. E. Moore, P. L. Painter and S. O. Toberts, ACSM's Exercise Management for Persons With Chronic Diseases and Disabilityies, Human Kinestics, 2009.

[2] M. Lehmann, C. Foster and J. Keul, Overtraining in endurance athletes: a brief review, Medicine and science in sports and exercise 1993, 25: 854 – 862.

[3] S. O. Richardson, P. Mark B. Andersen and P. Tony Morris, OVERTRAINING ATHLETES, Human Kinetics, 2008.

第七章 自然因子锻炼

自然因子锻炼（exercise by natural factors）就是利用日光、空气和水等自然因素的作用来改善机体调节功能，提高人体对外界环境变化的适应能力，活跃生命过程，增强人体对疾病的抵抗力的一类方法的总称。过去，也有人称这类锻炼方法为自然力锻炼。

第一节 自然因子锻炼的意义与基本原则

一、自然因子锻炼的意义

自然因子锻炼可以使机体迅速适应外界环境，增强身体对疾病的抵抗力。尤其对预防气象因素变化所引起的疾病（如感冒、冻伤和中暑等）尤为有效。

气候与健康关系密切，不同季节有不同的气候特征，不同季节的气候对机体健康产生的影响也不同，如某些慢性病，常常是逢节气发作。气候的影响并非只会损害人类的健康，在长期实践中，人们逐步科学地认识到气候对机体的影响，以及气候所具有的医疗作用。

自然因子锻炼通过增强中枢神经系统、心血管系统、呼吸系统和皮肤的功能来加强机体的新陈代谢，从而促进少年儿童身体的生长发育，增进健康。所以，自然因子锻炼对正在成长的少年儿童具有特别重要的意义。

二、自然因子锻炼的一般原则

进行自然因子锻炼，必须遵循一定的原则，否则不但达不到效果，还可能会损害身体的健康。自然因子锻炼的一般原则如下。

（一）渐进性

各种自然因素作用于身体的时间和强度，应当遵守循序渐进的原则。开始进行锻炼时，刺激时间要短，刺激温度不可太低。等身体适应了一段时间以后，再逐渐增加刺激时间并降低刺激温度。自然因子锻炼最好始于夏季，因为夏季的气温较高，进入秋季和冬季后气温逐渐自然地降低，这种气温的变化对身体构成了一个渐进的刺激过程。

（二）经常性

自然因子锻炼必须经常进行，最好从幼年开始持续到老年。间歇的锻炼不仅收不到预期的锻炼效果，还可能会对身体产生不良影响。

（三）多样性

只采用一种自然因素进行自然因子锻炼，身体只能对该刺激产生适应能力。而采用多种自然因素进行锻炼，对身体产生的作用将更为全面，能够提高锻炼的效果。因此，进行自然因子锻炼时，最好是综合利用日光、空气和水等自然因素以提高身体对各种外界气象因素变化的适应能力。

（四）个体性

不同个体在年龄、健康状况以及身体对各种刺激的感觉和承受能力等方面存在着差异，因此在确定采用自然因子锻炼的方式、持续时间和刺激强度时，应充分考虑个体的特点，注意不良反应。

（五）综合性

自然因子锻炼可以结合适宜的体育运动，这样不但可以进一步提高锻炼的效果，而且还可以增强锻炼的趣味性，更符合少年儿童的身心发育特点。

三、自然因子锻炼的注意事项

（一）不应在剧烈活动的前、后进行。
（二）不应在进餐前后半小时进行，也不宜在饥饿时进行。
（三）不在过度疲劳、患肺结核或身体发烧时进行。
（四）进行空气浴和水浴时，如果感到寒冷，应立即停止锻炼。
（五）女子在月经期不宜进行水浴和日光浴。
（六）随时注意感觉、脉搏和体重的变化，发现不良情况时，应立即停止锻炼。

第二节　日光浴

日光浴（isolation）是利用适当的日光照射对机体产生的作用来增进身体健康的一种锻炼方法。

一、日光的特性

太阳的大气层从里向外可分为光球层、色球层和日冕三层，各种太阳活动都在这里进行。光球层就是我们平时所见的太阳圆盘，称为太阳光球。光球是一层不透明的气体薄层，厚度约 500 千米。它确定了太阳非常清晰的边界，几乎所有的可见光都是从这一层发射出来的。光球层表面经常出现黑斑，称为太阳黑子，它的出现对人体的健康可产生影响，增加某些疾病的发生；光球层外为色球层，厚度约2000千米。由于色球层发出的可见光总量不及光球的1%，因此人们平常看不到它。在太阳黑子的正上方，有时出现一些局部亮区域，称为谱斑；当谱斑亮度突然增强时，就是通常人们所说的太阳耀斑。太阳耀斑释放的能量极其巨大，不仅能使无线电通讯中断，还能影响生物的正常生长；太阳最外的部分为日冕，它由高温、低密度的等离子体所组成，温度高达100万摄氏度。

太阳发射出的电磁波称为太阳光，它的主要波长范围在150～4000纳米之间，是太阳向宇宙空间发射能量的基本方式。太阳的光谱包括可见光和不可见光两部分，不可见光又可分为红外线和紫外线。

（一）可见光

波长范围在380～780纳米之间的光能为人的眼睛感受到的电磁波，被称为可见光(visible light)。它由红、橙、黄、绿、青、蓝、紫七种颜色的光组成。可见光有如下三方面的特性。

1. 可见光区光的能量占太阳辐射总能量的50%；
2. 可见光的光色纯正、亮度高，在它的照耀下，颜色的传递没有失真；
3. 可见光照射到物体表面时会发生反射、吸收和透过三种现象。物体本身不具有颜色的特性，只有当可见光中的一部分反射出来被人的眼睛接受，人体的感觉器官才能产生颜色视觉，物体才显示出颜色。如果物体只反射可见光中的红色而吸收其他光，那么这个物体就是红色物体。

（二）红外线

红外线（ultrared ray）是太阳光线中众多不可见光线中的一种，波长范围大于760纳米。红外线具有以下特性。

1. 红外线区电磁波的能量占太阳辐射总能量的43%；
2. 红外线是人眼睛所感受不到的一种辐射线；
3. 红外线与可见光一样呈直线传播，遵守反射和折射定率；
4. 波长越长的光其热效应也越强，因此红外线的热效应比可见光和紫外线的热效应更明显，投射到物体表面可以产生强烈热效应；
5. 红外线在大气中的传播过程中，强度不断衰减，但是它属于连续性光谱。

（三）紫外线

波长范围小于380纳米，不能引起人们视觉的电磁波称为紫外线（ultraviolet ray）。紫外线具有以下特性。

1. 紫外线区电磁波的能量占太阳辐射总能量的7%；
2. 紫外线波长短，能量大，人的视觉对其不敏感，故也是看不见的辐射线；
3. 紫外线的穿透能力很强，它照射到物体上可发生光化学反应和光电反应。

二、日光的生物效应

（一）皮肤对光的吸收

人体对日光的利用必须通过皮肤才能实现，而照射到皮肤上的日光只有被皮肤吸收的部分才具有生物效应。因此，日光对人体作用的大小取决于皮肤对光吸收的程度。不同波长的光穿透皮肤的能力不同。穿透能力最强的光是红色光，其次是红外线，最弱的是紫外线。皮肤各层组织对光的吸收程度也各不相同（表7－1）。不同皮肤颜色的人其皮肤对光的吸收也有很大的差异。当皮肤组织内有黑色素沉着时，皮肤对光的吸收能力可提高数十倍。

表7－1　皮肤中不同组织对不同波长（μm）光的吸收率（%）

皮肤组织	厚度（mm）	紫外线				可见光		红外线	
		0.25	0.28	0.30	0.40	0.55	0.75	1.0	1.4
角质层	0.3	81	85	66	20	13	22	29	56
生发层	0.5	8	6	18	23	10	13	6	18
真皮层	2.0	11	9	16	56	72	44	48	20
皮下组织	2.5	0	0	0	1	5	20	17	8

引自中国医科大学主编《医用物理学》

（二）红外线的生物效应

红外线对人体具有强烈的热效应。因为红外线是日光热辐射的主要能量，机体组织通过吸收红外线的辐射波，将其转变成热量，可以加强组织内的各种物理化学过程，增强代谢。人类就是利用红外线的这个特性，获得保健和治疗的功效。

红外线的热效应主要表现在增加机体的抗感染能力和加强局部血液循环两个方面。红外线可使体温增高。在一定范围内，体温增高可使机体的单核吞噬细胞系统和体液免疫系统的功能得到加强，提高机体的抗感染能力；同时，红外线作用于皮肤可以使皮下组织中的血管扩张，促进局部血液、淋巴的循环和物质代谢，有利于代谢产物的排除。

（三）紫外线的生物效应

日光中的紫外线波长短、光量子的能量大，所以引起的光化学反应也比可见光多。紫外线的波长不同，生物效应也不相同。人体在接受紫外线照射后会产生许多生物反应。

1. 杀　菌

紫外线可造成细菌、病毒的蛋白质分解变性，破坏细菌和病毒体内的核酸，从而达到杀菌的目的。

2. 改善钙、磷代谢

在紫外线的照射下，皮肤中的7－脱羟胆固醇变成维生素D，维生素D进入血液后，可以改善机体的钙磷代谢，使血液中的钙磷浓度提高。

3. 增加血液中的血管扩张物质

紫外线进入皮肤后，细胞蛋白质和核酸通过吸收大量紫外线，而发生肿胀、变性和分解。在蛋白质分解过程中，组氨酸可以转变成为组织胺和类组织胺等特殊的活性物质，这些物质能使血管扩张。皮肤可能因此出现红斑。

4. 提高机体免疫能力

紫外线照射皮肤后，可以使人体内的白细胞吞噬功能活跃，同时也能使血液的凝集反应和补体成份发生变化。这些变化均可以提高机体的免疫系统功能。

5. 调节体内物质代谢

经紫外线照射后，人体内的糖、蛋白质和脂肪的代谢过程会发生明显的改变。其中，血糖降低有利于糖尿病的防治；体内胆固醇下降有利于预防动脉粥样硬化的发生；血液中蛋白质代谢的产物氨浓度增高，有利于蛋白质的再合成。

6. 分解某些致癌物质

黄曲酶毒素是一种加温、加压、普通化学方法都无法降解的强致癌物质，但紫外线能分解黄曲酶毒素。

综上所述，适量的日光照射可以提高人体的基础代谢率、增加氮的贮留量，还可以刺激人体的造血功能，提高皮肤的防御能力和分泌机能（汗腺和皮脂腺的分泌），并对增强人体的免疫功能、提高人体的精神情绪有良好的作用。正常人体中维生素 D 大部分是在紫外线照射下，由胆固醇及麦角固醇所合成。同时，日光中的红外线还可以深入组织内部产生温热作用、扩张血管、提高机体的新陈代谢。此外，日光对少年儿童的生长发育有极大的促进作用。

值得注意的是，虽然可见光、红外线和紫外线对人体有很大的益处，但是过多的日光辐射对人体是有害的，如萎靡，食欲减退，神经兴奋，睡眠障碍或贫血等症状。应当注意适度的防晒。

三、日光浴的方法

（一）准备工作

在进行日光浴时，人体通常受直射光、散射光和反射光的共同作用。仅用散射光或反射光，避免日光直射的日光浴称为日光空气浴。一般体弱者多采用日光空气浴降低刺激。在实施日光浴之前，应先进行 5 ~7 天的空气浴，适应自然因素的刺激。

（二）场所的选择

进行日光浴要选择阳光充足，地面清洁、平坦、干燥，绿化较好，空气流畅但又无强风之处。应备有床或席子以及足量的饮用水，还应保证日光浴后能够方便地进行淋浴。日光浴最好选在靠近江湖、海滨或郊外等空气清新的地方，通常这些地方有更多的紫外线。不能隔着玻璃进行日光浴，因为玻璃能够阻碍紫外线的透入。

（三）时间与强度的选择

由于地区和季节的不同，进行日光浴的时间应根据当时的气温和日光强度决定。一般来说，夏季可在上午九时左右，早餐后1.5~2小时开始；冬季可于上午十时到下午三时进行，以防止过热或过冷。进行日光浴的气温不得低于18℃，高于32℃。炎热和大风时都不宜进行日光浴。初次进行日光浴的照射剂量和剂量增加的速度，应根据年龄、营养状况、健康情况及机体的耐受程度等分别规定。但日光浴在任何时侯均不宜过量。

(四) 其他注意事项

日光浴应尽量在裸体状态下进行。可躺在床上或席子上，并经常改变体位，使全身各部位被均匀照射。为避免对头部和眼睛的过多刺激，可戴上凉帽和暗色玻璃护目镜来保护头部和眼睛。可以在日光浴过程中组织一些灵活的游戏活动。

儿童皮肤对辐射的吸收力和成人无多大差别，但儿童的体表面积与体重的比例相对地较成人为大，对外界有害因素的感受性和反应性也较成人高。因此，低龄儿童进行日光浴应给予特别的注意。

日光浴后应在荫凉处休息一段时间，然后进行淋浴，不宜立即进行冷水浴，因为这会影响皮肤内的维生素D被机体吸收利用。

第三节　空气浴

空气浴（air bath）是让身体暴露在新鲜空气中以锻炼身体的一种方法，它简单易行，不受地区、季节和物质条件的限制。

一、空气浴的作用

新鲜空气对呼吸系统的刺激作用，空气的温度对皮肤感受器产生刺激作用。因此利用空气浴可以起调节体温，加强物质代谢，增强神经系统和心血管系统活动的作用。

空气温度和人体皮肤表面温度之差构成空气浴的刺激因子。通常人们用冷空气作刺激因子，气温越低，作用时间越长，刺激的强度也越大。皮肤和衣服之间的空气温度，随着衣着的增减而在27℃~33℃之间波动。当温度因子作用于人体时，产热和散热过程发生变化。脱去衣服时，身体立即大量向周围散热，气温越低，机体散热越快，体温调节机能也随之活跃起来。皮肤毛细血管在散热过程中发挥重要的作用。寒冷时毛细血管收缩，皮肤表面血流量减少，因此散热减少。

在正常的条件下，健康人对气温可有温暖（20℃~27℃）、凉爽（14℃~20℃）和冷（7℃~14℃）三种不同的感觉。人体对温度的感觉不仅取决于空气的温度，还受湿度和空气流动速度的影响。

空气浴的作用比较缓和，不同年龄、不同健康状况的人都可以使用空气浴进行锻炼。身体极度衰弱，患有急性呼吸道疾病、各种急性传染病、急慢性肾炎，身体有化脓和炎症，以及有代偿不全的心瓣膜病患者，应禁止进行空气浴锻炼。

二、空气浴的方法

（一）场所的选择

空气浴宜选择绿化较好、无日光直射、空气清新的场地。有雾的气象条件下不宜进行空气浴，因为有雾的空气不清洁。此外，空气浴也不宜清晨在树林中进行，因为清晨树林中的二氧化碳含量较高，对身体不利。

（二）时间与强度的选择

空气浴最好从夏季开始，这样空气的温度可逐渐从热到温，再从温到冷进行自然过渡，使机体逐步产生适应。

初次进行空气浴以气温22～24℃、风速0.9～1米/秒、相对湿度60～70%为宜。锻炼时应尽量增大皮肤和大气直接接触的面积。开始进行锻炼时应适量着衣，以后逐渐减少衣物数量；锻炼的地点可由室内逐步过渡到室外。

空气浴的持续时间，初次不宜超过10分钟，以后可根据情况，每次延长5～10分钟。在温暖季节，空气浴时间可持续1.5～2小时。冬季进行空气浴的持续时间以20～25分钟为宜，若结合游戏和体操则可适当延长。在少年儿童中进行空气浴，结合游戏或体育活动要比安静状态的效果更好。空气浴时的活动量应根据当时气象条件而定。

（三）其他注意事项

每次空气浴开始时以产生冷的感觉，但不发生“鸡皮”，反应良好为适宜温度。结合游戏或体育活动，可以使机体产生温热感。一旦感到寒冷，应及时停止锻炼。进餐与空气浴之间应有一定的时间间隔。进餐前、后半小时内不宜进行空气浴。

户外温度降到10℃以下时，空气浴可转入室内进行。寒冷季节在室内进行空气浴锻炼时，可预先作好通风换气，以降低室内温度。空气浴时室温下降的速度，一般以每3～4天下降1℃为宜；学龄儿童可以降至12～15℃；体弱者一般不应低于15℃。体弱者可以提前着衣或穿衣进行空气浴，临时患病者可以暂停锻炼，病愈后重新逐步进行。

第四节　水　浴

水浴（water bath）是利用水与身体表面的温差进行的一种锻炼。与利用空气、日光这些自然因素进行的锻炼相比，水浴更易于控制其强度、兼顾不同个体的特点，而且一年四季均能进行锻炼。

一、水浴的作用

水浴主要依靠不同的水温、作用时间以及温度变化程度来控制刺激强度；也可通过机械刺激增加刺激强度。水的导热性是空气的28～30倍。因此冷水能从体表带走大量的热量。

（一）温度的刺激

冷水直接作用于体表时，人体的反应分为三期。

第一期：受到寒冷刺激后，皮肤血管急剧收缩，血液流向内脏，引起血压上升和心脏激烈跳动，皮肤苍白，机体有寒冷感。

第二期：第一期的反应出现后，若无其他外界刺激，经0.5～1分钟，由于体内激烈产热，皮肤血管又复舒张，血液流向皮肤。此时，全身发热，肤色由苍白转红，皮温升高。又称第二期为主动充血期。

第三期：当冷水作用的时间过长，则皮肤的颜色又变得苍白，并出现“鸡皮”；或因血管张力低下，血流缓慢而出现口唇发青，全身发冷的现象。这种现象被称之为“第二次寒战”。这表明寒冷作用过强，体温调节已不能克服寒冷的刺激，身体散失的热量多于所能产生的热量。过强寒冷作用会对健康产生不利，因此水浴锻炼中不应有第二次寒战出现。因此，也有人称第三期为超阈限反应阶段。

（二）压力的刺激

在水中浸浴或游泳时，静水压力可提高人体呼吸和循环系统的机能。

1. 腹部静水压大于胸部静水压，可促使静脉回流，增加心输出量。

2. 静水压压迫胸壁和腹壁，使膈肌上升，造成胸内压增高，增加了呼吸的深度，提高肺活量，促进了气体的交换和代谢。

3. 水流的冲击可以调节大脑皮质的功能，进而对全身各器官系统产生影响。水流的冲击作用可机械性地加强血管的收缩和舒张功能，锻炼血管的弹性和韧性。

4. 在海水中进行水浴时，由于浮力作用，肌肉、骨骼的负荷很轻，肌张力降低，可以解除肌肉的疲劳。此时，全身大部分关节处于放松状态，屈伸自如，可同时进行各种体操活动，使身体匀称发展，形体健美。

（三）矿物质的刺激

矿泉水中含有的某些化学物质，在水浴时可对机体产生特殊的作用，能改善体内的物质代谢过程和某些器官组织的功能。

总的来说，通过水浴锻炼，可以提高神经系统的兴奋性和灵活性，改善体温调节机能，提高心血管系统和呼吸系统的功能，增强机体的抵抗能力，有益于身体健康。

二、水浴的方法

水浴的锻炼方式很多，如擦身、足浴、冲淋以及游泳等。

（一）擦　身

擦身刺激温和，操作方法简便。擦身应使用吸水性强，并有一定的机械刺激作用的工具，依头颈、上肢、胸、腹、背以及下肢的顺序逐一进行。擦身的动作要迅速，随后用干毛巾擦干皮肤，并适当用力进行摩擦，使皮肤发红。学龄儿童擦身时可结合洗漱活动进行。在洗头颈的同时洗擦胸背、腋窝等处。擦身时的室温和水温均以18℃左右为宜。

（二）足 浴

足浴即用冷水洗足部。实验证明，机体局部受寒冷作用时，全身其他部位的功能都会出现变化。经常冷水洗足可以预防感冒。初次足浴的水温为32℃，以后逐渐降到14℃～12℃；学龄儿童、青少年可以降至10℃；每次浸泡2～3分钟。一面浸泡一面擦洗足部，使皮肤由冷逐渐变成暖和。

（三）冲 淋

因冷水直接作用于身体皮肤上，冷水冲淋刺激作用比擦身更大。一般适用于经过一段冷水擦身的锻炼者。如没有自来水冲淋设备，可采用普通喷壶、水罐进行。冲淋时应先冲淋背部，然后冲淋两腋、胸部和腹部，头部不应用强水流冲淋。冲淋后须用干毛巾将全身擦干。如在冬季，必须进一步摩擦皮肤使之微微发红，使血液更多地流向皮肤。冲淋时水温和室温的要求要比擦身时高1～3℃。冲淋的水温与水流速度成正比，即水温高时水流速度快；水温越低，水流的速度也应越慢，冲淋时间也应越短。普通人的冲淋时间不宜超过2分钟，少年儿童的冲淋时间以30秒左右为宜。

（四）游 泳

游泳是水浴中刺激强度最大，作用效果最好的锻炼方式。开始游泳时的气温不应低于26℃，水温不应低于22℃，每次持续时间不超过十分钟。一般以每天一次为宜。以后可逐渐增加每次的持续时间。游泳后应将皮肤上的水擦干，并用毛巾摩擦皮肤。游泳应当尽量利用天然的河湖或露天游泳池进行。在这样的环境下进行锻炼，可以综合日光、空气、水和体育锻炼等因素的作用。冬季在室外水域自然水温下的游泳被称为冬泳。冬泳是一项极富挑战的运动，一项挑战自我、战胜自我的运动，不仅能够锻炼身体，还能增加机体活力。

1. 冬泳的作用

冬泳有着良好的预防疾病的作用。有研究表明，冬泳爱好者患与寒冷有关的疾病的概率比普通人降低了60倍；冬泳还可以治疗脊神经根炎、高、低血压、肺结核、胰腺炎、糖尿病、慢性胃肠道疾病、月经周期异常、皮肤病等多种疾病。冬泳还有助于人们保持良好的心态，并磨练人们的品质。赤身进入冰冷的水中是一种对自制能力严峻考验。

2. 冬泳的分期

冬泳对不同的人有不同的影响。个人的承受能力往往受入水过程、入水时间的影响。当遇到冷水的冲击压力时，机体的供能系统首先增加活动，大量产热。通过对感觉系统的调节，使身体感觉不到寒冷的刺激。由于机体持续大量的产热，过了一段时间有人甚至会开始觉得热。但在10～20分钟后，随着能量被消耗待尽，机体开始感觉到寒冷并开始颤抖。这时人们可以通过运动、进入室内或靠近热源来进行恢复。

3. 冬泳的基本要求

首先需要寻找合适的可以方便上岸的露天游泳池或开放水域，确保上岸后有足够保暖的衣物和措施。

入水前做好充分的准备活动，先立于水中洗脚洗头，并撩水浇身，最后再全身入水。

冷水会造成喘息，属正常现象。当身体逐渐适应冷环境后，可以逐渐增加身体在水中的时间。颤抖是机体产热的正常现象，但如果继续因感到寒冷而发抖，则提示在水中滞留时间过长，应尽快出水上岸。

出水后立刻将衣服穿好，做适当的运动以提高体温。直接烤火会导致关节炎等疾病。

4. 注意事项

佩戴泳帽，避免身体热量由头部流失。

饮酒后或生病时不能冬泳。

冬泳热能消耗大，应随时补充一些富含碳水化合物的食物，避免低血糖发生。

冬泳期间不能做屏气潜水活动，以免被冰凌扎伤。

冬泳是有效的自然因子锻炼方法。如果没有足够的条件，也可以使用赤脚在雪地里行走、全身浇冰水等其他的方法替代冬泳，以获得相同的自然力锻炼效果。

本章提要

1. 自然因子锻炼是利用日光、空气和水等自然因素的作用来改善机体调节功能，提高人体对外界环境变化的适应能力，活跃生命过程，增强人体对疾病的抵抗力的一类方法的总称。

2. 自然因子锻炼通过增强中枢神经系统、心血管系统、呼吸系统和皮肤的功能来加强机体的新陈代谢，从而促进少年儿童身体的生长发育，增进健康。

3. 进行自然因子锻炼要遵循渐进性、经常性、多样性、综合性的原则。并遵守注意事项。

4. 日光浴是利用适当的日光照射对机体产生的作用来增进身体健康的一种锻炼方法。

5. 太阳发射出的电磁波称为太阳光，太阳的光谱包括可见光、红外线和紫外线。

6. 红外线是在太阳光谱中波长范围大于760纳米的不可见光。对人体具有强烈的热效应，能够增加机体的抗感染能力和加强局部血液循环。

7. 紫外线是在太阳光谱中波长范围小于380纳米的不可见光。紫外线照射人体后的作用有杀菌、改善钙磷代谢、增加血液中的血管扩张物质、提高机体免疫能力、调节体内物质代谢、分解某些致癌物质。

8. 在实施日光浴之前，应先进行5～7天的空气浴，适应自然因素的刺激。

9. 进行日光浴要选择阳光充足，地面清洁、平坦、干燥，绿化较好，空气流畅但又无强风之处。应备有床或席子以及足量的饮用水，还应保证日光浴后能够方便地进行淋浴。

10. 进行日光浴的时间应根据当时的气温和日光强度决定。初次进行日光浴的照射剂量和剂量增加的速度，应根据年龄、营养状况、健康情况及机体的耐受程度等分别规定。

11. 儿童皮肤对辐射的吸收力和成人无多大差别，但儿童的体表面积与体重的比例相对地较成人为大，对外界有害因素的感受性和反应性也较成人高。因此，低龄儿童进行日光浴应给予特别的注意。

12. 空气浴是让身体暴露在新鲜空气中以锻炼身体的一种方法。

13. 新鲜空气对呼吸系统的刺激作用，空气的温度对皮肤感受器产生的刺激作用。因此空气浴可以起调节体温，加强物质代谢，增强神经系统和心血管系统活动的作用。

14. 空气浴宜选择绿化较好、无日光直射、空气清新的场地。不宜在有雾、清晨在树林中进行空气浴。

15. 初次进行空气浴以气温22～24℃、风速0.9～1米/秒、相对湿度60～70%为宜。以后逐渐减少衣物数量；锻炼的地点可由室内逐步过渡到室外。空气浴时的时间和活动量应根据当时气象条件而定。

16. 进餐与空气浴之间应有一定的时间间隔。进餐前半小时、进餐后1.5小时内不宜进行空气浴。

17. 水浴是利用水与身体表面的温差进行的一种锻炼。水浴主要依靠温度刺激、压力刺激和矿物质刺激。

18. 冷水直接作用于体表时，人体的反应分为三期，水浴锻炼中不应有第三期的出现。

19. 静水压力可提高人体呼吸和循环系统的机能。水流的冲击可以调节大脑皮质的功能，锻炼血管的弹性和韧性。海水的浮力可以解除肌肉的疲劳。

20. 水浴的锻炼方式包括擦身、足浴、冲淋以及游泳等。其中，擦身刺激最温和；游泳刺激强度最大，作用效果最好。

21. 冬泳有着良好的预防疾病、治疗疾病的作用，还有助于人们保持良好的心态，磨练人们的品质。

22. 首先需要寻找合适的露天游泳池或开放水域，最重要的是可以方便地上岸，并确保上岸后有足够保暖的衣物和措施。

23. 冬泳时应该注意戴上泳帽，可随时补充碳水化合物。

推荐阅读文献

［1］Debora Yost. The Complete Guide to Natural Cures［M］. New York：HarperCollins College Publishers，2008.

［2］Radu Bogdan，Bucur Angela. KINETOTERAPIE/PHYSIOTHERAPY［M］. Romania：University of oradea publishing hous，2006.

参考文献

［1］季成叶．儿童少年卫生学（第6版）［M］．北京：人民卫生出版社，2007.

［2］王芳芳．儿童少年卫生学［M］．北京：中国协和医科大学出版社，2003.

［3］叶广俊．现代儿童少年卫生学［M］．北京：人民卫生出版社，1999.

［4］宋兰良．体育保健学［M］．北京：高等教育出版社，1989.

［5］唐锡麟．儿童少年卫生学（第2版）［M］．北京：人民卫生出版社，1992.

［6］叶恭绍．中国医学百科全书·儿童少年卫生学［M］．上海：上海科学技术出版社，1984.

第八章　运动疗法

运动疗法（Exercise Therapy）是为了预防和治疗的目的，应用人体的各种功能活动和体育运动，以促进身体健康和各种功能的恢复，促进疾病康复的一类治疗方法，包括各种主动的躯体活动训练，以及被动的治疗性躯体活动。它对健康人来说，是预防疾病的一种方法手段，对疾病患者来说，既是治疗的方法手段，又是康复的方法手段。

运动疗法以医学科学和体育科学为基础，是体育保健学的重要组成部分。在日常生活中，可以根据个体的功能水平或疾病的特点，选择合适的功能锻炼方法，制订运动处方或运动疗法方案，按照身体锻炼的基本原则进行某些疾病的治疗性训练。

现代医学正由传统的生物医学模式转化为生物－心理－社会医学模式。现代社会的发展改变了人们的生活方式，也改变了生活质量和疾病的概念。运动疗法由于其内涵符合新的医学模式，正在成为现代社会最受欢迎的治疗手段之一。

第一节　运动疗法概述

一、运动疗法的特点

（一）运动疗法是一种主动疗法

运动疗法实施中要求患者积极主动地进行锻炼，充分发挥患者的主观能动性，从而获得相应的治疗效果。运动疗法的疗效是否显著，与患者的积极性有着密切的关系。

（二）主、被动运动是运动疗法的主要手段

运动疗法的主要手段是各种主动和被动运动，这些手段不仅作用于患病的局部，而且对全身机能的改善也产生积极的作用。

（三）运动疗法的目标是功能恢复

采用运动疗法的目标是功能恢复，通过锻炼和训练尽量改善和恢复机体功能、体力活动能力或生活自理能力，缩短康复时间。

（四）运动疗法具有防治疾病的效用

运动疗法不仅用于治疗疾病，促进疾病的痊愈，而且能防止一些疾病并发症的发生；运动疗法还能增强机体的机能和抗病能力，从而达到预防疾病和健身的目的。

二、运动疗法的内容

运动疗法通常是指属于治疗性运动范畴的各种方法和手段。包括医疗体操、我国传统体育项目、有氧运动和其他健身性体育活动，以及以神经生理学和神经发育学知识为基础的各种易化技术。

在我国，基于工作性质相近的原因，广义的运动疗法除以上方法手段外，习惯上还可以包括牵引、手法治疗等内容。

三、运动疗法的应用范围

（一）运动疗法的适应证

运动疗法对下列病症可以取得较好的治疗效果。

1. 运动系统伤病

脊柱畸形、肩周炎、颈椎病、腰椎间盘突出症、软组织损伤、骨折与关节脱位、关节炎、截肢与假肢、关节术后等。

2. 内脏器官疾病

高血压、冠心病、慢性阻塞性肺疾患、哮喘、肺结核、内脏下垂、溃疡病、各种心肺和腹腔手术后等。

3. 代谢疾病

肥胖、血脂异常、糖尿病等

4. 神经系统疾病

偏瘫、截瘫、四肢瘫、脑瘫、脊髓灰质炎后遗症、周围神经病损等。

5. 其　他

慢性盆腔炎、子宫位置异常、神经官能症、肿瘤切除恢复期、烧伤等。

（二）运动疗法的禁忌证

运动疗法在下列情况下禁忌应用。

1. 发热（体温超过38℃），疾病的急性期

2. 全身情况不佳，脏器功能失代偿期

（1）安静时心率大于100次/分。

（2）高血压患者舒张压高于120mmHg，低血压患者收缩压低于90mmHg。

（3）安静时有心绞痛发作。

（4）心脏病发作在10日以内者。

（5）严重的心律失常。

（6）有心力衰竭等脏器功能失代偿的表现。

3. 剧烈疼痛，有大出血倾向

4. 身体衰弱，难以承受训练

5. 运动过程中可能发生严重合并症

如动脉瘤破裂；创伤后血管、神经干附近有金属异物，在运动时可能造成血管神经损伤等。

6. 癌症有明显转移倾向者

四、运动疗法的应用原则

应用运动疗法时，既要考虑疾病的特点，又要遵守科学的锻炼原则，这样才能收到良好的锻炼效果，同时避免副作用的出现。

（一）区别对待，因人而异

制订运动疗法方案或运动处方时，必须根据疾病或伤病的特点和患者的具体情况，如年龄、性别、身体机能状况、兴趣爱好、经济和环境条件等，充分考虑到个体差异，做到区别对待，因人而异。

（二）适宜负荷，循序渐进

实施运动疗法的目的是要改善患者的功能，提高机体的适应能力。因此，所采用的负荷应略高于患者现有的机能水平，使患者通过努力才能完成。由于运动是一种非特异性生理刺激，因此必须按照专门的方式方法和一定的运动量来进行。为了使锻炼既有效又安全，必须做到以下两点：①所采用的运动量要由小到大，动作和内容要由易到难，运动时间要由短渐长，使机体能逐步适应；②随着病情的好转或身体机能的提高，不断加大运动负荷和（或）提高动作难度，对患者提出更高的要求，以增强其适应能力，使机体功能得到更大程度的改善。突然加大运动负荷或改变动作难度可以造成身体的过分应激，有可能损害患者的生理机能。

（三）坚持锻炼，持之以恒

锻炼要做到经常性、系统性，只有坚持锻炼才能见到运动疗法的效果。锻炼效应的明确显现一般需要 2 周的时间，而通过锻炼获得的机能改善将在停止锻炼后逐渐消退，维持锻炼效应的唯一方式就是坚持锻炼，通过长期锻炼，逐步积累效果。

（四）密切观察，加强监督

对实施运动疗法的患者应经常了解锻炼的情况和锻炼后的反应，特别要注意疾病或伤病情况的变化，如果发现不良反应，要及时调整运动疗法方案或运动处方。锻炼中出现头晕、眼花、心悸、气短等应暂停锻炼；锻炼后全身或局部有适度疲劳感觉，锻炼次日消失为正常现象。同时，在锻炼过程中应定期对患者进行复查和功能评定，以了解运动疗法实施的效果。此外还应向患者交代锻炼的注意事项和自我观察的方法，以减少和避免不良反应。

（五）局部与全身锻炼相结合

人体是一个统一的整体，机体各部分之间有着密切的内在联系。无论疾病是轻的，或创伤是小的、局部的，其恢复过程都不可能单纯是局部的，而在很大程度上取决于患者的全身情况。实施运动疗法时，应防止锻炼过分集中在某一部位，以免产生疲劳。因此锻炼既要重点突出，又要与全身运动相结合。此外，运动疗法有多种手段方法，在锻炼时综合应用也有利于增加锻炼兴趣，调动患者主动锻炼的积极性，提高锻炼效果。

五、运动疗法的基本作用

运动疗法对人体的治疗作用，主要通过神经反射、神经－体液调节和生物力学作用等途径，对人体全身和局部产生良好的作用。通过运动，可以对机体产生急性、短暂的作用，但更重要的是其慢性、长期的锻炼效应，使人体的形态、机能产生相应的适应性变化，对身体各功能产生良好的影响。

（一）增强心肺功能，改善血液循环和新陈代谢

运动持续数秒以上时，即引起心血管功能调节，调节程度随运动强度而异，其作用在于满足运动肌肉的氧和能源物质的需要，并及时运走多余的代谢产物，以维持肌肉正常的收缩做功，否则肌肉运动就不可能持久。

运动时心血管调节功能增强，表现为心率加快、心肌收缩力加强、每搏输出量增多，回心血量也相应增加，因而心输出量可以增多数倍。运动时心交感神经兴奋和心迷走神经抑制，以及交感中枢兴奋使肾上腺髓质儿茶酚胺分泌增多，均可以使心率加快、心肌收缩力加强、每搏输出量增多。运动时肌肉的节律性舒缩和呼吸运动加强，回心血量大大增加；此外，运动时交感缩血管中枢兴奋使容量血管收缩，静脉系统中血液量减少，也促进回心血量增加。长期锻炼可以使心血管系统产生良好的适应，表现为安静时心率减慢、每搏输出量增加，定量运动中以较低的心率、血压反应即可满足运动的需要，心脏储备能力增强。

运动时，为了摄取更多氧气与及时排出不断产生的二氧化碳，呼吸也相应地加快、加深，胸廓和横膈活动幅度明显加大，潮气量增多，每分通气量与耗氧量均增加数倍甚至10～20倍，同时，肺循环血量增加，氧气交换能力增强。例如，剧烈运动时，健康青年人的潮气量可以由安静时的500ml增加到2000ml，呼吸频率可以由12～15次/分升高到50次/分左右，肺通气量增大10余倍。长期锻炼可以使呼吸系统产生良好的适应，表现为肺活量增加，定量运动中呼吸频率减慢等。

为了适应运动时肌肉收缩做功的需要，人体内能源物质大量消耗，新陈代谢水平相应地急剧升高，达到静息时水平的几倍甚至十多倍。运动时，血液发生明显的重新分布，从安静时3/4的血液流向内脏和脑部而仅有15%～20%的血液供应骨骼肌，改变为大量血液流向肌肉，其比例可以增多至占总量的80%。一般中等强度运动使心输出量增加3倍，肌肉血容量增加10倍，肌肉摄取氧的能力提高3倍。长期锻炼使机体发生适应性改变，肌肉中酶的活性增加进而使肌肉摄取和利用氧的能力增强，因而可以减轻血液的重新分配。

（二）维持和恢复运动器官的形态和功能

人体器官的形态与功能是相互依存的，对运动系统来说，这种关系尤为密切。完整而良好的组织形态是产生良好功能活动的物质基础，而功能锻炼反过来又可以促进组织形态的更加完善。功能活动是维持运动器官正常形态所必需的因素，功能活动缺乏或不足，就会发生神经营养过程的变化，逐渐引起运动器官形态结构上的退行性改变，包括肌肉废用性萎缩、骨质疏松、关节挛缩僵硬等。如果因伤病破坏了运动器官的形态结构，不仅直接限制了其功能，而且由于功能的减退或丧失，又会反过来促进形态的进一步恶化。要改变这种状况，就要恢复必需的和可能的功能活动，以促进形态和功能向好的方向发展。

运动疗法对运动器官有良好的影响。运动能促进关节周围的血液循环，增加关节滑液分泌，产生“挤压”效应，改善软骨营养，从而保证软骨代谢的需要。运动能牵伸各种软组织，促使挛缩组织延伸，使粘连得以松解，从而恢复或改善关节活动度。通过力量练习，可以使肌纤维增粗，肌力增强；萎缩肌肉逐渐恢复正常体积，使肌力得到恢复；从而改善主动运动的能力，并且增强关节周围肌群保护关节的作用；同时也有分散应力，避免关节过度负重，从而预防损伤的功能。运动和负重有助于加强骨代谢，改善骨的血液循环，促进骨钙沉积，使骨皮质增厚，骨隆突变粗变大，骨架网络结构排列更趋向于“受力型”改变，使骨变得更加粗壮和坚固，从而增强骨的支撑和承重能力，防治骨质疏松。

（三）提高神经系统的调节功能

神经系统特别是中枢神经系统对全身器官的功能活动起重要的调节作用。同时中枢神经系统又需要不断接受来自外周器官的刺激，以维持一定的紧张度和兴奋性，以维持其正常功能。运动就是一类很重要的生理刺激。缺乏运动，可以降低大脑皮层的紧张度和兴奋性，引起相应调节能力的减弱，造成内在平衡的失调，以致某些疾病发生。

实施运动疗法，增加了本体感受器、外感受器和内感受器的各种传入神经冲动刺激，提高了大脑皮层的兴奋性，使整个中枢神经系统的调节功能增强。实施运动疗法，不仅在锻炼的当时能使神经系统的功能活动发生短暂的变化，而且由于锻炼需要长期坚持进行，还能起到“锻炼和加强”大脑皮质活动能力的作用。因为所有运动都是一系列生理性条件反射的综合表现，随着运动强度的加大和活动难度的提高，促使大脑皮层形成更多、更复杂的条件反射，神经系统的兴奋性、灵活性和反应性都大为改善，从而强化了中枢神经系统对全身各器官功能活动的调整和协调作用，因而使得各系统、器官的功能活动加强，进而提高了机体整体的机能。

经常锻炼还可以调整植物神经系统功能的平衡性，相应提高了机体对植物神经和脏器活动的自控能力，如心跳的快慢、血管的舒缩、皮肤温度的升降、代谢水平的高低等。

（四）发展代偿功能

运动疗法是促进和增强人体代偿功能的积极措施，可以最大限度地发展代偿能力，反复训练是发展代偿功能的重要条件。人体产生代偿有以下三种类型。①无须特殊训练或适应，自发形成代偿。如将一侧肾脏切除后，对侧肾脏即自动调整，承担全身的排泄功能。②可自动调整形成部分代偿，但尚需进一步锻炼才能完善其代偿功能。如肺切除术后进行专门的呼吸锻炼，可以使余肺膨胀完全，补偿被切除肺叶的呼吸功能；又如肋间神经麻痹后虽然可以用横膈呼吸来代偿，但通过有步骤的膈肌和腹肌锻炼，可以使代偿更为充分。③需要通过有规律的锻炼才能形成代偿。如偏瘫、截瘫或肢体残缺后的功能恢复。对于因伤病丧失或损害一定解剖结构，无法恢复原有功能者，可以通过合适的反复训练，发挥未受损器官或肢体的代偿作用或受损器官的储备能力，或者促使形成新的条件反射和运动模式，掌握新的运动技巧，使有关功能得到最大程度的改善和代偿。

（五）调节精神、心理状态

运动对精神、心理状态有较大的影响。运动可以改善人们的情绪，积极的情绪又可以增强运动能力。对患者来说，由于疾病的影响和对疾病有不正确的理解，患者常对治疗丧失信心，极易产生精神抑郁、悲观、失望等。这些“负性”情绪，常常可以使大脑皮层活动受到抑制，进一步削弱人体的功能。通过实施运动疗法，患者积极主动地锻炼，可以打断其“负性”情绪与躯体器官功能紊乱之间的恶性循环，而且运动中的欢娱喜悦和胜利感又可以进一步冲散“负性”情绪，从而扭转上述的消极影响。这是因为运动可以反射性引起皮质和丘脑包括下丘脑部位兴奋性提高，而下丘脑是调节内脏、内分泌活动的较高级中枢，对躯干活动亦有调节作用。下丘脑还有“愉快中枢”，因此可以产生良好、愉快的情绪，并通过交感神经产生营养性影响，改变机体物质代谢过程。当患者看到自己参加运动并从中获益时，常常能对治疗恢复信心，有助于疾病的康复。

六、运动疗法的基本运动类型

运动疗法的方法手段很多，但其共同点是必须通过身体某些部位的肌肉收缩和关节运动来完成。因此可以按照肌肉收缩的形式和肌肉用力的程度分为几个基本类型。

（一）按肌肉收缩形式分类

肌肉生理收缩包括等张收缩（isotonic contraction）和等长收缩（isometric contraction）两大形式。

1. 等张练习（isotonic exercise）

等张练习是利用肌肉等张收缩进行的练习。等张收缩是指肌肉收缩时肌张力基本恒定，但肌肉本身发生缩短或伸长而引起明显的关节运动，故等张练习又称为动力性练习（dynamic exercise）。等张收缩时，根据其肌肉缩短和伸长的情况，又可以分为向心收缩（concentric contraction）和离心收缩（eccentric contraction）。向心收缩时肌肉的起、止点相互靠近，肌肉缩短，上楼梯时股四头肌的收缩形式即为此类收缩。离心收缩时肌肉的起、止点相互远离，肌肉被动伸长，下楼梯时股四头肌的收缩形式即为此类收缩，它的主要作用是使动作的快慢或肢体下落的速度得到控制。

在运动疗法中，等张练习应用最多，是大多数练习方法的基本形式。等张练习可以增强全关节活动范围内的肌力；可以改善肌肉运动的神经控制；改善局部血液、淋巴循环，改善关节软骨营养。但不宜用于有关节挛缩、关节内伤病、运动时疼痛者。

2. 等长练习（isometric exercise）

等长练习是利用肌肉等长收缩进行的练习。等长收缩是肌力与阻力相等时的一种收缩形式，肌肉收缩时肌张力增加，但肌肉长度基本不变，不产生关节运动，故等长练习又称为静力性练习（static exercise）。在日常生活和工作中，等长收缩常用于维持人体特定的体位和姿势。

不同的肌肉收缩形式产生不同的力量，其中离心收缩过程产生的肌力最大，其次为等长收缩，最小的为向心收缩。

在运动疗法中，等长练习是增强肌力的有效方法。此外，在关节不能或不宜运动时，例如关节被石膏管型固定或夹板固定，或关节有损伤、炎症和肿胀等情况，关节活动过程中有明显疼痛时，常采用等长练习进行肌肉的静力性收缩，具有防治肌肉萎缩、消除肿胀、刺激肌肉肌腱本体感受器的作用。但由于缺乏关节活动，对改善肌肉的神经控制作用较少，主要用于增强静态肌力。

（二）按肌肉用力程度分类

根据运动完成过程中肌肉用力程度的情况，可以将运动分为被动运动、助力运动、主动运动、抗阻运动、牵伸运动五类。

不论是助力，还是阻力，其“力”可以来自治疗师、患者的健肢、重力/地心引力、器械及水的浮力或阻力等。运动方向与重力方向相同，重力起助力作用；运动方向与重力方向相反，重力起阻力作用；运动方向与重力垂直（即在水平面内运动），可以避免重力作用。

1. 被动运动（passive movement）

被动运动是指完全依靠外力帮助来完成的运动。这种运动通常是由治疗师徒手或借助器械来施行，也可以由患者用健肢来进行。

被动运动多适用于机体肌肉瘫痪或肌力极弱的情况，关节功能障碍，以及需要保持关节活动度但又不宜进行主动运动的情况。被动运动使关节在其活动范围内运动，同时牵伸相应的肌肉、肌腱、韧带、关节囊等软组织，因而能防治挛缩与粘连，维持与恢复正常的关节活动度，恢复软组织弹性，保持肌肉的静止长度，牵拉缩短的肌肉。被动运动使肢体反复屈伸，能改善血液循环，也有助于防止或消除肢体肿胀。对于瘫痪肢体，被动运动还有助于增强本体感觉，刺激屈肌反射，放松痉挛肌肉，为进行主动运动做准备。

进行被动运动时，必须遵循以下几项要求。

（1）患者应处于舒适或自然体位，肢体充分放松，并对肢体不参与活动的部分适当给予支托。

（2）确定进行被动运动的顺序。对瘫痪患者常从肢体的近端至远端进行被动运动，而从肢体的远端至近端进行的被动运动，则常用于促进肢体血液、淋巴回流，改善血液循环。

（3）固定好要活动关节的近端肢体，远端肢体则全由治疗师支持，使活动充分自由。

（4）固定或抓握肢体的手应尽可能靠近关节，在被动运动过程中可以对关节稍加牵拉，活动最后应对关节稍加挤压。

（5）被动运动的动作应缓慢、柔和、平稳，有节奏地进行，活动范围逐步扩大，避免冲击性动作，切忌暴力，以免造成新的损伤或引起反射性痉挛。

（6）操作一般应在无痛范围内进行。用于增大关节活动度的被动运动，进行时可能出现酸痛或轻微疼痛，但以能从容忍受，不引起肌肉反射性痉挛或事后持久疼痛为度。

2. 助力运动（assistive movement）

助力运动是指在外力的辅助下，患者通过主动收缩肌肉来完成的运动。辅助力由治疗师、患者的健肢提供，亦可以利用器械、引力或水的浮力来帮助完成。

助力运动常用于肌力较弱、尚不能抵抗肢体的重量或对抗地心引力独立自主完成运动的情况，以逐步增强肌力和改善肢体功能，建立起协调动作的模式，帮助有关节活动功能障碍的患者加大关节活动度。一般当肌力恢复到 2 级时，应开始进行助力运动。也可以用于因疼痛或身体虚弱而不宜进行主动运动的情况，使柔和的锻炼得以完成。助力运动是介于主动运动和被动运动之间的一种运动，是从被动运动向主动运动过渡的一种形式。

进行助力运动时，应使患者明确要以主动用力为主，要做出最大努力来参与运动，任何时候都只应给予完成动作所必须的最小助力，尽量避免以助力代替主动用力，并且应随着病情的好转而逐步减少助力成分，锻炼时还要防止其他肌肉的代偿动作。

3. 主动运动（active movement）

主动运动是在既不施加外力辅助，也不给予任何阻力的情况下，由患者通过主动收缩肌肉来完成的运动。

主动运动主要适用于患者肌肉力量较弱，虽然能够抵抗肢体的重量或对抗地心引力移动肢体，但尚不能对抗任何额外阻力的情况。一般当患者肌力达到 3 级以上时，可以开始进行主动运动。主动运动的作用主要在于增强肌力、改善关节活动度、改善肢体功能，并通过运动改善心肺功能，进而改善全身机能。

4. 抗阻运动（resistive movement）

抗阻运动是指在肌肉收缩过程中，需要克服外来阻力才能完成的运动。这种运动通常是在治疗师用手或利用器械/水对人体施加阻力的情况下完成的。

抗阻运动主要适用于患者肌肉力量不但能够抵抗肢体的重量或对抗地心引力运动，而且能够对抗其他阻力的情况。当患者肌力达到 4 级或 5 级时，可以进行抗阻运动。抗阻运动能有效地增强肌力，并使肌纤维增粗，可以用于恢复肌肉力量与形态。

抗阻运动中的阻力可以由人施加，其优点是便于调节阻力的大小，并且在动作进行过程中可以做到使阻力合理地逐渐增加与逐渐减少。阻力也可以由重物或器械提供，例如使用砂袋、哑铃、橡皮带、弹簧装置、悬吊装置、大型健身器械等。阻力通常加在肢体的远端，这样，较少的力量即可产生较大的力矩。进行抗阻运动时应注意施加的阻力大小要适当，要有足够的阻力，但阻力不要大到阻止患者完成活动或出现代偿运动。

5. 牵伸运动（stretching movement）

牵伸运动是用被动或主动的方法，对身体局部进行强力牵拉的活动。被动牵伸时，牵引力由治疗师或器械提供；主动牵伸时，牵引力由拮抗肌群的收缩来提供。

牵伸运动主要适用于软组织病变所致的关节挛缩，以及治疗组织压迫性疾患，缓解疼痛。牵伸运动的作用主要在于恢复或缓解因软组织弹性丧失而引起的肢体活动范围受限；通过牵拉减轻对某些局部组织的压迫。

第二节　医疗体操

一、医疗体操概述

（一）医疗体操的概念

医疗体操（medical gymnastics）是根据伤病情况，为达到预防、治疗和康复的目的而专门编排的体操运动及功能练习，由徒手或使用轻器械的体操动作组成。

（二）医疗体操的特点

医疗体操是运动疗法的主要方式之一，它具有以下特点和优点。

1. 针对性强

医疗体操按照伤病情况编排体操动作，因而可以根据各种伤病的性质与病情有针对性地选择运动方式和内容，既可以作用于全身，又可以作用于局部，根据需要还可以直接作用于某一肌群或某一关节，重点作用部位比较明确。

2. 动作和方法灵活多样

医疗体操中的准备姿势、活动部位、运动方向、运动幅度、运动速度、运动的复杂性和肌肉收缩程度等，都可以根据需要来选择，动作和方法灵活多样，能因人而异、因病而异地进行治疗。同时，动作多样化也有助于提高患者的情绪，取得更好的锻炼效果。

3. 运动量容易控制和调节

医疗体操根据伤病的情况，可以选择不同的运动强度、动作幅度、持续时间和重复次数等，便于控制和调节运动量。

4. 可发展多种身体素质

根据不同方法编排的医疗体操，可以分别发展力量、耐力、速度、协调、平衡、柔韧和灵敏等不同的身体素质，适应运动疗法的不同目的。

（三）医疗体操的应用

医疗体操适应证广，效果显著，尤其在运动系统伤病、神经系统疾病、以及某些呼吸道和消化道疾病的治疗中，它是运动疗法的首选方式。

医疗体操可以在各种体位下进行。常用基本体位有卧位（仰卧位、俯卧位、侧卧位）、坐位（普通坐位、伸腿坐位、骑坐位、放松坐位）和立位（直立位、开立位），有些练习需要在特殊的体位例如跪位、悬垂位进行。练习时可以根据患者的体力情况和练习的性质选用适当的体位。

为了指导患者进行治疗，应编写出医疗体操方案（或综合练习图表），以便按照方案由治疗师指导患者进行练习或方便患者进行自我锻炼。在确定锻炼内容时，应综合考虑锻炼目的，患者的年龄、性别、全身健康状况，伤病及功能障碍的情况，主观愿望及客观条件等方面。编写医疗体操方案时应把每节操的准备姿势、动作内容、重复次数、完成组数、次或组间隔、每天/每周练习次数、注意事项等都明确列出。

（四）医疗体操的种类

医疗体操的方式方法很多，可以按作用和用途分为各种类型的练习，其中关节活动度练习、肌力练习、呼吸练习、平衡练习、协调性练习、放松练习是应用最多的几种。

二、关节活动度练习

（一）概　念

关节活动是沿着3个相互垂直的运动轴进行的，主要包括前屈－后伸、内收－外展、内旋－外旋等。关节活动度（range of motion，ROM）是指人体的各个关节围绕各运动轴活动时在其相应平面上的最大活动范围。因此各关节都有其关节活动度的正常值。

用以维持和恢复关节活动度的练习，即称为关节活动度练习（range of motion exercise），简称ROM练习。

（二）基本原理

人体的运动功能与关节、肌肉、韧带的灵活性和柔韧性有着密切的关系。关节、关节囊、韧带、肌肉等组织每天多次全范围的正常活动，维持了关节和软组织的运动功能。在疾病或创伤的情况下，由于关节、软组织、骨骼病损所致骨关节形态的破坏以及疼痛与肌肉痉挛；或者制动、长期保护性痉挛、肌力不平衡及慢性不良姿势等所致的软组织缩短与挛缩；或者关节周围软组织疤痕与粘连；或者各种病损所致的肌肉瘫痪或无力等因素，常导致关节活动度受限，甚至发生关节僵硬。关节活动度练习就是应用各种主动或被动的方法，通过合适的功能锻炼防止关节挛缩和粘连形成，恢复并维持正常的关节活动度，广泛用于能引起关节挛缩僵硬的伤病。

（三）关节活动度练习方法

为了达到维持正常关节活动度的目的，每天应运动或活动关节1～2次，每次让所有的关节至少做3次全关节活动范围的运动。一般认为，医疗体操最初由治疗师来实施，在教会患者合适的步骤之后，可以让患者自己练习。如果患者身体虚弱或肢体有些疼痛，练习时可以给些助力，使动作达到关节运动的全范围。如果关节存在炎症或疼痛，则局部炎症与疼痛越重，动作越要轻柔，切不可强迫运动以免引起剧痛。

如果肢体关节已有功能障碍，采用关节活动度练习进行功能锻炼是恢复或改善关节活动度的主要手段和方法，但其效果要比未发生功能障碍时维持关节活动度要困难得多，为此要不懈努力。练习时，动作幅度要达到现有的最大可能范围，并在达到时再稍用力，力求稍微超过，而且在此位置上稍稍停留，然后还原再做。为了保证锻炼的效果，动作节奏不要太快，重复次数要多，并且每天要多次进行锻炼，只有这样才能积累训练效应，逐渐增加关节的活动范围，逐步恢复正常或达到最大程度的改善。

关节活动度练习时力量要适度，不可引起显著疼痛；练习后次日不应有症状加重。此外，为了改善软组织的延伸性，在进行功能锻炼之前或锻炼的同时进行热疗，会增强关节活动度练习的效果。

关节活动度练习的具体方法有以下几种。

1. 主动运动

主动运动是功能锻炼的主要形式。当患者能主动运动时，可以针对特定关节编制体操，常采用徒手形式或利用简单的器械如体操棒、肋木等，或应用悬挂装置、绳索滑轮装置等进行锻炼。

用主动运动恢复关节活动度时，动作宜平缓，尽可能达到最大幅度，然后稍加维持。每一动作重复 20～30 次或更多，每天 2～4 次。多轴关节的各方向运动依次进行，如肩关节和髋关节都应包括屈伸、内收和外展、内旋和外旋运动。为了使动作能准确完成，应注意选用适当的体位，并尽可能将肢体近端适当固定。如屈膝或伸髋采用仰卧位，伸膝采用坐位，肩内外旋采用仰卧肩外展屈肘位，屈伸肘采用坐位并将上臂放在桌上等。为了使肌肉较易松弛，亦可以将要活动的肢体置于下垂体位，例如站立位屈体双臂放松下垂，进行下垂摆动练习（pendular swing exercise），逐渐加大摆动范围，这种练习方法对于肩髋等大关节或肢体肌张力较高者尤为适用。

进行主动运动时，由患者根据疼痛感觉控制用力程度，不易引起损伤，故适合早期进行。对早期或轻度关节挛缩效果较好，但对后期较牢固的关节挛缩、粘连作用可能不够理想。

2. 被动运动

对于主动活动有困难的患者，由治疗师或患者自己用健肢协助进行被动运动。被动运动适用于肢体瘫痪特别是伴有肌肉痉挛、关节炎症疼痛明显以及骨折固定后肢体远端肿胀和刚去除固定后尚未适应主动锻炼的患者。对于这些患者在不引起病情加重或不加重疼痛的情况下进行被动的、范围尽可能接近正常最大限度的活动，动作要轻柔、速度要十分缓慢，每日 2 次，每次向各方向活动 3 遍，以维持正常关节活动度或改善其功能障碍。病情缓解后逐渐由被动运动改为助力运动，最后过渡到主动运动。被动运动对减轻肌肉痉挛，松解轻度粘连，消除肿胀，作用显著。

如果患者能自由活动，应以主动锻炼为主，对软组织挛缩和关节僵硬明显者应用被动练习的方法可以加速恢复过程。

3. PNF 练习（proprioceptive neuromuscular facilitation，PNF）

PNF 可译为本体感觉神经肌肉易化法或本体感觉神经肌肉促进法。PNF 练习是利用牵拉肌肉引起反牵张反射，促使痉挛或紧张的肌肉放松，达到加大关节活动度目的的练习。又称为“收缩－放松”（contract－relax）练习。

PNF 练习主要是利用“反牵张反射”（inverse stretch reflex）的原理来提高关节活动度。人体中有两种牵张反射，一种牵张反射发生于肌腹部位的肌梭，当肌肉被牵拉时，肌梭发出信号传入中枢，反射性地引起肌肉收缩，以防止肌肉被过分牵拉而引起损伤。另一种牵张反射发生于肌腹肌腱接点处的腱梭，当肌肉收缩或受到牵拉时，腱梭均会将信号传入中枢，反射性地使肌肉放松，又称为“反牵张反射”。反牵张反射的作用是预防因肌肉过度收缩而导致损伤，它是人体的一种自我保护机制。PNF 练习正是利用反牵张反射而使肌肉放松，进而改善关节活动度。

当对抗肌痉挛或不够放松，而明显限制了原动肌的活动时，可以使用 PNF 练习，促使对抗肌放松，加大关节活动度。长期制动会引起关节活动度下降，其原因之一是跨关节的肌肉挛缩，PNF 练习可以有效地缓解肌肉的挛缩，提高关节活动度。在膝关节、肘关节、跟腱等损伤的运动疗法中常用。

PNF 练习的具体操作方法如下：治疗师首先移动患者的肢体达到关节活动度的最大限度，然后由治疗师给予足够大的阻力，令被拉长的肌肉用力对抗阻力，做最大强度的等长收缩，坚持 10s 左右，放松，这时肢体可以很容易地被移动到一个更大的最大限度。重复 3 ~5 次，可有效提高关节活动度。腘绳肌的 PNF 练习如图 8 –1 所示。

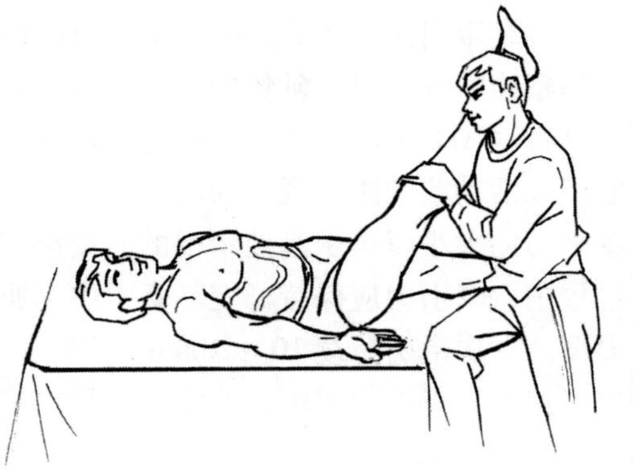

图 8 –1 腘绳肌 PNF 练习

4. 静力性牵张练习（static stretching exercise）

牵张练习又称为伸展练习。静力性牵张练习的要点是，在练习时慢慢牵拉肌肉，当肌肉感到被牵拉时，停止继续拉长，坚持 10 ~30s 后，再放松。静力性牵张练习避免了牵张反射的副作用，练习后发生肌肉损伤的概率低，是改善关节活动度的有效方法。其优点是效果明显，花费时间短。可用于改善因组织粘连或痉挛等引起的各种关节功能障碍。股四头肌、腘绳肌的牵张练习如（图 8 –2、8 –3）所示。

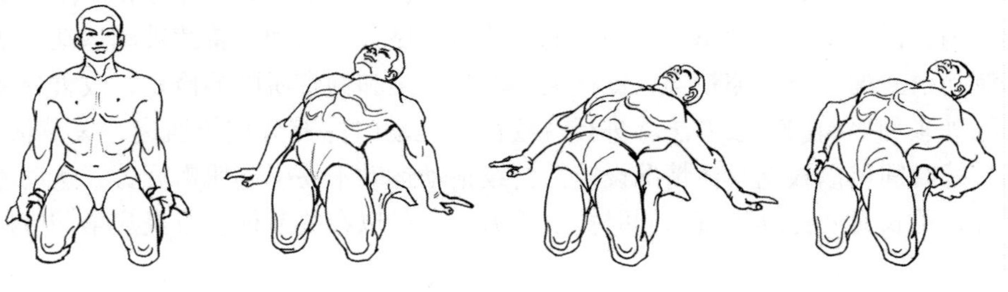

图 8 –2 股四头肌牵张练习

图 8 –3 腘绳肌牵张练习

5. 持续牵引法（continuous traction）

持续牵引法是按需要扩大活动范围的关节运动方向做持续一定时间的重力牵引，使挛缩和粘连的纤维组织延伸而恢复功能。持续牵引一般在按照牵引部位设计制作的专门器械上进行（图 8－4），因其牵引力稳定可控，一般不至于引起新的损伤。对于已出现紧缩的肌肉和活动范围刚出现受限的关节功能恢复效果明显。牵引应在完全松弛的状态下进行，牵引力的大小以可引起被牵引的肌肉出现紧张或疼痛的感觉，但尚可以忍受为宜；在牵引过程中，牵引力应保持稳定。牵引中当肌肉紧张、疼痛感觉稍缓解时，应及时加大牵引的力度。一次牵引持续 10～20min，不同关节和不同方向的牵引可依次进行，每天进行 1～2 次。持续牵引的同时配合热疗，效果更好。

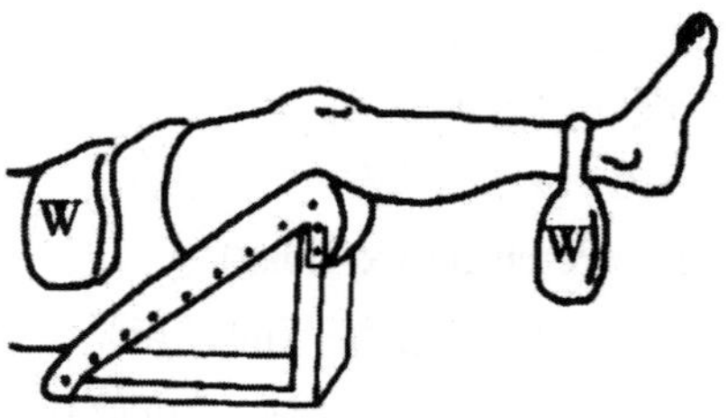

图 8－4　屈膝持续牵引器械

6. 持续被动运动（continuous passive motion，CPM）

持续被动运动是利用专门的仪器（图 8－5）带动有功能障碍的关节，在一定的关节活动幅度内，以一定的运动速度、一定的持续时间做被动活动。持续被动运动是防治关节伤病和制动引起的关节挛缩粘连，促进关节软骨再生和韧带肌腱的修复，改善局部血液循环、消除肿胀和疼痛的有效方法。进行持续被动运动时应充分放松肌肉，关节活动幅度、速度和持续时间可以根据具体情况设定。持续被动运动不易引起肌肉疲劳，运动缓慢、稳定、可控，可长时间持续进行，同时关节受力小，可以在关节损伤或炎症早期应用而不引起损害。

图 8－5　下肢 CPM 装置

7. 水中运动

在水中活动肢体，利用水的浮力支持肢体的重量，可以获得较大的关节活动度。同时水还可以起到理疗的作用。

三、肌力练习

（一）概　念

肌力练习（muscle strength exercise）是一种用于维持和发展肌肉功能的专门性练习方法，也称为力量练习。用于各种原因引起的肌肉萎缩无力，包括因伤病固定肢体或长期卧床所致的肌肉废用性萎缩和骨关节周围神经损伤所致的肌肉软弱或轻瘫等。尤其对运动损伤后的肌肉功能恢复尤为重要。

（二）基本原理

肌力练习的基本原理是根据“超量恢复”的规律，肌肉或肌群做适当的练习后，可以使肌肉产生适度的疲劳，在休息过程中，肌肉经过恢复阶段可以达到超量恢复阶段，然后又回到运动前状态。如果在超量恢复阶段进行下一次练习，可以保持超量恢复不消退，并逐步积累。通过反复的肌肉练习可以使肌肉肥大、肌力增强。

（三）肌力练习方法

增强肌力的具体方法很多，一般采用抗阻法或负重法。通常在肌力较弱时，采用人力作为阻力以提供负荷。当肌力达到足够抵抗重力或能够进行抗阻力运动时，才能应用哑铃、砂袋、特制的重靴或专门器械来进行练习。训练方法的选择应根据功能的需要和训练的可能性，所采用的负荷量、肌肉收缩的类型、完成动作的速度和重复次数等都要适当，并应注意避免发生不良反应。常用的负重抗阻力练习方法如下。

1. 渐进抗阻练习（progressive resistance exercise）

渐进抗阻练习是一种利用抗阻等张收缩来增强肌力的训练方法。这种方法是以逐渐增加阻力的方式进行练习，肌肉工作能力改善的同时其负荷量也随之增加。这种练习方法对增强肌肉力量和力量耐力均有效。

（1）Delorme 法

在进行渐进抗阻练习前，首先测定待训练肌群连续 10 次等张收缩所能承受的最大负荷，称为 10RM 值（10 - repetition maximum），然后依次采用 1/2 10RM、3/4 10RM、10RM 值作为运动负荷，做 3 组各 10 次的等张练习，各组间休息 1min。前两组作为准备活动，第三组是主要练习。一般要求完成一次动作的时间为 3 ~ 6s，举起时用 1 ~ 2s，放下时用 2 ~ 4s。即“快起慢放”，慢放时肌肉进行小负荷的离心收缩练习。每周重新测定一次 10RM 值，并相应地调整练习时的实际负荷量，使其随着肌力的增长而增加。需要注意的是，在进行渐进抗阻练习之前，一定要做好准备活动。

（2）Oxford 法

同 Delorme 法，但将 3 组练习的负荷顺序颠倒，依次采用 10RM、3/4 10RM、1/2 10RM 值作为 3 组练习的负荷。

2. 短促等长练习（brief isometric exercise）

短促等长练习是一种利用抗阻等长收缩来增强肌力的训练方法。这种方法对增强肌肉力量和力量耐力均有效。

短促等长练习的具体做法是取受训练肌群能耐受的最大负荷，使受训练肌群在此最大负荷下做等长收缩，每次持续6s，重复20次，每次间隔20s，每天训练1次。

3. 短促最大负荷练习（brief maximal exercise）

短促最大负荷练习是由Rose提出的一种等张练习和等长练习相结合的肌力练习方法，它是一种发展肌肉力量的有效方法。

短促最大负荷练习是在最大负荷下以等张收缩完成关节运动，并在完成时接着做等长收缩5～6s，然后放松，重复5次，每次增加负荷0.5kg。等长收缩不能维持5～6s者，则不加大负荷。

范振华教授将Delorme法与Rose的短促最大负荷练习结合，设计了一种股四头肌渐进抗阻练习方法。即先测定膝屈曲45°时的等长伸膝肌力，用测得肌力的80%作为起始负荷。每次练习时先用此负荷的1/2做等张抗阻伸膝并维持等长伸膝10s，休息20s；接着用此负荷的3/4重复练习1次，休息20s；最后用全量负荷再练习1次，等张伸膝后维持等长伸膝直至肌肉疲劳。如果最后1次等长伸膝时间超过10s，即适当增加下一次练习的负荷。每次超过则每次增加。此方法对增强股四头肌肌力效果较为显著。

4. 等速练习（isokinetic exercise）

等速练习必须在专门的等速练习器上进行。其基本特点是由仪器限定了肌肉收缩时肢体的运动速度，使受训练的肢体在练习全过程中始终以恒定的角速度进行运动，做到在运动的全过程中每一时刻肌张力都有较大的增加，从而使肌肉得到有效的训练。

等速练习可以同时训练主动肌和拮抗肌；可以提供不同的速度训练，适应日常功能的需要；可以进行等速向心收缩练习及等速离心收缩练习；可以提供反馈信息，进行最大肌力收缩练习及次大收缩练习；可做全幅度及短弧度练习。但等速练习器费用较高，不易普及。

四、呼吸练习

（一）概　念

呼吸练习（breathing exercise）是以呼吸运动为基本内容的练习。呼吸练习广泛应用于各种疾病的早期恢复阶段以及呼吸系统疾病的恢复期。其目的不仅在于增加胸廓活动范围，协调各种呼吸肌的功能，更重要的是增大肺活量，增加吸氧量，改善全身健康状况。

（二）基本原理

在正常情况下以胸腹联合呼吸为基础，但不同性别、年龄各有偏重。男子以下胸式呼吸（或上、下胸式呼吸）、女子以上胸式呼吸、儿童以腹式呼吸多见，老年人则因驼背和胸廓的固定亦以腹式呼吸为主。平静呼吸时通气量大约为500ml，每分钟15～16次，即大约4s完成一次呼吸。因此在进行呼吸练习时，应恰当掌握其节律和时间。如为了增加通气量，则应使节律变慢，但如只是为了扩展局部的胸廓，则不应要求过长时间。因为吸气相主动，呼气相被动，通常要求加强吸气练习。但对于某些患者特别是肺气肿患者，胸廓处于扩张位，患者难以将气呼出，此时应教给呼气练习的方法。

（三）呼吸练习方法

做任何呼吸练习均应规律地进行，例如每日6次，每次做6回呼吸练习，习惯后可逐步增加每次练习次数。呼吸练习最好在饭前进行。无论采用何种呼吸练习方法，都要反复练习，直至达到治疗目的或使呼吸恢复自然为止。在进行呼吸练习时，应避免情绪紧张，选择舒适、放松的体位；避免憋气，同时不可过分减慢呼吸频率，以免诱发呼吸性酸中毒；有痰液阻塞或排痰困难时，采用胸背部叩击的方法，并通过咳嗽动作排出；避免过度疲劳。

常用的呼吸练习方法如下。

1. 腹式呼吸练习法

适用于慢性支气管炎、肺气肿或阻塞性肺疾病患者。患者取卧位或坐位，腹部放松，用双手置于两肋弓下，要求吸气时感知下肋弓向外扩展，同时腹部隆起；呼气时噘唇将气缓慢吹出，同时感知肋弓下沉变小。强调适当深呼吸，以减慢呼吸频率，提高通气效率。

2. 局部呼吸练习法

这是一种在胸部局部加压的呼吸方法，用于增加胸部局部的呼吸能力。通常采用暗示法，可以用患者自己的手，也可以用治疗师的手或其他物体如砂袋、布袋置于局部。吸气时对抗加压的手或其他重物，使局部膨隆；若为布带，则呼气时将布带收紧，吸气时对抗此束紧的布带，扩张局部，同时将布带逐渐松开。

3. 抗阻呼吸练习法

这是一种呼气时施加阻力的训练方法，用于慢性支气管炎、肺气肿或阻塞性肺疾病患者，以适当增加气道阻力，减少或防止气道在呼气时塌陷，从而改善呼气过程，可以采用缩唇呼气（吹笛样呼气）、吹瓶呼吸、吹球囊呼吸和发音呼吸等方法。

五、平衡练习

（一）概　念

平衡是人体在静止或受到外力作用时能够保持姿势稳定的状态，平衡练习（balance exercise）就是恢复和改善机体平衡功能的练习。

（二）基本原理

保持平衡一方面依靠感觉——从外感受器、本体感受器和特殊器官如眼及前庭的整合，另一方面还依靠运动系统和固有姿势反射的整合。在健康人中平衡功能是良好的并且处于下意识维持的状态，因此，平衡练习时除训练患者有意识地、随意地控制平衡外，还应进行下意识地平衡训练。因而要进行静态平衡练习和动态平衡练习。平衡练习不仅适用于患有神经疾患的患者，同样适用于下肢骨折、软组织损伤或手术后的患者。

（三）平衡练习方法

进行平衡练习时应遵循循序渐进的原则，训练由易到难；注意保护患者的安全；注意保持头颈的稳定；施加外力时不要超出患者可调节的力量，只要能诱发姿势反射即可；此外还应注意患者心理状态的调整。

平衡练习可以分为静态平衡练习和动态平衡练习。

1. 静态平衡练习

静态平衡主要依靠肌肉相互协调的等长收缩来维持身体的平衡。静态平衡练习可以在机体的任何一个体位进行，通常采用负荷来刺激姿势反射。静态平衡练习应先从比较稳定的体位开始，然后转变至较不稳定的体位进行。如①前臂支撑俯卧位，②前臂支撑俯卧跪位，③前倾跪位，④跪坐位，⑤半跪位，⑥坐位，⑦站立位（扶平行杠站，独立站，单腿站）。在站立位时，可先睁眼后闭眼进行。

2. 动态平衡练习

动态平衡一是调整肌张力以保持平衡，二是需要调整改变姿势或体位以保持平衡。动态平衡练习应该采用各种体位，支撑面由大到小、重心由低到高，逐步施加外力来提高维持动态平衡的能力。这种外力可以由他人施加，也可以采用各种设施，常用的设施有3种：可摇晃的平衡板（开始用表面较粗糙的板，以后用光滑的板），圆棍（上铺塑料布）及大小不同的充气球。在这些设施上，进行不同体位的平衡练习。任何动态平衡练习均应注意保护，在他人施加外力时还应注意不要施加过强的力。

六、协调性练习

（一）概　念

协调功能是人体自我调节，完成平滑、准确且有控制的随意运动的一种能力。协调性练习（coordination exercise）是恢复平稳、准确、高效的运动能力的锻炼方法。

（二）基本原理

协调性练习是利用残存部分的感觉系统以及利用视觉、听觉和触觉来促进随意运动的控制能力。其本质在于集中注意力，进行反复正确的练习。常用于神经系统和运动系统损伤所致的协调运动障碍，如脑瘫、脑外伤、脑卒中的患者。达到协调的途径是完成正确动作的反复练习。动作要做得尽可能正确；如果患者的协调能力过于低下，无法正确完成动作时，可以暂时不进行此类练习，以避免形成错误的动作模式；如果已经能基本正确地完成动作时，则要反复做，在练习过程中使动作逐渐完善。

（三）协调性练习方法

协调性练习有上肢、下肢和躯干的协调性练习。可在卧位、坐位、站位、步行位和增加负荷的步行中训练。协调性练习时应注意不要过分用力，以避免兴奋扩散，因为兴奋扩散往往要加重动作的不协调，反而得不偿失。

1. 协调性练习应先从卧位练习开始，在熟练掌握要领后再在坐位、站位、步行中进行。

2. 先从简单的单侧动作开始，逐步进行比较复杂的动作。如单双侧同时，上下肢同时，上下肢交替，以至两侧同时但做互不相关的动作，如一侧上肢前举，对侧下垂；一侧上肢侧举对侧前举，一侧上肢上举对侧侧举；或一侧上肢做捶击，对侧上肢做抚摸动作等。

3. 先做大范围和快速的动作，熟练后再做活动范围小的、缓慢动作的练习。

4. 先做睁眼练习后做闭眼练习。

5. 有残疾者，如两侧残疾程度轻重不等，先从轻的一侧开始；如两侧残疾程度相同，则原则上从右侧开始。

以上练习，每个动作重复 3 ~4 次。练习完成后要用相等时间进行休息。所有练习都要在正常可动范围内进行，并注意保护。

七、放松练习

（一）概　念

放松练习（relaxation exercise）是通过运动来放松肌肉和高级神经活动。

（二）放松练习方法

放松练习应在安静、无干扰的环境中进行。常用的肌肉放松练习如下。

1. 渐进放松法

渐进放松法的原理是肌肉强力收缩后，通过诱导可以使同一肌肉产生相同强度的松弛。这一方法也称为对比放松法。一般从远端肌群开始，然后至近端肌群。通常要先使患者反复练习肌肉的收缩和松弛以提高肌肉的感觉，才能使肌肉真正得到松弛。

患者取坐位或卧位，先闭眼安静休息 3 ~4min。训练从一侧肢体开始，再至对侧。如用力握拳、放松；用力屈肘或伸肘、放松；用力外展或外旋肩关节、放松；以后整个上肢一起用力、再放松。下肢和躯干也同此。此时最好同时配合深呼吸，即用力时吸气，放松时呼气。对有高血压患者则在用力时呼气，放松时吸气。以上方法可对重点部位做放松，也可做全身肌肉的放松，对后者则必须伸、屈均放松。在确信已放松后，宜在松弛状态下休息 30min。

2. 交替放松法

交替放松法的原理是拮抗肌可因原动肌的紧张产生相应的负诱导而出现抑制松弛。采用交替放松法时，应使患者处于仍有某些部位紧张但有利于拮抗收缩的体位（坐位或卧位均可），然后收缩，可以消除某些紧张的拮抗肌群，使得紧张的肌群得到松弛。一般从近端肌群开始，然后至远端肌群。

对各部位放松的方法具体如下：①肩部：将您的肩拉向您的脚；②上肢：向外抬起您的上臂，稍稍伸直肘部；③手：张开您的手掌和手指，并置于桌面；④髋：将您的双腿分开；⑤膝：稍伸直您的双腿；⑥脚：将足趾向下屈曲；⑦头：将头后仰靠背；⑧背部/腰部：将背/腰向后压；⑨下颚：不要张嘴，将下颌向下牵拉；⑩呼吸：要求“叹气”，感到腰部在缩小。

第三节　运动处方

一、运动处方的一般原则

（一）运动处方的概念

运动处方（exercise prescription）是由医生、康复治疗师、社会体育指导员或体育工作者，根据患者或健身锻炼者的年龄、性别、健康状况、锻炼经历，以及心血管功能和（或）运动器官的机能水平等，以处方的形式制订的系统化、个性化的锻炼方案。

（二）运动处方的内容

运动处方应包括运动方式、运动强度、持续时间、运动频率四项基本内容。此外，一个完整的运动处方还应包括注意事项。

1. 运动方式（exercise mode）

运动方式即锻炼时应采用的手段和方法。运动方式主要依据实施运动处方的目的来确定。如为提高心肺功能，防治冠心病、高血压、血脂异常、糖尿病、肥胖病等疾病可采用有氧运动，如：（1）走、慢跑、跑、骑自行车、上下楼梯等简单的周期性运动，这类运动的特点是动作简单，技术要求不高，容易掌握，运动强度容易控制，适用于锻炼的初始阶段，特别适用于心肺耐力水平较低的锻炼者；（2）爬山、游泳、划船、滑冰、滑雪、旱冰等技术动作复杂的周期性运动，其运动强度不如上述项目容易控制，适用于具有一定心肺耐力素质基础的人群；（3）球类运动，包括非竞赛性的篮球、排球、足球、羽毛球、乒乓球、网球，适合老年健身的地掷球、门球、柔力球，这类运动属于非周期性运动，其趣味性、娱乐性大大高于周期性运动，但强度变化较大，适用于心肺耐力素质较好、运动水平较高的人群。

也可根据具体的需要来选用有针对性的医疗体操。如为了提高肌肉力量、改善关节活动度，可以进行力量练习、关节活动度练习；呼吸系统疾病患者可以进行呼吸练习；身体发育畸形的患者可以选用矫正体操等。

我国传统体育项目，如气功、舒心平血功、降压舒心操、太极拳、太极剑、木兰拳、木兰扇、五禽戏、八段锦、打腰鼓、扭秧歌等在心血管系统疾病的防治、神经衰弱等疾病的治疗方面有着良好的作用，除可保持、提高心肺功能外，对改善平衡、协调功能，调整心态等都有一定的作用，比较适合于老年人进行健身锻炼。

根据处方目的选择具体的运动方式时，还应考虑到患者的疾病特点以及个人的兴趣、爱好，场地器械是否实际可行等因素。一般应选择有大肌肉群参加、持续时间较长的运动方式，不宜选择负荷过分集中于局部小肌肉群的运动方式。

2. 运动强度（intensity）

运动强度是运动处方中最重要的内容。运动强度制订得是否恰当，关系到锻炼的效果及锻炼者的安全。在有氧运动中，运动强度取决于走或跑的速度、蹬车的功率、爬山时的坡度等。在力量练习和关节活动度练习中，运动强度取决于给予助力或阻力的负荷重量。应根据个人特点，规定锻炼时应达到的有效强度和安全范围。

运动强度常用心率（heart rate，HR）、最大摄氧量（VO_2max）或最大心率（maximum heart rate，MHR 或 HRmax）的百分比及梅脱（MET）来表示。

梅脱是“能量代谢当量”（metabolic equivalent of energy）的英文缩写“MET”的译音。每公斤体重，从事 1 分钟活动，消耗 3.5 毫升的氧气，其运动强度为 1MET。用公式表示为：1MET = 3.5ml/kg/min。1MET 的活动强度，相当于健康成年人坐位安静时的代谢水平，稍高于基础代谢水平（约 3.3ml/kg/min）。这是按照平均体重 70kg、安静时代谢率为 250ml/min 制定的。即 250ml/min ÷ 70kg = 3.57ml/kg/min。梅脱是由摄氧量计算而来的，但其使用较摄氧量更为方便。

制订运动强度时，应先测定最大摄氧量或最大心率。最大摄氧量或最大心率可以通过递增负荷运动试验（graded exercise testing，GXT）测得，最大心率也可以通过公式计算获得，HRmax = 220 − 年龄。根据递增负荷运动试验推测的不同年龄、身体机能水平人群的最大心率值（表 8 − 1）。

表 8 − 1　不同年龄、身体机能人群的预期最大心率（MHR）

年龄	预期最大心率（次/分）		
	低于一般水平	一般水平	高于一般水平
20	201	201	196
21	199	200	196
22	198	199	195
23	197	198	195
24	196	198	194
25	195	197	194
26	194	196	193
27	193	196	193
28	192	195	192
29	191	193	192
30	190	193	191
31	189	193	191
32	188	192	190
33	187	191	189
34	186	191	189
35	184	190	188
36	183	189	188
37	182	189	187
38	181	188	187
39	180	187	186
40	179	186	186

年龄	预期最大心率（次/分）		
	低于一般水平	一般水平	高于一般水平
41	178	186	185
42	177	185	185
43	176	184	184
44	177	184	184
45	174	183	183
46	173	182	183
47	172	181	182
48	171	181	182
49	170	180	181
50	168	179	180
51	167	179	180
52	166	178	179
53	165	177	179
54	164	176	178
55	163	176	178
56	162	175	177
57	161	174	177
58	160	174	176
59	159	173	176
60	158	172	175
61	157	172	175
62	156	171	174
63	155	170	174
64	154	169	173
65	152	169	173
66	151	168	172
67	150	167	171
68	149	167	171
69	148	166	170
70	147	165	170

引自 Douglas B. Mckeag，James L. Moeller. ACSM's Primary Care Sports Medicine. 2nd ed. 2007

锻炼时运动强度的范围应为 50% ~85% VO_2max 或 60% ~90% HRmax（平均水平为 70% HRmax）。50% VO_2max 或 60% HRmax 的强度适用于初参加锻炼者；85% VO_2max 或 90% HRmax 的强度适用于优秀运动员。

在执行运动处方时，靶心率（target heart rate，THR）是掌握锻炼强度简便易行的指标。它是指锻炼者在进行锻炼时所应达到和保持的心率。靶心率是一个心率范围，包括锻炼时应达到最低心率（最低强度）和不宜超过的最高心率（最高强度）。

建议有病患者在锻炼时应每隔 10～15min 监测一次脉搏，可以通过摸颈动脉或桡动脉测定。

3. 运动频率（frequency）

运动频率是指每周锻炼的次数。一般每周锻炼 3～5 次。这一运动频率应是锻炼者能够坚持的，并应被列为锻炼者每日日程表的高优先项目。

4. 持续时间（duration）

即为每次运动的持续时间。推荐每次进行 15～60min 连续的有氧运动。持续时间与运动频率相联系。运动频率只有每周 3 次的锻炼者每次锻炼时需要更长的持续时间，通常应为 45～60min；而运动频率为每周 5～6 次的锻炼者则每次只需运动 15～30min。考虑一下"运动频率×运动强度×持续时间"这一公式，就能获得锻炼安排的粗略方案。需要注意的是，每周锻炼少于 3 次，运动强度小于 50% VO_2max，每次锻炼的持续时间不足 10min，这样的锻炼方案不能够产生锻炼效果。

推荐进行健身锻炼的成年人锻炼时采用中低强度、长持续时间的运动，这样可以获得较好的依从性，并且可以减少运动损伤的发生。

5. 注意事项（special consideration）

为了保证安全，根据锻炼者的具体情况，提出锻炼时应当注意的事项。如锻炼时心率不得超过靶心率；如出现感冒或其他疾病，应立即停止运动，并对症治疗，待完全恢复后再重新开始锻炼；不要在运动后立即进行热水浴，以免引发心源性晕厥；进行肌力练习时注意预防意外事故等。

二、静坐少动人群的运动处方

为静坐少动人群制订运动处方之前应首先进行一系列调查和检查，包括体力活动准备问卷（physical activity readiness questionnaire，PAR－Q）调查、病史调查、临床医学检查、实验室测试。对有多个危险因素和（或）有冠心病症状者应进行固定跑台（treadmill）或功率自行车（bicycle ergometer）递增负荷运动试验（graded exercise testing，GXT），以测定其功能能力（functional capacity，F. C. ）水平。强烈推荐健康的受试者也应进行次大强度运动负荷试验来测定其功能能力（F. C. ）水平。功能能力（F. C. ）是指机体在尽力活动时，所能达到的最大 MET 值。对一般健康人来说，F. C. 相当于与最大吸氧量相应的 MET 值。

患者有以下情况时在进行递增负荷运动试验时应严密监测。

①近期心梗或冠状动脉搭桥术后

②安装有心脏起搏器

③服用影响心肌收缩速率或心肌收缩力的药物

④病态肥胖合并多个心血管疾病危险因素

⑤安静时有 ST 段下降

⑥严重的高血压

⑦间歇性跛行

（一）运动强度

确定运动强度是制订运动处方的关键。较低的运动强度就可以使体质差的个体的功能能力（F. C.）得到改善，而体质好的个体则要求较高的运动强度来提高其功能能力。运动强度可以用最大心率的百分数（% HRmax）、心率储备（heart rate reserve，HRR）、梅脱（MET）来表示。制订运动处方时，运动强度应从较低的水平开始，随着身体机能的提高逐渐增加。

1. 根据心率确定运动强度

由于心率与摄氧量之间有着明显的线性关系，因此常用心率来确定运动强度。在运动处方中，靶心率（THR）是控制运动强度简单易行的指标。

（1）最大心率百分比（% HRmax）法

此法根据心率与最大摄氧量之间直线相关来确定最大心率（HRmax），运动强度以最大心率的百分数（% HRmax）来表示。

最大心率可通过公式计算获得，HRmax = 220 - 年龄。

THR = （60% ~80%） × HRmax。

即以 60% ~80% 的 HRmax 作为锻炼时的运动强度，这一强度大约相当于 60% ~80% 的功能能力（F. C.）水平。根据上述公式获得的预期最大心率与根据运动负荷试验结果获得的实际最大心率可能有 ±15 次/分的偏差。

（2）心率储备（heart rate reserve，HRR）法

心率储备等于最大心率减去安静心率，即 HRR = HRmax - HRrest。

THR = （60% ~85%） × HRR + HRrest。

即以 60% ~85% 的 HRR 作为锻炼时的运动强度，这一强度大约相当于 60% ~85% HRmax 水平。心率储备法又称为 Karvonen 法，它考虑了锻炼者安静心率的差异，因而较最大心率百分比法更具有优势。

2. 以梅脱（MET）表示运动强度

对通过运动负荷试验测定了功能能力（F. C.）水平的锻炼者，运动强度可以用 MET 来表示。这种方法适用于已知其相应 MET 水平的活动项目（表 8 -2）。

一般以 60% ~85% 功能能力（F. C.）相应的 MET 值作为锻炼时的运动强度。平均运动强度可按如下公式计算：平均运动强度 = [（F. C. ×60） + F. C.］/100。

因为 1MET = 4. 2kJ/kg/h，所以可以确定每阶段运动的能量消耗水平（1kcal = 4. 18kJ）。

（二）持续时间

运动应持续足够长的时间才能使能量消耗至少增加 1200kJ 或 287kcal。虽然短时间（5 ~10min）高强度（90% ~95% F. C.）运动即可增强心血管功能。但高强度运动的依从性较差，而且与较高的肌肉、骨骼损伤发病率相关联。故运动强度不易过大。对于大多数锻炼者，理想的持续时间是以中等强度进行 20 ~60min 连续的有氧运动。随着心肺耐力的提高，运动持续时间应从最初的 15 ~20min 逐渐延长。由于脂肪的利用在进行中低强度运动约 20min 后才显著增强，因而长时间的有氧运动更有利于减少体内脂肪。

表8-2 不同休闲活动的梅脱值

运动强度（标准体重为70kg）	活动项目
1.5～2 METs 4～7 ml/kg/min 2～2.5 kcal/min	站立，慢走（1 mph或1.6 km/h），乘飞机飞行，摩托车，打牌，缝纫，编织
2～3 METs 7～11 ml/kg/min 2.5～4 kcal/min	平地行走（2 mph或3.2 km/h），平地自行车（5 mph或8.0 km/h），皮划艇，保龄球，台球，双向飞碟射击，沙壶球，驾驶摩托艇，高尔夫球（电瓶车），骑马行走
3～4 METs 11～14 ml/kg/min 4～5 kcal/min	步行（3 mph或4.8 km/h），自行车（6 mph或9.7 km/h），钓鱼（岸边钓），掷马蹄铁，射箭，帆船，排球（6人，非比赛），高尔夫球（手推车），羽毛球双打（非竞技），骑马小跑
4～5 METs 14～18 ml/kg/min 5～6 kcal/min	步行（3.5 mph或5.6 km/h），自行车（8 mph或12.9 km/h），高尔夫球（背包走），乒乓球，羽毛球（单打），网球（双打），跳舞（狐步舞），多种柔软体操，芭蕾舞
5～6 METs 18～21 ml/kg/min 6～7 kcal/min	步行（4 mph或6.4 km/h），自行车（10 mph或16.1 km/h），皮划艇（4 mph或6.4 km/h），钓鱼（溪流中），滑冰或轮滑，骑马快跑
6～7 METs 21～25 ml/kg/min 7～8 kcal/min	步行（5 mph或8.0 km/h），自行车（11 mph或17.7 km/h），羽毛球（比赛），网球（单打），民族舞和方块舞，小强度滑降，滑水，滑雪（2.5 mph或4 km/h），游泳（20 yd/min或18.3 m/min）
7～8 METs 25～28 ml/kg/min 8～10 kcal/min	慢跑（5 mph或8.0 km/h），自行车（12 mph或19.3 km/h），皮划艇（5 mph或8.0 km/h），篮球，冰球，触身式橄榄球，板拍式墙球，大强度滑降，爬山，骑马疾驰
8～9 METs 28～32 ml/kg/min 10～11 kcal/min	跑步（5.5 mph或8.9 km/h），自行车（13 mph或20.9 km/h），壁球（非竞技），手球（非竞技），击剑，篮球（大强度），跳绳，滑雪（4 mph或6.4 km/h），游泳（30 yd/min或27.4 m/min）
≥10 METs ≥32 ml/kg/min ≥11 kcal/min	跑步（6 mph或9.7 km/h=10 METs，7 mph或11.3 km/h=11.5 METs，8 mph或12.9 km/h=13.5 METs，9 mph或14.5 km/h=15 METs，10 mph或16.1 km/h=17 METs），手球（比赛），壁球（比赛），滑雪（≥5 mph或8.0 km/h），游泳（>40 yd/min或36.6 m/min）

引自 Douglas B. Mckeag，James L. Moeller. ACSM's Primary Care Sports Medicine. 2nd ed. 2007

（三）运动频率

每周运动2次是提高有氧能力的阈值，但运动强度应相对较高才能见效。故推荐成年人的最小运动频率是每周3次。对初参加锻炼的人群而言，这是一个最适宜的运动频率。

这样机体有足够的休息时间，并有助于预防肌肉骨骼劳损综合征。但肥胖的成年人或功能能力水平较低的人群（F. C. <3METs）应采用每次运动5min，每天运动多次的方式。随着功能能力（F. C.）的提高，可改为每天运动1~2次，每次运动时间相应延长。

随着机体功能能力（F. C.）的提高，运动频率可增加为每周3~4天或更多。每周运动5天已足够使机体达到最佳机能水平。使运动频率从每周3天逐渐增加为每周5天需要4周的过渡时间，其中每周剧烈运动的次数不应超过3次。每周运动7天并不能进一步提高有氧能力，而且会引起劳损性病变。但这一基本规则并不适用于肥胖的成年人，他们需要每天进行低强度的运动以达到能量消耗目标从而减少身体脂肪。

等张抗阻练习或其他的力量练习应与有氧运动相结合，而且每周练习次数不应超过2~3次。抗阻练习之后需要较长的恢复期，因此两次锻炼之间需要足够的休息时间。每次锻炼应安排有主要肌群参与活动的8~10个练习，每个练习重复8~12次。

（四）运动方式

设计任何运动处方都应考虑下述因素：心肺耐力、身体成分、柔韧、肌肉力量，以及耐力。

老年人能够功能独立的关键因素是他/她有能力在无需帮助的情况下独立完成各项活动。与肥胖、心肺机能和肌肉功能恶化的老年人相比，那些具有较好的心肺机能和体成分的老年人更易于将上述能力保持的时间更长。因此，对老年人而言，首选的有氧运动方式是有大肌肉群参加的、有节律的、持续性运动。

不同的运动方式对心率的影响不同，故选择运动方式时应考虑每项运动的能量消耗水平（表8-2）。有氧运动是常用的运动方式。慢跑、跑、游泳、骑自行车、越野滑雪可产生相似的心血管训练效果，而且具有运动强度和持续时间易于控制的特点。步行、慢跑/跑更适用于锻炼的初始阶段。考虑到在道路上骑自行车时有一定的危险，身体机能水平较低的人群更适合进行骑固定自行车（骑功率自行车）这项运动。低强度运动如高尔夫、保龄球、射箭对心血管系统的刺激很小，因为运动中的心率很少能超过100次/分。跳绳运动比较流行，但因为运动中的心率过高，故不能用于限制运动强度的人群。

柔韧性练习和柔软体操应用于准备活动和整理活动阶段，动作应柔和缓慢，尽量使用其中的静力性牵张手法（达到和保持）。

持续的等长抗阻练习和大负荷动力性抗阻练习不适用于身体机能水平低下、高血压、有心血管疾病危险的人群及冠心病患者。这类运动基本上不能引起VO_2max的改善。力量练习应有足够大的强度来增强肌力或肌肉耐力，但同时也应将肌肉骨骼损伤的危险性降低到最小，并且不引起明显的血压升高。因此，应采用小负荷、多重复次数、没有憋气动作的力量练习。

所有的运动部分均应包括准备活动、训练阶段、整理活动三个部分。准备活动一般持续5~10min，活动内容可采用柔软体操、牵张练习（伸展练习）、慢跑或步行。训练阶段应按运动处方中规定的运动方式运动，并应达到相应的运动强度和持续时间。整理活动一般持续5~10min，活动内容与准备活动相似。不要突然停止运动，否则可能导致眩晕、晕厥、恶心呕吐或心肌缺血。热水浴、桑拿浴、蒸气浴、涡流浴应在良好的整理活动之后进行，但冠心病患者禁忌使用。

（五）运动处方的实施

1. 监测运动

摸颈动脉或桡动脉脉搏是最简便易行的监测运动强度的方法，并可反映运动进程。使用遥测心率仪是更精确的监测方法。测桡动脉脉搏可避免由于用力按压颈动脉而引起的反射性低血压。运动中监测时，只需测定 10 秒的脉搏，将测得的数值乘以 6，就可以得到 1 分钟的心率。运动后脉搏的测定应在运动结束后立刻进行，因为运动结束后心率下降得非常快，同样只需测定 10 秒的脉搏。

2. 运动处方的实施阶段

在运动处方实施过程中，应随着心血管机能的提高而增加运动强度、运动频率和持续时间。但由于不同运动处方的差异和锻炼者的个体差异，很难预测运动处方的进展阶段。美国运动医学会（American College of Sports Medicine，ACSM）提出可将运动处方的实施过程分为三个阶段，此三阶段的划分有利于锻炼者达到其最佳机能水平，并可尽量减少肌肉骨骼损伤的危险。

（1）初始阶段

开始锻炼的前 5 周一般属于初始阶段。初始阶段应采用牵张练习（伸展练习）、小强度的医疗体操和低强度（60% F. C.）的有氧运动。这些运动不会产生令锻炼者沮丧的明显的不舒适。在初始阶段每次有氧运动应持续约 12～15min，然后逐渐增加。第 1 周每次锻炼时的能量消耗应达到 800kJ（约 200kcal），到初始阶段末，每次锻炼时的能量消耗应达到 1200kJ（约 300kcal）。

当锻炼者进行相同强度的有氧运动时心率降低了 3～8 次/分，运动时自动加快了慢跑或步行的速度，或运动负荷试验显示功能能力（F. C.）水平提高时，即可进入提高阶段。

（2）提高阶段

第 6～27 周属于提高阶段。运动持续时间逐渐延长，运动强度逐渐从 60% F. C. 提高到 70%～85% F. C.。在此阶段，锻炼者的身体机能不断提高。如果锻炼者的功能能力（F. C.）水平很低，则走跑交替可作为运动方式从步行到慢跑转变期间的过渡方式。

（3）维持阶段

锻炼持续 6 个月后进入维持阶段。在此阶段，锻炼者的运动强度维持在 70%～85% F. C. 水平，每次运动的持续时间至少为 45～60min，每周锻炼 4～5 次。在此阶段可增加其他运动方式，以提高锻炼者的依从性和减少肌肉骨骼劳损的发生。

三、单纯性肥胖的运动处方

肥胖（obesity）是遗传和环境因素相互作用引起的体内脂肪堆积过多和（或）分布异常、体重增加所致的慢性代谢性疾病。遗传因素、高热能、高脂饮食、体力活动少是肥胖的主要原因。肥胖是高血压、冠心病、2 型糖尿病、血脂异常、胆囊炎、胆石症、骨关节疾病以及某些癌症的重要诱因或重要危险因素。肥胖常与 2 型糖尿病、高血压、血脂异常等集结出现，称为代谢综合征（metabolic syndrome，MS）。

肥胖按病因可以分为原发性肥胖（又称单纯性肥胖）和继发性肥胖两种类型。单纯性肥胖是指在一定的遗传易感背景下，不良的饮食习惯（摄食过多）以及静坐少动的生活方式引起热能摄入明显多于消耗的热能平衡失调所致的脂肪积聚、体重增加。继发性肥胖是由明确病因引起的肥胖，如下丘脑或垂体的炎症、肿瘤、创伤，皮质醇增多、甲状腺功能减退、性腺功能减退等导致的肥胖。在整个肥胖人群中所占的比例不到5%。按体内脂肪分布的部位，肥胖可以分为全身性肥胖、腹部肥胖和臀部肥胖三种。全身性肥胖的人，脂肪在体内的分布比较均匀；腹部肥胖的人脂肪主要沉积在腹部的皮下和腹腔内，因此又称为向心型肥胖、中心性肥胖，其发生心血管疾病的危险性较高；臀部肥胖的人脂肪主要沉积在臀部和大腿，又称为外周性肥胖，其发生心血管疾病的危险性低于腹部肥胖。

全世界有近3亿人肥胖，约10亿人超重。在美国，约一半的成人体质指数（BMI）≥25kg/m^2，每4个成年人中就有1个肥胖者。我国肥胖的患病率也迅速增加。据调查，我国目前20岁以上的肥胖患者达2000万人，超重者不低于1.5亿人。

（一）适应证

单纯性肥胖患者。常用的肥胖诊断指标有标准体重、体质指数（body mass index，BMI）、腰围（waist circumference，WC）和体脂%。

一般以体重超过标准体重的10%为超重，超过20%为肥胖。WHO提出BMI≥25kg/m^{2}为超重，BMI≥30kg/m^{2}为肥胖；男性WC>94cm，女性WC>80cm为肥胖。中国肥胖问题工作组提出，我国人群BMI≥24为超重，BMI≥28为肥胖；男性WC≥85cm，女性WC≥80cm为有腹部脂肪积聚。30岁以下的成年人，体脂%男子>20%，女子>30%为肥胖，30岁以上的成年人，体脂%男子>25%，女子>30%为肥胖。

（二）锻炼目的

1. 通过运动增加能量消耗，调节能量平衡，促进脂肪分解，减少体内脂肪贮存量，改善身体成分组成。
2. 促进脂代谢，调节血脂。
3. 增强心肺功能，预防肥胖的其他并发症。

（三）运动强度

根据运动时供能的特点，为了增加脂肪的消耗，减肥锻炼应以中低强度、长时间的有氧耐力运动为主。

1. 根据心率确定运动强度

THR =（60% ~70%）×HRmax。

即以60% ~70%的HRmax作为锻炼时的运动强度，最大心率可通过公式（HRmax = 220 - 年龄）计算获得，或通过递增负荷运动试验（GXT）测得。

2. 以梅脱（MET）表示运动强度

一般以50% ~70%功能能力（F. C.）相应的MET值（约为3 ~6 METs）作为锻炼时的运动强度。功能能力（F. C.）通过递增负荷运动试验（GXT）测得。

（四）运动方式

1. 有氧运动

周期性的有氧运动是肥胖运动疗法的主要运动方式，常用的运动有步行、慢跑、骑自行车、游泳、爬山、划船等。也可以选用负荷强度适当的有氧运动，如跳绳、跳舞、球类运动等。应结合个人兴趣选择终生都能坚持的运动方式。

2. 力量练习

作为有氧运动的辅助手段，可进行躯干和四肢大肌肉群的力量练习，每周 2 ~ 3 次，每次 10 ~ 15min，以增加肌肉重量。

（五）持续时间

每次锻炼时达到靶心率后运动 30 ~ 60min。由于脂肪的利用在进行中低强度运动约 20min 后才显著增强，因此，要有效地消耗脂肪，运动时间至少应达到 30min。锻炼前应有 5 ~ 10min 的准备活动，锻炼后应有 5 ~ 10min 的整理活动。

（六）运动频率

每周锻炼 3 ~ 5 次，最好能达到每周锻炼 7 次。

（七）注意事项

锻炼前应先进行身体检查，尤其是心血管系统的检查，如有其他合并症，运动中应注意监护。

1. 1kg 脂肪大约相当于 7700kcal 热能，成年人每日运动消耗热能应达到 300 ~ 500kcal，每周应达到 1000 ~ 2000kcal。

2. 适宜的减体重速度是每周 0.5 ~ 1kg，减体重速度过快容易反弹。锻炼要持之以恒、长期坚持。

3. 出现下列症状应停止运动：心跳不正常（心跳不规则、心悸、脉搏由快突然变慢）；胸部、上臂或咽喉部突然疼痛或沉重；特别眩晕或轻度头痛、意识紊乱、出冷汗、晕厥；严重气短；身体任何一部分突然疼痛或麻木；上腹部疼痛或“烧心”；一时失明或失语。

4. 锻炼的同时应结合饮食控制，即采用低碳水化合物、低脂肪饮食，保证足够的蛋白质、维生素、矿物质的供给。减肥期间每日热能摄入量应不低于 1200kcal。

第四节　常见疾患的运动疗法

一、肩周炎的运动疗法

肩周炎是肩关节周围炎（periarthritis of shoulder）的简称，是肩周肌肉、肌腱、滑囊及关节囊的慢性损伤性炎症。俗称“凝肩”（frozen shoulder）。多发于 40 岁以上的中老年人，女性多于男性，以肩关节疼痛及活动受限为特征。发病过程大致分为疼痛期、僵硬期、恢复期。发病可有轻微外伤或受寒史，疼痛以三角肌附着点、肩前肱二头肌腱处为著，肩胛区、上臂也可出现疼痛，疼痛常为持续性，梳头、穿衣等活动时加重。严重时夜间痛，不能患侧卧。随后，出现肩关节活动受限，以外展、外旋为著，严重时关节各方向活动均可减小，病程长者出现三角肌萎缩。随着炎症逐渐消退，进入恢复期，疼痛消失，活动度逐渐增加。

（一）运动疗法的作用

1. 松解关节粘连，增加关节活动度。
2. 改善血液循环，促进炎症的吸收。
3. 增强肌力，防止废用性肌萎缩。

（二）运动疗法的方法

在疼痛期应减少肩关节活动，避免提重物，减轻持重，并在不增加疼痛的情况上，适当进行肩关节运动锻炼。在僵硬期，加强运动锻炼，运动的幅度及强度应逐渐加大，尤其对活动障碍明显的方向进行重点练习，配合关节松动术、被动运动以增加关节活动度。在恢复期要加强肩关节各方面运动的锻炼，增强肌力，以恢复肩关节功能，预防复发。

常用的方法如下。

1. 爬墙运动

患者面对墙壁站立，患侧手指沿墙壁徐徐向上爬行，尽量达到所能达到的最大高度（不要耸肩，上体保持正直），然后再沿墙壁回到原处，反复做 10 次。身体稍侧转，做爬墙运动 10 次；身体再稍侧转，做 10 次；……，直至体侧面对墙壁，约需 10min 左右。每日 2 ~ 3 次。

2. 摆臂运动

分腿站立，腰部前屈约 70°，双臂自然下垂，患肩放松，做前后、左右、顺时针和逆时针画圈摆动练习。随病情好转逐渐增大运动幅度。若患者疼痛较重，不能进行主动运动时，可以用健手托住患侧肘部，做前后、左右、画圈摇动患侧上臂以增加患肩活动。此练习宜坚持至手指出现发胀、麻木为止。

3. 持重物摆臂运动

姿势同摆臂运动，可稍屈膝，必要时健侧手可扶物。患侧手持 0.5 ~ 1.0kg 的重物，有节奏地依次做前后、左右、顺时针和逆时针画圈摆动，各摆动 20 ~ 30 次。随着症状缓解，手持重物可逐渐增加至 2.5kg，摆动次数和幅度亦随之加大。

4. 持棍运动

选择 120cm 左右长的木棍一根，用健侧上肢帮助患侧上肢活动。

（1）持棍上举

预备姿势：双手持棍（稍宽于肩），分腿站立。

动作：双手持棍，直臂上举（图 8 – 6），然后还原；做 8 ~ 16 次。

（2）棍后置运动

预备姿势：双手持棍（稍宽于肩），分腿站立。

动作：双臂经上举屈肘置棍于肩后（双臂肩侧屈，图 8－7），然后还原；做 4～8 次。

（3）持棍侧举

预备姿势：双手持棍两端（掌心相对），分腿站立。

动作：一臂伸直经侧上举，另一臂稍屈持棍向上推（图 8－8），然后还原；先做健侧臂，然后做患侧臂；各做 4～8 次。

图 8－6　持棍上举

图 8－7　棍后置运动

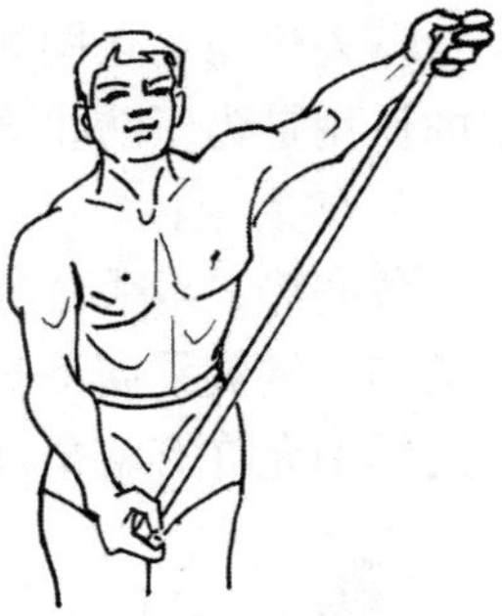

图 8－8　持棍侧举

（4）持棍后举

预备姿势：双手于体后持棍，分腿站立。

动作：双臂尽量后举（图 8－9），然后还原；做 4～8 次。

（5）持棍体后上拉

预备姿势：健侧手在上（臂弯曲），虎口向下握棍，患侧手在下，于体后虎口向上握棍。

动作：健侧臂逐渐伸直，用手持棍向上拉患侧手（图 8－10），然后还原；做 8～16 次。

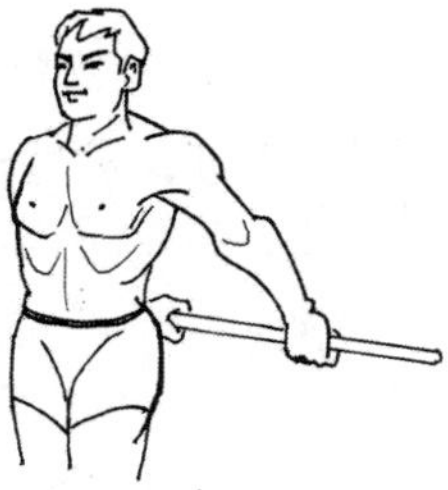

图 8－9　持棍后举

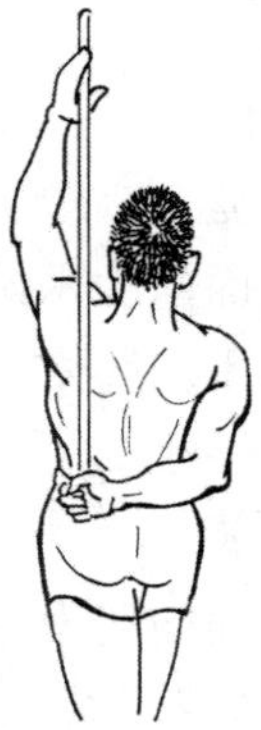

图 8－10　持棍体后上拉

5. 滑轮运动

通过滑轮，以健肢带动患肢运动。

（1）上举运动

预备姿势：双手持环，健侧手在上，患侧手在下，分腿站立。

动作：健侧手向下拉环，患侧臂上举（图 8 - 11），然后还原；做 15 ~ 30 次。

（2）侧上举运动

预备姿势：双手各握环，健侧臂在侧上，患侧臂在侧下，分腿站立。

动作：健侧臂向侧下拉环，带动患侧臂侧上举（图 8 - 12），然后还原；做 15 ~ 30 次。

（3）肩固定侧上举

预备姿势与动作同侧上举运动，但需要用一固定带固定肩胛骨与锁骨（图 8 - 13），固定的作用是为了防止肩胛骨的代偿运动。做 15 ~ 30 次。

（4）体后上拉

预备姿势：双手各握环，健侧臂屈肘在上握环，患侧臂屈肘于体后握环。

动作：健侧手向下拉环，同时患侧手随环上提（图 8 - 14），然后还原；做 15 ~ 30 次。运动中允许有轻微疼痛。

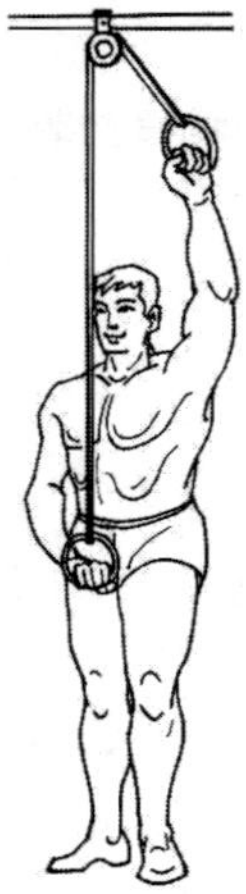
图 8 - 11 上举运动

图 8 - 12 侧上举运动

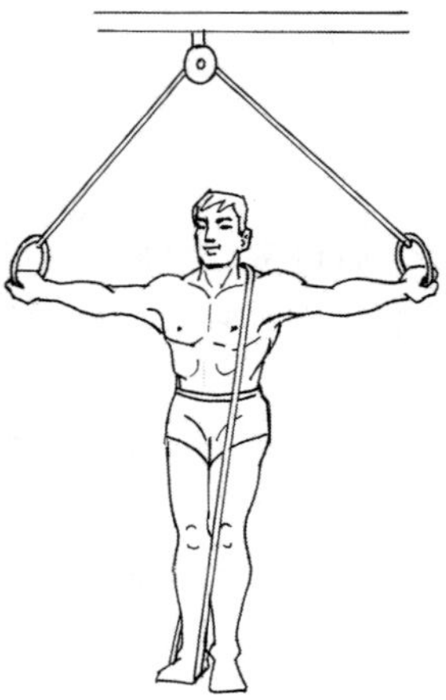
图 8 - 13 肩固定侧上举

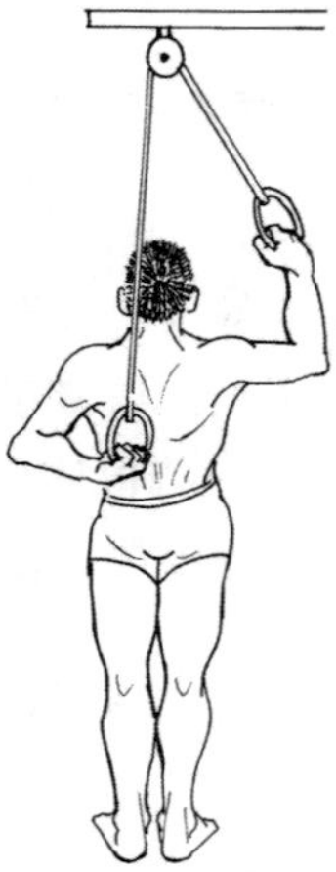
图 8 - 14 体后上拉

6. 肋木运动

（1）爬肋木运动

预备姿势：面向肋木站立。

动作：患侧手从肋木下方逐格向上爬动至最大范围（图 8 - 15），然后还原；做 10 ~ 15 次。

（2）悬垂运动

预备姿势：面向肋木站立。

动作：双手握肋木，双脚悬空，挂于肋木上（图 8 - 16）。然后逐渐增加悬垂时间（以不引起明显疼痛为准），做 2 ~ 3 次。初练时脚可不悬空，只屈双膝做握木悬垂。

（3）挺胸拉肩运动

预备姿势：背向肋木站立，双手背后握肋木（掌心向上）。

动作：双臂伸直，身体重心前移，挺胸、腰，向前拉肩（图 8 - 17），然后还原；做 15 ~ 20 次。

（4）背后握肋木下蹲运动

预备姿势：背向肋木站立，双肘屈曲，双手握肋木（掌心向上）。

动作：双手握住肋木，屈膝下蹲（图 8－18），然后还原；做 5～10 次。

（5）侧举握肋木下蹲运动

预备姿势：背向肋木站立，双臂侧平举，双手握住肋木（掌心向下）。

动作：双臂侧举，屈膝下蹲至最大范围（图 8－19），然后还原；做 5～10 次。

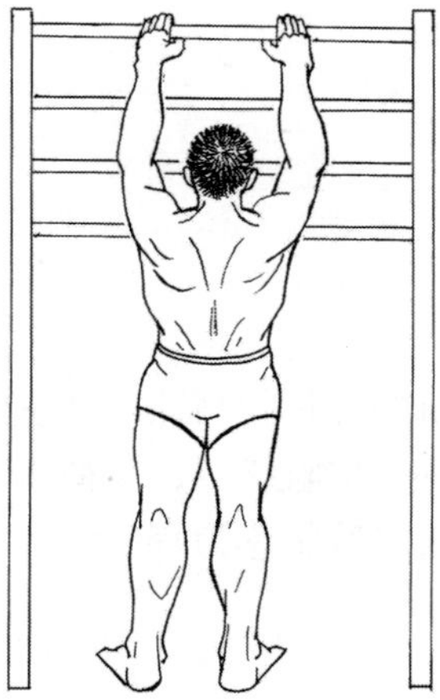

图 8－15　爬肋木运动

图 8－16　悬垂运动

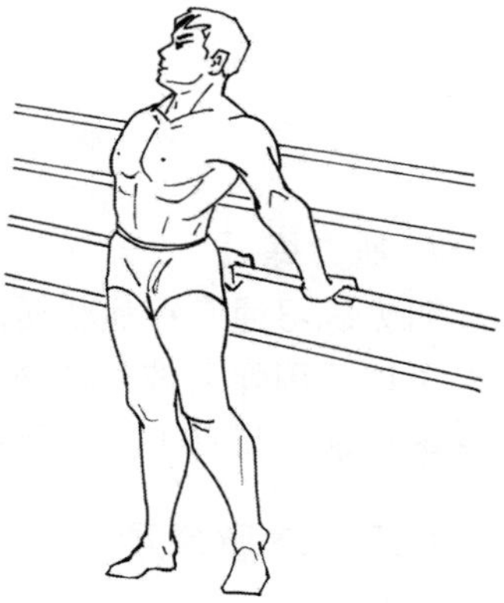

图 8－17　挺胸拉肩运动

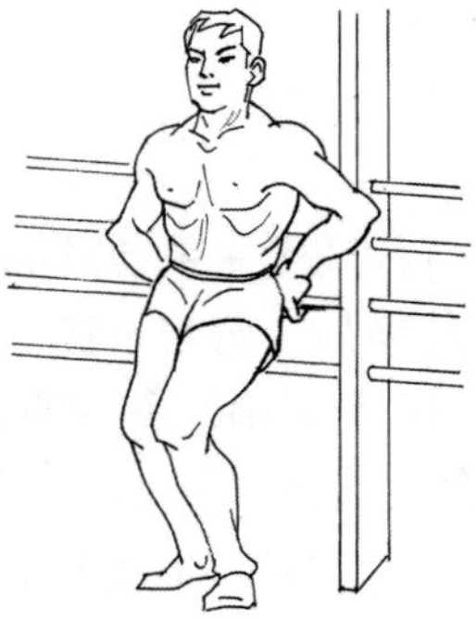

图 8－18　背后握肋木下蹲运动

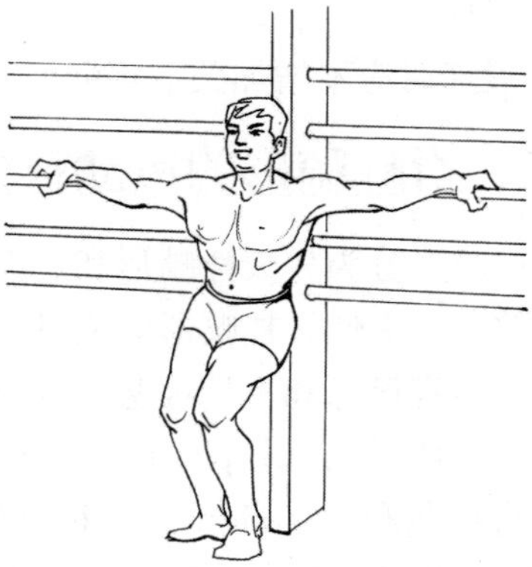

图 8－19　侧举握肋木下蹲运动

7. 甩球运动

用带球或用网袋内装 0.5kg 砂袋代替。

预备姿势：分腿站立，患侧手握住球带。

动作：由前向后甩球做肩关节绕环运动，然后还原；由后向前甩球做肩关节绕环运动，然后还原；亦可由里向外或由外向里做侧向甩动（图 8－20）。甩动幅度、速度、次数均可因人而异。

图 8-20 甩球运动

8. 肌力练习

肌力练习通常在症状缓解、疼痛减轻后进行，主要是肩带肌的等长收缩练习和抗阻练习。可以采用弹力带、哑铃、拉力器、肌力训练器或其他器械进行抗阻练习，负荷由小到大逐渐增加，每日 1 次，每次负荷量应以练习后轻度疲劳、肌肉有酸胀感为宜。

（三）注意事项

1. 锻炼要循序渐进，逐渐加大运动量，肩部活动范围逐渐加大，以防止肌肉韧带拉伤。

2. 锻炼中允许有轻微的疼痛，不要因此而停止锻炼。

3. 锻炼后应不增加关节疼痛。

二、脊柱畸形的运动疗法

脊柱畸形分为先天性畸形和后天性畸形两种。先天性脊柱畸形主要与胚胎期椎体发育缺陷有关；后天性脊柱畸形则是机体发育过程中由外伤、传染病、营养不良、神经系统疾患、运动器官疾患和不良姿势（如坐姿、立姿、劳动姿势的不正确）等引起。常见的脊柱畸形有脊柱后凸（kyphosis，胸椎过度后屈成驼背）、脊柱前凸（lordosis，腰椎过度前屈）和脊柱侧凸（scoliosis，又称脊柱侧弯）。脊柱侧弯又分为“C”形侧弯和“S”形侧弯。

（一）运动疗法的作用

1. 通过肌力锻炼有选择地增强维持脊柱姿势的肌肉力量，同时牵伸凹侧挛缩的肌肉和韧带组织，调整脊柱周围的肌力平衡，矫正脊柱畸形，改善脊柱的柔韧性。

2. 通过主动姿势训练纠正不正确的姿势，养成保持正确姿势的习惯，预防及纠正姿势性脊柱畸形。

3. 防止脊柱畸形进一步发展。

4. 增强心肺功能，改善全身健康。

（二）运动疗法的方法

脊柱畸形的运动疗法主要是采用矫正体操。练习时所完成的体操动作应平稳缓慢，脊柱后凸的患者要多做胸椎伸展及扩胸练习；脊柱前凸患者要多做增强腹肌、臀肌及牵伸腰骶部肌肉的练习；脊柱侧弯患者要多做节段性侧弯运动，使动作中形成的侧弯与原有的侧弯部位一致而方向相反。

1. 脊柱后凸

（1）举臂伸展运动

预备姿势：自然站立，双臂下垂于体侧。

动作：双臂伸直由前上举，同时挺胸展腰，双脚尖踮起，双眼平视，然后还原；做8~12次。

（2）扩胸伸展运动

预备姿势：自然站立，双臂下垂于体侧。

动作：双臂伸直由前向侧平举，同时扩胸展腰，双眼平视，然后还原；做8~12次。

（3）弯腰挺胸运动

预备姿势：自然站立，双肘屈曲，双手置肩。

动作：向前弯腰同时挺胸，双肘后张，抬头，双眼前视，然后还原；做8~12次。

（4）臂平举挺胸走路

预备姿势：自然站立。

动作：双臂侧平举，挺胸，双眼平视前方，向前缓慢走路100~200m。

（5）椅上挺胸运动

预备姿势：端坐于椅上，双臂伸直，双手扶撑于椅后部。

动作：仰头挺胸，头尽量靠到椅背，然后还原；做12~16次。

（6）仰头挺胸运动

预备姿势：仰卧位，双肘屈曲撑床，双腿伸直。

动作：头后仰，挺胸，但臀部不离床，吸气（图8-21），然后还原；做8~12次。

（7）抬头挺胸运动

预备姿势：俯卧位，双臂伸直于体侧。

动作：双手互握于背后，双下肢保持不动，抬头、抬肩并挺胸，双眼视前方，然后还原；做8~12次。

（8）俯卧撑运动

预备姿势：俯卧位，双肘屈曲，双手于胸前撑床。

动作：双肘伸直撑起，同时抬头挺胸展腰，然后还原；做6~8次。

（9）塌背抬头运动

预备姿势：匍匐位，躯干处于水平姿势。

动作：背下塌，头后仰，然后还原（图8-22）；做12~16次。

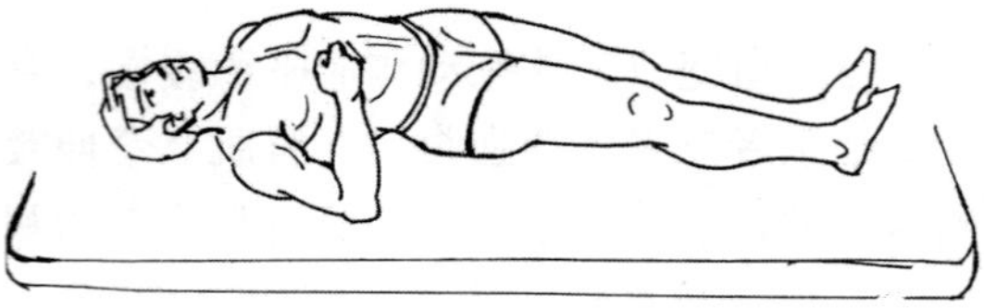

图 8－21　仰头挺胸运动

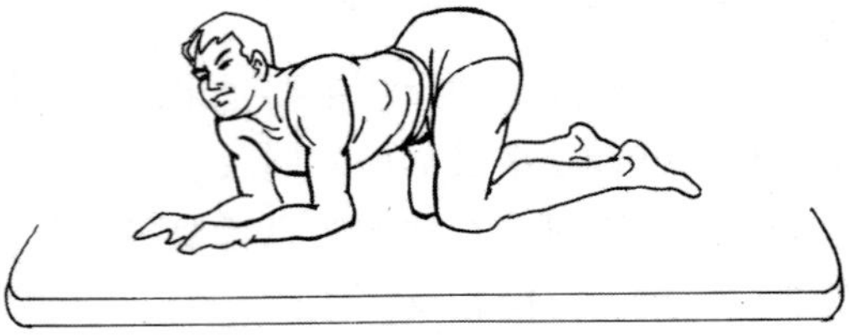

图 8－22　塌背抬头运动

（10）手膝位滑行

预备姿势：手膝位，双臂伸直置于头前两侧。

动作：抬头双眼平视，塌背，双膝交替向前爬行，双手向前滑行 3～5min。

（11）持棍伸展运动

预备姿势：双足并拢，双臂伸直，双手持棍于体前。

动作：双手持棍直臂前上举，挺胸展腰，吸气，然后还原；做 6～10 次。

（12）弯腰举棍运动

预备姿势：分腿站立，双肘屈曲，双手持棍于胸前。

动作：上体向前弯腰，同时挺胸，双肘伸直举棍向前，挺胸，双眼看棍，然后还原；做 6～8 次。

（13）头顶物走路

预备姿势：自然站立，头顶沙袋或实心球。

动作：头颈不动，双眼平视，挺胸，向前走路（图 8－23）。共走 100～200m，保持物体不掉下。

（14）肋木上挺胸运动

预备姿势：背向肋木站立，双手背后握木，双足并拢。

动作：仰头挺胸，然后还原；做 12～16 次。

图 8－23　头顶物走路

2. 脊柱前凸

（1）前倾触足运动

预备姿势：直立，双足分开与肩同宽，双臂自然下垂于体侧。

动作：向前弯腰，下肢伸直，双手尽量向下触及小腿前侧或足部后还原；做 4～8 次。

（2）下蹲抱膝运动

预备姿势：直立，双足分开与肩同宽，双臂自然下垂于体侧。

动作：下蹲，双手抱膝，同时低头，然后站起还原；做 4～8 次。

（3）下蹲臂后伸运动

预备姿势：直立，双足分开与肩同宽，双臂自然下垂于体侧。

动作：下蹲，双臂伸直向后上方伸展，同时低头，然后站起还原；做 4～8 次。

（4）手触足运动

预备姿势：坐在矮凳上，双腿伸直并拢，上体正直，双臂放于体侧。

动作：双臂伸直，上体前倾，双手触足部，然后还原；做4～8次。

（5）抱膝弯腰运动

预备姿势：坐在矮凳上，双腿伸直并拢，上体正直，双臂放于体侧。

动作：屈曲双臂至胸前，用双手抱膝部，然后还原；做4～8次。

（6）躯干前弯运动

预备姿势：坐在地上，双腿向前伸直并稍分开。

动作：吸气时双臂外展，呼气时躯干向前弯，双手触足尖，然后还原；做4～8次。

（7）腹部收缩运动

预备姿势：骑坐在凳上，背靠墙。也可直腿坐在地上或床上，背靠墙。

动作：吸气时收缩腹部，呼气时尽量使下背部贴于墙上，然后还原；做4～8次。

（8）仰卧起坐运动

预备姿势：身体正直，平卧于床上或垫上，双臂放于身体两侧，双腿并拢伸直。

动作：腹部用力使上体起坐，双手尽量向前伸，接近足部（也可固定踝部后再起坐），然后还原；做4～8次。

（9）抱膝屈体运动

预备姿势：身体正直，平卧于床上或垫上，双臂放于身体两侧，双腿并拢伸直。

动作：双腿屈曲，双手抱膝，尽量屈向胸部，然后还原；做4～8次。

（10）前伸屈体运动

预备姿势：身体正直，平卧于床上或垫上，双臂放于身体两侧，双腿并拢伸直。

动作：双腿伸直抬起，尽量伸向头上方，然后还原；做4～8次。

（11）髋膝屈曲运动

预备姿势：身体正直，平卧于床上或垫上，双臂放于身体两侧，双腿并拢伸直。

动作：双腿伸直抬起，与地面约成90°垂直，接着双髋及膝关节屈曲，然后还原；做4～8次。

（12）双腿上抬运动

预备姿势：仰卧位。

动作：双手叉腰，双腿伸直，然后双腿缓慢抬起和放下；做5～10次。

（13）双腿屈伸运动

预备姿势：仰卧在斜板上，手抓住板缘。

动作：双膝屈曲，然后双腿伸直；做5～10次。

（14）上下划圈运动

预备姿势：仰卧位。

动作：首先双腿屈膝抬起，使足抬起25～35cm，然后在此姿势下双腿并拢，同时屈伸做上下划圈运动，幅度越大越好，最后还原；做5～10次。

（15）蹬车运动

预备姿势：仰卧位。

动作：首先双臂举起放在头后，然后直腿抬起使髋关节屈曲成90°，在此姿势下双腿轮流屈伸模仿蹬自行车动作，持续2～4min。

(16) 臀后抬运动

预备姿势：膝腕撑位。

动作：首先屈背，头呈垂直位，然后尽量将臀部向后抬起后，最后还原；做5~10次。

(17) 头后仰运动

预备姿势：膝腕撑位。

动作：首先屈背，头呈垂直位，向后外伸直一侧下肢，使足尖触及地面；然后伸展背部，头向后仰，最后还原。双侧交替各做5~10次。

(18) 持棒伸腿运动

预备姿势：直立，双足分开与肩同宽，双手持体操棒。

动作：首先足尖着地双腿轮流向后外侧伸直，同时体操棒放在胸前，然后还原；做5~10次。

(19) 肋木抬腿运动

预备姿势：身体侧面向肋木站立，一手伸直抓住在骨盆水平面上的横木。

动作：躯干向前倾，同时向后抬起一侧下肢，使躯干和抬高的下肢呈一水平面后还原。两侧交替做5~10次。

(20) 悬吊运动

预备姿势：面向肋木或单杠、双杠站立。

动作：先用双手悬吊，利用体重牵伸脊柱，同时收腹抬起伸直的双腿，然后双腿伸直，轮流向后外展，做5~10次。以加强脊柱前部肌肉力量，矫正畸形。

3. 脊柱“C”形侧弯

下面以脊柱左侧弯为例介绍矫正体操。

(1) 仰头挺胸运动

预备姿势：仰卧位，双手握拳屈肘于体侧。

动作：仰头挺胸，尽量挺高，然后还原；做10~12次。

(2) 屈腿挺腰运动

预备姿势：仰卧位，屈双膝，双手握拳屈肘于体侧。

动作：挺腰抬臀，尽量抬高，稍停后还原；做12~16次。

(3) 举臂体后屈运动

预备姿势：俯卧位。

动作：左臂前上举，右臂后上举，上体尽量抬起，腰后伸，下肢固定不动，然后还原；做12~16次。

(4) 举臂抬腿运动

预备姿势：俯卧位。

动作：左臂前上举，上体尽量抬起，同时将右腿伸直向后上抬起，然后还原；做12~16次。

(5) “船形”运动

预备姿势：俯卧位，双腿并拢。

动作：上体尽量向后抬起，双臂后举，同时双腿后举，似船形，然后还原；做10~

12 次。

（6）举臂伸腿展腰运动

预备姿势：手膝位，臀部后坐，双臂伸直撑于床上。

动作：左臂上举，同时左腿向后伸直，上体向后伸展（图 8－24），然后还原；做 10～12 次。

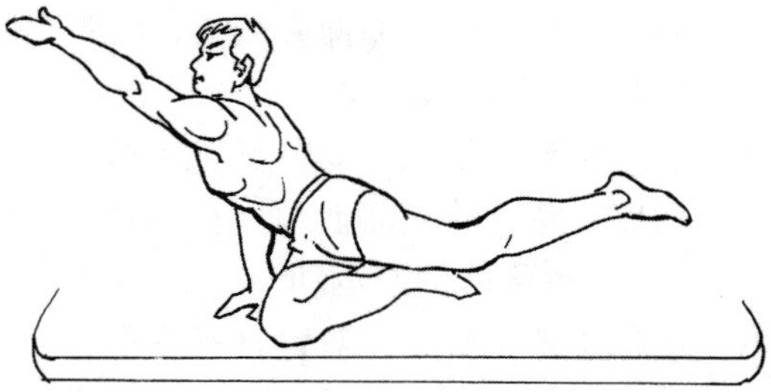

图 8－24 举臂伸腿展腰运动

（7）举臂抬腿展腰运动

预备姿势：手膝位。

动作：左臂前上举，左腿后上抬，展腰，然后还原；做 10～12 次。

（8）单腿跪体侧屈运动

预备姿势：左腿屈膝跪立，右腿向右侧伸直，右手叉腰。

动作：左臂侧上举，同时上体尽量向右侧屈，然后还原；做 10～12 次。

（9）双腿跪体侧屈运动

预备姿势：屈膝分腿跪立。

动作：左臂侧上举，右手撑于床上，上体尽量向右侧屈（图 8－25），然后还原；做 10～12 次。

（10）挺胸后坐运动

预备姿势：双腿屈膝跪立。

动作：双臂屈肘，掌心向前，双肩后展扩胸，臀部后坐于脚跟上，上体尽量后展挺胸，然后还原；做 10～12 次。

（11）仰头挺胸运动

预备姿势：坐位，背靠椅背，双手扶椅。

动作：头后仰，挺胸，尽量提高（图 8－26），然后还原；做 10～12 次。

图 8－25 双腿跪体侧屈运动

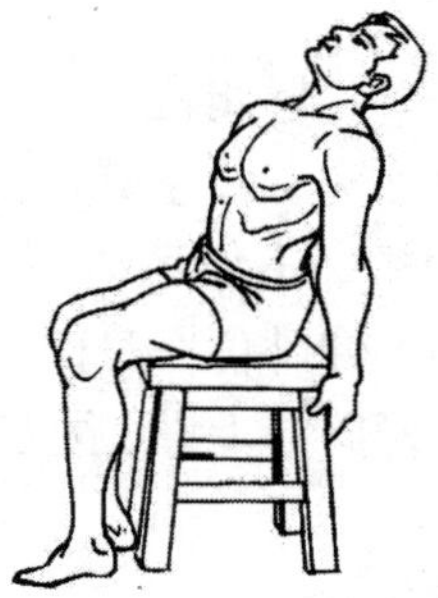

图 8－26 仰头挺胸运动

（12）举臂挺胸展腰运动

预备姿势：坐位，背靠椅背。

动作：双臂前上举，挺胸，展腰，收缩背、腰肌，然后还原；做 10～12 次。

（13）举臂挺胸运动

预备姿势：站立，双手体后互握。

动作：双臂后举，仰头挺胸，同时提起脚跟，然后还原；做10～12次。

（14）举臂展腰运动

预备姿势：站立，双臂自然下垂。

动作：左臂伸直前上举，右臂后伸，展腰，收缩腰肌，然后还原；做10～12次。

（15）举臂体侧屈运动

预备姿势：站立，双臂自然下垂。

动作：左臂侧上举过头，右臂置背后，右脚向右横跨一步，上体用力向右侧屈，然后还原；做10～12次。

（16）持棍挺胸下蹲运动

预备姿势：站立，双手持棍置于背后。

动作：挺胸下蹲，然后还原；做10～12次。

（17）悬垂运动

预备姿势：站立于肋木或单杠旁。

动作：双手握住肋木或单杠，双脚离地悬垂，胸腰部放松，坚持片刻，然后还原；做5～6次。

（18）体位矫正

患者采取右侧卧位，在脊柱右侧最突出处垫1个小枕头，双臂上举，使左侧弯的脊柱呈微右侧弯的姿势（图8－27），在此体位上侧卧20～30min，每日1～2次。

图8－27　体位矫正

4. 脊柱“S”形侧弯

下面以脊柱胸右腰左侧弯为例介绍矫正体操。

（1）臂上举、下伸运动

预备姿势：仰卧位，身体保持正直，双臂伸直放于体侧，双腿伸直并拢。

动作：左臂向前上举，右臂用力向下伸展，同时挺起胸部（图8－28），然后还原；做10～20次。

（2）前抬腿运动

预备姿势：仰卧位，身体保持正直，双臂伸直放于体侧，双腿伸直并拢。

动作：左臂向上举，右臂用力向下伸展，同时左腿伸直上抬（图8－29），然后还原；做10～20次。

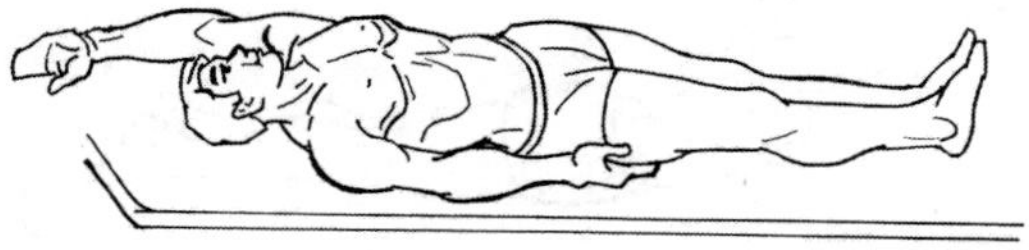

图 8－28 臂上举、下伸运动

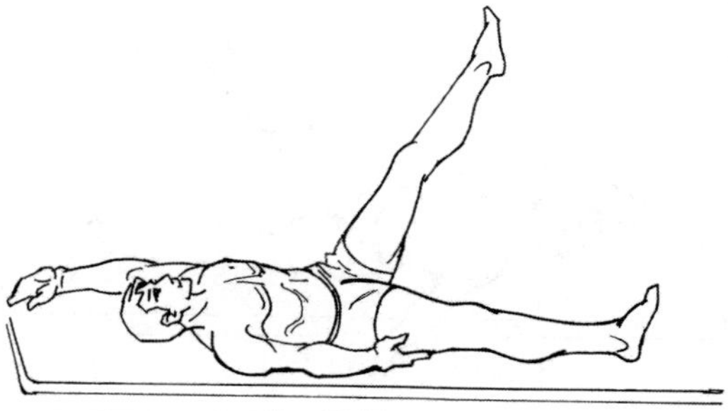

图 8－29 前抬腿运动

（3）半桥运动

预备姿势：仰卧位，身体保持正直，双臂伸直放于体侧，双腿伸直并拢。

动作：首先左臂向上举，右臂用力向下伸展；然后左膝屈曲，左足支撑于床上或垫上，同时抬起腰部及臀部，且右腿伸直上抬，即做左单腿半桥练习（图 8－30），最后还原；做 8～10 次。

（4）侧抬头运动

预备姿势：左侧卧位，头枕左臂，用枕头垫高腰部。

动作：左臂向上举，右臂用力向下伸展，同时抬头，抬起上体（图 8－31），然后还原；做 8～10 次。

图 8－30 半桥运动

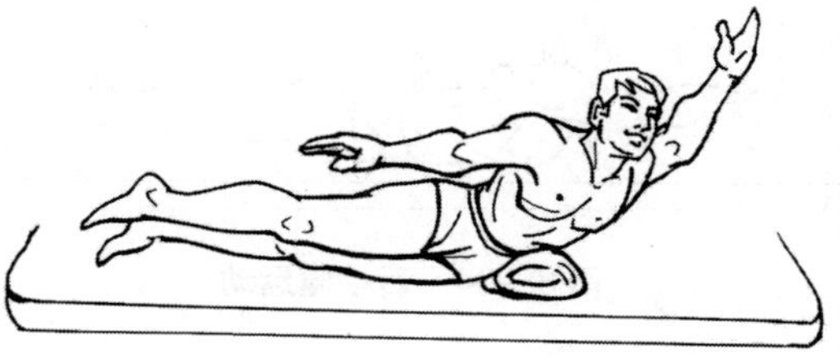

图 8－31 侧抬头运动

（5）侧抬腿运动

预备姿势：右侧卧位，用枕头垫高腰部。

动作：左臂向上举，右臂用力向下伸展，同时左腿伸直上抬，然后还原（图 8－32）；做 8～10 次。

（6）后抬体运动

预备姿势：俯卧位，身体保持平直。

动作：左臂向上举，右臂用力向下伸展，同时抬起头和上体（图 8－33），然后还原；做 8～10 次。

图 8－32　侧抬腿运动

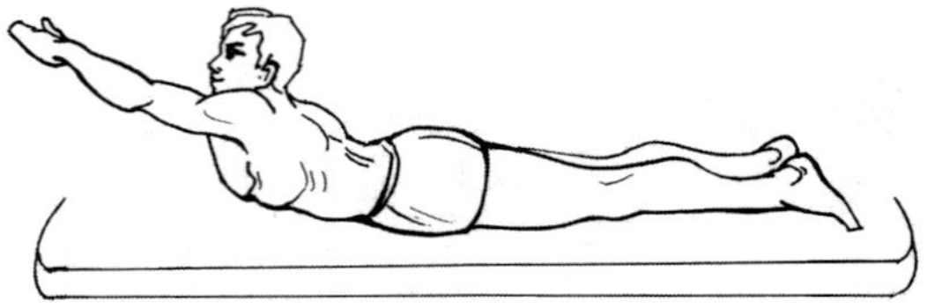

图 8－33　后抬体运动

（7）后抬腿运动

预备姿势：俯卧位，身体保持平直。

动作：左臂向上举，右臂向下用力伸展，同时左腿伸直上抬（图 8－34），然后还原；做 8～10 次。

（8）抬头及左上下肢运动

预备姿势：俯卧位，左臂向上、右臂向下紧张伸展。

动作：首先抬起头、肩及左臂，放下；然后左腿伸直抬高，放下；最后头、肩、左臂及伸直的左腿同时抬高，放下（图 8－35）；做 10～20 次。

图 8－34　后抬腿运动

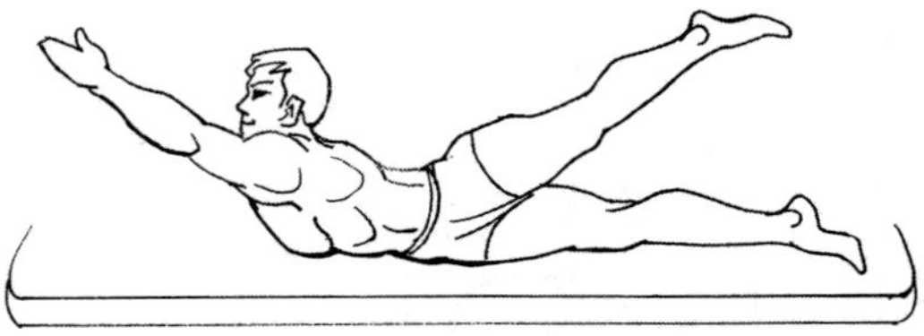

图 8－35　抬头及左上下肢运动

（9）爬行运动

预备姿势：俯卧位，身体贴近垫上。

动作：首先左臂、左腿同时尽量向前移，然后右臂、右腿跟进，但右肩及右髋外展不得超过 90°，即不超过左臂、左腿的位置，使左侧爬行距离较大，右侧稍小。

（10）左臂前上举运动

预备姿势：双肘及双膝着地跪位。

动作：左臂向前上举，同时抬头（图 8－36），然后还原；做 8～10 次。

（11）抬头伸左腿运动

预备姿势：双手及双膝着地跪位。

动作：抬起头部，同时左腿伸直上抬（图 8－37），然后还原；做 8～10 次。

图 8－36　左臂前上举运动

图 8－37　抬头伸左腿运动

（12）右腿后伸运动

预备姿势：双肘及双膝着地跪位。

动作：左臂上举，同时右腿后伸，然后还原；做 10～20 次。

（13）牵拉右腰部运动

预备姿势：端坐于椅上或床上。

动作：首先双腿并拢，双小腿偏向左侧；然后左臀部抬起，重心放在右臀部。用右手支撑在椅上或床上，此时右腰部受到牵拉。每次坐 3～5min，每日 4～6 次。

（14）左臂、腿抬起运动

预备姿势：坐在椅子上，双手叉腰。

动作：左臂和左腿伸直向前抬起，然后还原；做 10～20 次。

（15）左臂侧上举运动

预备姿势：直立位，右手叉腰。

动作：左臂用力经体侧上举，然后还原；做 10～20 次。

（16）悬垂运动

在肋木上悬垂，左手握高杠，右手握低杠，累计 3～6min，中间可休息多次。

（17）上体右屈运动

预备姿势：右侧向肋木直立，右手扶下方肋木。

动作：上体向右侧弯曲，左臂同时侧上举，然后还原；做 10～20 次。

（18）左腿外展运动

预备姿势：面对肋木站立。

动作：双手伸直悬吊，左腿外展，保持此姿势片刻，然后还原；做 10～20 次。

（19）姿势矫正

右侧卧位，胸椎侧弯最突出处垫一硬枕或砂袋，保持此姿势 3～8min。

（三）注意事项

1. 锻炼时，动作由简到繁，由易到难，循序渐进。
2. 做矫正体操动作力求正确，还必须长期坚持，否则难以取得良好效果。
3. 动作要平稳缓慢，配合深呼吸，不要憋气。

4. 运动量视体力情况适当掌握，并逐步增加。一般每天练习 1 次。

5. 脊柱“S”形侧弯方向相反的患者，练习时应把矫正体操中动作的左右方向交换过来进行。

6. 矫正体操应与日常生活中正确姿势、体位的维持相结合，以增加疗效。

三、四肢骨折后的运动疗法

骨折（fracture）多见于生活、工业、交通及运动中的意外事故及战伤。它是引起肢体残疾的一个重要原因。四肢骨折是较为常见的损伤，它或单独存在，或与其他伤病并存。四肢骨折的预后对于患者今后的日常生活、工作和运动功能至关重要。骨折的愈合往往需要一个较长的时间，复位、固定和功能锻炼是骨折治疗的三个基本环节。四肢骨折后实施运动疗法（即功能锻炼）对促进骨折愈合，防治肢体功能障碍有重要作用，是骨折治疗的重要环节。

（一）运动疗法的作用

1. 通过运动对骨骼施加应力刺激，刺激和加速骨痂生长，促进骨折愈合，对抗肢体的废用性改变，防止废用性肌肉萎缩、关节挛缩和骨骼脱钙。

2. 加速血液、淋巴循环，促进局部血肿及渗出物的吸收。

3. 改善情绪和全身机能状况，防止运动不足引起的并发症。

4. 改善和恢复关节活动度和肌肉力量，促进运动功能、日常生活活动和工作能力的恢复。

（二）运动疗法的方法

对四肢骨折实施运动疗法时，可以解除外固定为界，将骨折的愈合分为两期：愈合期和恢复期。

1. 愈合期

此期骨折处在愈合过程中，及早开始运动疗法对预防功能障碍有重要意义。愈合期的运动疗法在骨折已获得妥善固定，患者情况稳定时开始。

（1）活动伤肢未被固定的关节

做伤肢近端和远端未被固定关节的各个方向的主动运动，可能时施加阻力，必要时给予助力或做被动运动，争取维持各关节的正常活动度。例如上臂骨折，可以练习握拳动作，肘、腕关节屈伸动作和上肢的外展、内收动作；下肢骨折，可以进行踝、趾、髋关节的屈伸活动。在上肢应特别注意肩外展与外旋、掌指关节屈曲及拇指外展，在下肢应特别注意踝背屈，防止足下垂。中老年人关节挛缩的倾向很大，尤应注意。

（2）伤肢被固定区域肌肉做等长收缩

在骨折复位基本稳定，无明显疼痛时进行，可以做伤肢被固定区域肌肉的等长收缩（绷劲），一日多次，用力程度渐增，以预防肌肉萎缩和粘连形成。如用力握拳、伸指，大腿股四头肌的收缩、放松等。

（3）伤肢带夹板做主动运动

夹板固定 1 ~ 2 周后即可开始带夹板做关节小幅度、无痛性的主动运动，以后逐渐扩大活动幅度及用力程度。但应避免做与骨折移位方向一致的运动，应待骨折基本愈合时再做，以防止骨折断端移位。一日可练习数次，但每次重复次数应少。例如伸直型肱骨髁上骨折禁忌做伸肘运动，桡骨下端骨折（Colles 骨折）禁忌做伸腕及腕桡侧屈运动。

（4）维持未受伤肢体的正常活动

患者在病情允许的情况下应尽早起床进行全身活动，全身保健操；必须卧床的患者，特别是年老体弱者，应每日做卧床保健操。保健操的内容包括深呼吸运动、未受伤肢体运动和躯干运动等，以防止全身合并症。

2. 恢复期

恢复期是指骨折已愈合，外固定已去除，患者处于功能恢复阶段。此期的运动疗法如下：

（1）恢复关节活动度的练习

①主动运动：作受累关节各方向的主动运动，逐步扩大运动幅度，用力至有轻度痛感。

②被动运动：由患者自己或治疗师进行，能较有力地牵伸挛缩和粘连组织。动作必须平稳缓和，不应引起明显的疼痛和痉挛，切忌使用暴力，以免引起附加损伤特别是软组织撕脱和骨化性肌炎。

③助力运动：即在主动运动时由患者自己或他人施加助力，更多的是通过棍棒、滑轮以及特殊的器械由患者的健肢对患肢的运动施加助力。用力以引起关节区轻度疼痛为宜。

（2）恢复肌力的练习

肌力为 0 ~ 1 级时，进行被动运动；肌力为 1 ~ 2 级时，进行助力运动；肌力为 3 ~ 4 级时，进行主动运动和抗阻运动。肌力练习应在无痛的运动范围内进行，若关节内有损伤或其他原因导致运动达到一定幅度时有疼痛，则应减小运动幅度。受累的肌肉应按关节运动方向依次进行练习，并达到肌力与健侧相等或相差 $<10\%$ 为止。

（3）恢复本体感觉的练习

伴随韧带、肌腱、关节囊等损伤的骨折可发生本体感觉损害。针对本体感觉损害，应注重进行闭合链练习和平衡练习。

（4）实用功能练习

当关节活动度和肌力有一定恢复时，应进行必要的实用功能练习。在上肢如衣、食、住、行中的各种日常生活动作，以及书写、打字、工艺操作和使用各种工具等；在下肢如变换体位、移动、站立、行走、上下楼、跑步、骑自行车等。下肢骨折引起行走障碍者，须进行行走练习。行走练习应由易到难，由开始的拐杖或特定减重行走设施的辅助下，逐渐发展到徒步行走。对运动员则须进一步注重协调、灵敏等运动相关练习。

每次运动治疗应以准备活动开始，以整理活动结束，中间进行肌力、关节活动度及实用功能锻炼。

（三）注意事项

1. 运动疗法在四肢骨折后宜尽早开始，在骨折复位固定后即应开始。
2. 对年老或体弱患者，要强调早期起床或做床上保健操，以防止发生并发症。
3. 关节活动度练习应与肌力练习配合进行，循序渐进，使肌力的增长与关节活动度的增长相平衡，并以无痛或有轻度可从容忍受的疼痛为限。

4. 在关节活动度练习之前进行适当的热疗，可提高疗效。

5. 关节活动度练习、肌力练习时的负荷量、持续时间和频率等应因人而异。

本章提要

1. 运动疗法是一种主动疗法，具有防治疾病的效用，其目标是功能恢复，主、被动运动是运动疗法的主要手段。

2. 应用运动疗法时，既要考虑疾病的特点，又要遵守科学的锻炼原则，这样才能收到良好的锻炼效果，同时避免副作用的出现。

3. 运动疗法通过慢性、长期的锻炼效应，使人体的形态、机能产生相应的适应性变化，对身体各功能产生良好的影响。

4. 根据运动完成过程中肌肉用力程度的情况，可以将运动疗法分为被动运动、助力运动、主动运动、抗阻运动、牵伸运动五类。

5. 医疗体操具有针对性强、动作和方法灵活多样、运动量容易控制和调节、可发展多种身体素质等特点。

6. 医疗体操的方式方法很多，其中关节活动度练习、肌力练习、呼吸练习、平衡练习、协调性练习、放松练习是应用最多的几种。

7. 运动处方应包括运动方式、运动强度、持续时间、运动频率四项基本内容。确定运动强度是制订运动处方的关键。

8. 在执行运动处方时，靶心率是掌握锻炼强度简便易行的指标。

9. 运动处方的实施过程分为三个阶段：初始阶段、提高阶段、维持阶段。

10. 肥胖常与2型糖尿病、高血压、血脂异常等集结出现，称为代谢综合征。常用的肥胖诊断指标有标准体重、体质指数、腰围和体脂%。

11. 肩周炎以肩关节疼痛及活动受限为特征。发病过程大致分为疼痛期、僵硬期、恢复期。常用的运动疗法有爬墙运动、摆臂运动、持棍运动、滑轮运动、肋木运动、甩球运动等。

12. 常见的脊柱畸形有脊柱后凸（驼背）、脊柱前凸和脊柱侧凸（又称脊柱侧弯），脊柱畸形的运动疗法主要是采用矫正体操。

13. 对四肢骨折实施运动疗法时，可以解除外固定为界，将骨折的愈合分为两期：愈合期和恢复期。

推荐阅读文献

[1] 杨静宜，徐峻华. 运动处方（第1版）[M]. 北京：高等教育出版社，2005.

[2] American College of Sports Medicine. ACSM's Guidelines for Exercise Testing and Prescription. Lippincott Williams & Wilkins. 8th ed. 2009.

参考文献

[1] 范振华，周士枋. 简明医疗体育手册 [M]. 北京：人民卫生出版社，1990.

［2］高维纬．体育保健学［M］．沈阳：辽宁教育出版社，1995.
［3］黄美光，陈建华．医疗体育［M］．北京：科学普及出版社，1990.
［4］纪树荣．康复疗法学［M］．北京：华夏出版社，2003.
［5］纪树荣．运动疗法技术学［M］．北京：华夏出版社，2006.
［6］李开勤．常见病运动疗法［M］．北京：金盾出版社，2003.
［7］陆一帆．体疗康复与运动康复［M］．北京：北京体育大学出版社，2008.
［8］曲绵域，于长隆．实用运动医学（第4版）［M］．北京：北京大学医学出版社，2003.
［9］任建生．常见病康复体育运动处方［M］．武汉：武汉出版社，2000.
［10］王吉耀．内科学［M］．北京：人民卫生出版社，2002.
［11］杨静宜，戴红．体疗康复［M］．北京：北京体育大学出版社，1996.
［12］杨静宜，徐峻华．运动处方［M］．北京：高等教育出版社，2005.
［13］叶任高，陆再英．内科学（第6版）［M］．北京：人民卫生出版社，2005.
［14］恽晓平．康复评定学［M］．北京：华夏出版社，2006.
［15］张钧．体育康复学（第2版）［M］．桂林：广西师范大学出版社，2005.
［16］周士枋，范振华．实用康复医学［M］．南京：东南大学出版社，1998.
［17］American College of Sports Medicine. ACSM's Guidelines for Exercise Testing and Prescription. Lippincott Williams & Wilkins. 8th ed. 2009.
［18］Douglas B. Mckeag，James L. Moeller. ACSM's Primary Care Sports Medicine. Lippincott Williams & Wilkins. 2nd ed. 2007.

第九章　运动损伤预防与干预

运动损伤是指在运动过程中发生、或者与运动有密切关系的相关因素作用下所发生的损伤。

它的发生与运动项目，训练安排，运动环境，运动者的自身条件以及技术动作有密切的关系。之所以不同运动项目会发生身体不同部位的损伤，主要是由下列两个潜在因素所决定的。一是运动项目的特殊技术要求：如篮球运动员容易发生髌骨劳损，这是由于篮球运动员在训练和比赛中进行防守和移动时，膝关节经常处于半屈位，进攻、防守、踏跳、上篮等，使膝关节发生屈曲、扭转、磨擦等。二是人体本身存在解剖生理弱点：半蹲位时膝关节两侧副韧带、十字韧带都处在松弛状态，关节的灵活性好，但是稳定性差，需要膝关节周围肌肉的收缩来维持关节稳定，这导致髌骨关节面与股骨间摩擦加大、以及髌骨周围的肌腱止点处受到更大的牵拉。这两个因素同时起作用时，导致篮球运动员膝关节损伤发生率明显升高。体操运动员的肩袖损伤也是类似的情况。

第一节　运动损伤分类

运动损伤分类的方法很多，在本教材中采用的是按照损伤性质而分为急性损伤和过度使用损伤（Overuse）。

一、急性损伤

（一）概　念

运动损伤多由于特定创伤所导致，可以是发生近期（急性伤），也可以是在过去（亚急性、慢性损伤）。急性损伤以发生损伤的过程清楚为特点。伤者可以清楚描述发生损伤的时间、地点、甚至过程。常见急性损伤有扭伤（关节）、挫伤（肌肉）和拉伤（韧带），当任何的外力作用在肌腱、关节、骨和肌肉这些组织上，并且其力量超过了机体的承受范围，就会导致损伤的发生。

（二）分　类

急性损伤的分类有多种方法，常见有如下几种方法。

1. 按照损伤部位皮肤粘膜的完整性分类

开放性损伤——损伤部位的皮肤、粘膜的完整性遭到破坏。常见损伤有切伤、刺伤、擦伤、裂伤。

闭合性损伤——损伤部位的皮肤及粘膜完整，发生的是深层组织的损伤。如挫伤、扭伤、拉伤。

2. 按照损伤发生的形式或者机理分类

拉伤——肌肉、韧带等收到超过自身承受能力的被动牵拉或者主动收缩导致的损伤。如肌肉拉伤、韧带拉伤。

扭伤——关节产生超出正常范围的活动，导致周围组织收到牵拉或者挤压导致的损伤。如踝关节扭伤、膝关节扭伤。

骨折——骨或者骨小梁的完整性遭到破坏。如前臂骨折、小腿骨折等。

关节脱位——构成关节的骨之间的正常关系被破坏。如肘关节脱位、肩关节脱位等。

3. 按照损伤组织及损伤动作分类

肌肉拉伤、膝关节扭伤、股四头肌挫伤、指间关节脱位、股四头肌下血肿等。

（三）常见急性损伤简述

1. 骨：急性骨损伤一般会导致骨折，有时也会导致其他的结果，例如骨膜下血肿等。骨折的种类包括以是否有伤口与外界相通而划分的：闭合性骨折——没有伤口与外界相通；开放性骨折——骨折位置有开放的伤口；以骨折线的形式划分的：横行骨折（骨折线与长轴垂直）、斜形骨折（骨折线与骨长轴成一定斜角）、螺旋骨折、粉碎性骨折、撕脱骨折、青枝骨折等。

2. 关节：关节及其周围结构（关节囊、韧带）创伤常常由于关节扭伤或者受到直接撞击而导致关节扭伤、脱位、半脱位，关节扭伤往往伴随有韧带及周围辅助结构损伤而引起关节不稳、肿胀（积液）。

3. 韧带：急性韧带损伤被称为拉伤。韧带拉伤根据韧带损伤程度不同而被分为：一度拉伤（仅仅有少量韧带纤维撕裂、轻度肿胀、疼痛。没有关节不稳）；二度拉伤（中等数量的韧带纤维撕裂，但是韧带功能仍然完整。中等程度的肿胀、更痛、活动受限。偶然有关节不稳。）；三度拉伤（韧带完全断裂。明显肿胀、疼痛剧烈、功能丧失。关节不稳）。

4. 肌肉：肌肉或肌腱急性损伤可由于肌肉被动拉伸过度或者自身强烈收缩所导致。可以分为：一度拉伤（少量肌肉或者肌腱纤维撕裂，轻度肿胀、疼痛、功能障碍；或者是可以用力，但是有明显疼痛）；二度拉伤（部分肌纤维或者腱纤维发生断裂，但是结构仍然完整。中等程度的疼痛、肿胀和功能障碍。以肌肉用力时发生力量减弱和疼痛特征）；三度拉伤（为肌肉、肌腱完全断裂，可以发生在肌肉、肌肉肌腱交界处、肌腱或者肌腱止点。表现为没有力量，但是疼痛不明显）。

5. 骨化性肌炎（Myositis ossificans、traumatic myositis）：由于深层肌肉挫伤或者拉伤后局部淤血不能有效被清除，局部形成瘢痕和修复异常，导致肌肉内有骨生成，常见部位包括股四头肌、股后肌群、小腿三头肌等。

6. 其他损伤：滑囊损伤、切伤、擦伤、裂伤、水泡。

二、过度使用性损伤

过度使用性损伤源自局部负担过重，在常见损伤中占到约50%。主要发生在肌肉及其周围组织，如肌肉、肌腱、骨腱结合部、滑囊、腱鞘、肌肉筋膜，另外，关节软骨、滑膜也经常发生。

（一）概　念

过度使用性损伤是由于受到肌肉收缩时所产生的大小相等、方向相反的肌肉收缩力作用而导致的明显或者微细损伤。很明显损伤是由于上述力的大小超过了相应解剖结构的承受能力，所导致的结构破坏；微细损伤是指由于反复作用，在显微镜下才能看到的损伤，这类损伤可以由于反复刺激的积累或者由于炎症所导致，以疼痛和功能丧失为特征。

（二）诱　因

包括自身和环境两个方面的原因，自身原因包括肢体形态缺陷、肌肉力量不平衡等，还有一个是退行性改变，退行性改变可以导致急性损伤发生，但是对过度使用性损伤影响更大，一些人错误地认为对于慢性损伤（退行性改变类）可以通过休息而获得痊愈，实际上是加重了退行性改变，在损伤没有愈合的同时，功能进一步退化。在人类，随着年龄的增长多数组织都会发生退行性变，常见部位有肩袖和跟腱，对这类问题的解决方法不是休息，而是锻炼；环境因素方面包括训练负荷安排不当、技术错误、场地表面不符合要求、气候条件差等。

（三）一般分类

过度使用性损伤根据疼痛程度不同可以分为四个阶段。

1. 轻微损伤：仅仅在运动后疼痛。
2. 中度损伤：运动中疼痛，但是不影响运动能力。
3. 明显损伤：运动中疼痛，影响运动能力。
4. 严重损伤：慢性、持续性疼痛，包括安静时。

（四）常见过度使用性损伤

1. 骨：以疲劳性骨折和骨软骨炎为多见。多发生在下肢，也可以发生在脊柱和上肢，如体操、举重。骨软骨炎多发生在骨未发育成熟的年轻运动员，由于在肌腱止点处受到反复应力作用而发生骨质增生，最为典型的是胫骨结节骨软骨炎。

2. 关节：关节过度使用性损伤由于机械原因所引起，可以发生“骨关节炎”、滑膜炎，多发生在膝关节。

3. 韧带：单纯韧带过度使用性损伤少见，比如肘内侧炎。常常与肌腱止点损伤合并发生。

4. 肌肉肌腱结合部：这一过度使用性损伤可以发生肌肉炎、肌腱炎、滑囊炎或者腱鞘炎。例如，网球肘、胫骨结节骨软骨炎、髌腱下滑囊炎、桡骨茎突腱鞘炎。

第二节 常见运动损伤原因及其预防

随着人们生活水平的提高，对生活质量要求的提高，使得越来越多的人参加到体育锻炼中来。体育锻炼有助于提高身体素质、有助于健康水平的提高、有助于生活质量的提高。然而，这也必然带来运动损伤的发生率会增多，为此给予这些体育锻炼爱好者合理的损伤预防建议就显得很重要。可以避免体育锻炼爱好者减少运动损伤的发生，帮助家长保护好自己的孩子。

一、损伤的危险因素

所有运动都有发生损伤的可能性，身体接触类项目，如篮球、足球等比非身体接触类项目，如羽毛球、乒乓球等的损伤发生几率要高。多数的运动损伤发生在韧带、肌腱和肌肉，骨折的发生率大约只占5%。但是对于生长发育期的青少年要特别注意骨损伤发生在骨骺的情况，所以即使是发生在骨体上的局部疼痛，都要引起足够的重视。损伤的危险因素可以分为两大类，自身因素和外界因素。

（一）自身因素

1. 参加体育锻炼的目的不明确。参加体育锻炼是为了增进健康、愉悦身心、促进与他人的交流与沟通。如果以比赛胜负为唯一目的，可能带来动作粗野、不择手段、甚至伤害他人和自己。

2. 对损伤预防重视不足。思想麻痹大意、对有关运动损伤预防的认识不正确、有关运动损伤预防的相关知识不足。青少年的神经系统不同于成人，大脑神经过程的兴奋和抑制不平衡，兴奋过程占优势并容易扩散。表现为活泼好动，精力充沛。加上生活缺乏经验，思想上容易麻痹大意，冒失地进行体育活动，或情绪急躁，急于求成，忽视了循序渐进和量力而行的原则，往往是造成运动损伤的重要原因。

3. 身体素质达不到所参加运动的要求。参加体育锻炼要选择适合自己能力的运动方式和运动量，不要过度追求结果，要注重参与。例如，如果使用超出自己能力的器械（杠铃、铅球、标枪、球拍等）、参与超出自身能力的运动，如马拉松、铁人三项赛等；与过强的对手进行有直接身体对抗项目的比赛（如与高年级进行篮球、足球比赛等），都可以导致损伤发生几率的明显升高。

4. 准备活动和整理活动不充分。机体进行剧烈运动时有一个适应过程，合理的准备活动可以缩短这个过程，不合理、甚至是不进行准备活动，容易导致肌肉韧带的拉伤。充分的整理活动有助于身体的恢复，减少锻炼导致的肌肉酸痛，为下一次锻炼做好准备。

5. 选择运动方式不合理。不同的体育锻炼方式对身体不同部位的影响不同，如体重大或者肥胖者，应该选择游泳、自行车这类对下肢、膝关节负重较小的项目进行锻炼，而不宜采用长跑这类锻炼方式。

6. 自我保护能力差。运动锻炼中难免发生意外，发生跌倒时不正确的落地姿势是导致损伤或者加重损伤的主要原因之一。人体有许多先天条件反射也是导致损伤发生的重要原因，例如摔倒时用手撑地所导致的舟骨骨折；摔倒时不会自我保护进行顺势的翻滚，使头部着地而发生脑震荡等。

7. 运动锻炼负荷过重。各种原因导致的运动负荷超出身体承受能力都有可能导致损伤发生。因此，控制好运动负荷是预防损伤的重要环节，不管是运动负荷的绝对过大还是相对过大都必须注意。例如，伤病后的身体状况下降时，机体对锻炼负荷的承受能力会明显下降，这时容易发生意外、重复发生损伤。

（二）环境因素

1. 场地条件不良。场地灯光过于昏暗、过于耀眼，场地地面过滑、有沙土、过涩，有障碍物，保护垫宽度或者厚度不够都可能导致损伤发生。

2. 气候条件恶劣。空气温度过高、过低，空气湿度过大，空气清洁度差，下雨导致地面湿滑等，可以导致机体出汗过多或者体能消耗增大，体力下降、疲劳均会导致损伤发生几率升高。

3. 运动场地上人员过多，过于拥挤。运动场上人员密度过大容易导致相互间的碰撞，导致意外发生。

二、运动损伤预防

根据运动损伤危险因素，对损伤的预防也可以从自身因素和环境因素两个方面进行考虑。

（一）自身因素

1. 明确参加锻炼的目的是健身和放松精神。参加体育锻炼时要遵循适度性原则，根据锻炼目的和自身特点选择合适的锻炼方式。需要考虑的因素有：身体健康状况、身体素质水平、体重、运动系统是否有慢性损伤、锻炼的目的是什么，从而选择运动项目、运动强度和运动的次数。因为要想增加肌肉体积和力量与锻炼心血管系统机能、减少体内脂肪、增强下肢关节稳定性所采用的项目、方式差异会很大。

2. 根据自身身体状态选择锻炼方式。身体状况不佳，睡眠、休息不佳或伤病初愈阶段以及身体疲劳、精神压力大时，锻炼的方式要有所改变。

3. 提高锻炼强度或者开始参加锻炼时，要进行适当的体格检查。参加体育锻炼或者提高锻炼强度，意味着对身体提出更高的要求，机体是否可以承受这样的负荷，单凭感觉是不够的，最好经过相关的检查，特别是对于身体患有慢性疾病的人，这些人很需要进行体育锻炼，但是他们在不了解自己身体的情况下进行锻炼会有可能对机体带来一定的损害，如有骨性关节炎的人还进行长跑就可能加重损伤。

4. 锻炼前要进行合理充分的准备活动，锻炼结束时要进行合理的整理活动。这样可以避免由于突然用力导致肌肉、韧带的拉伤；整理活动的放松有利于机体更好地恢复，减轻肌肉酸痛的发生。

5. 学习和掌握一般自我保护技术。学会发生摔倒时如何正确落地来进行自我保护，遇到他人摔倒或者发生意外时如何正确进行现场处理。

6. 身体疲劳时要及时减少锻炼量和强度，减少意外发生的机会。身体疲劳时肌肉力量、身体协调性会下降，这时参加剧烈运动损伤发生的机会会明显增大。所以运动前一定要对自己的身体情况有所了解。锻炼时的心理状态与运动损伤的发生有着一定的关系，如心情不好，情绪低落或急躁等，都可能成为运动损伤发生的原因。青少年缺乏锻炼知识和经验，好奇心强；不顾主客观条件，盲目地参加运动，也容易发生运动损伤。

7. 遵守比赛规则。参加锻炼，特别是有直接身体对抗项目，如篮球、足球等，比赛中不遵守比赛规则，或相互逗闹，动作粗野，故意犯规等都会增加损伤发生。

8. 如果出现疼痛，立即停止锻炼。

9. 运动中充分补液：在运动前、中、后充分补水，减少或者停止锻炼或者比赛在高温、高湿期间，穿轻薄的服装。

（二）环境因素

1. 避免在恶劣环境下进行锻炼。避免在炎热的下午、寒冷的清晨进行锻炼，根据气候情况，夏季最好在太阳落山后进行锻炼；冬季则是在下午温度最高时进行，这样可以减少由于环境对机体所带来的不良影响。

2. 注意锻炼时运动场的亮度、地面情况。光线过度昏暗和炫目会导致人体的反应速度下降，导致意外发生；地面过滑、有障碍物保护设施不良会增加受伤的机会。

3. 运动时要穿合适的运动服装和鞋袜。运动鞋不合脚，运动袜过薄、不吸汗，运动裤质地过硬可导致滑倒、擦伤的发生。

第三节　组织损伤、炎症与修复过程

一、炎症的特点

组织损伤一旦发生，机体将会进行修复。组织损伤的修复过程必须有炎症过程，损伤后出现的局部疼痛、肿胀、灼热感都是炎症正在发生的表现。炎症是使机体消除损伤组织、进行修复的必然过程，为此，了解炎症过程可以使大家理解损伤修复的机理和判断损伤后的修复进程。

炎症只能发生在有血管的组织当中，没有血管，这一过程将无法进行。炎症反应是非特异性反应，几乎所有的炎症反应过程都相同。这不同于免疫反应，免疫反应是有针对性的，对不同的抗原，机体会产生不同的抗体进行病原体的消除。

二、组织修复的过程

组织修复（或者是炎症反应）过程可以划分为三个阶段：急性期、修复期、重建期。这三个阶段之间没有明显的界限，会同时存在。

（一）炎症急性期反应

组织损伤所导致的出血和损伤会立即引起炎症反应，依据程度不同可能持续数小时或者数天。炎症反应被从细胞或者血浆蛋白所释放的 180 多种化学物质所介导，有些物质来自神经末梢而导致疼痛，这导致反射性肌肉痉挛，肌肉痉挛会加重疼痛，而形成疼痛——痉挛——疼痛的恶性循环，导致功能障碍。其他的介导物质导致局部毛细血管开放，局部血流增加导致血液浓缩、局部发红、发热；血液浓缩有利于白细胞的聚集和血浆蛋白从毛细血管壁漏出，使局部渗透压升高，液体积聚导致肿胀发生。炎症过程在损伤修复过程中会持续存在，直到损伤组织被清除和新的毛细血管网建立。急性反应与修复过程可以并存，但是它不消除，症状就不可能缓解。

急性损伤时会同时伴有血管损伤，运动损伤伤及大血管的情况不多见。血管一旦损伤，机体的凝血机制就被激活，大量血小板在损伤血管处聚集，纤维蛋白原被转换成纤维蛋白形成血凝块，阻止血液进入细胞间隙，使出血停止。如果伤及大血管导致外出血，可以通过按压和抬高伤肢进行止血，但是如果发生的是内出血或者止不住的外出血，有可能导致失血性休克，这时需要尽快找急救人员处理。

（二）炎症反应的修复期

修复意味着新组织的生成，一旦损伤源被消除、保障组织修复的血管网建立，修复过程就会立即开始。修复的过程受很多因素的影响，其中组织细胞的种类决定修复的过程。

在组织损伤后，如果损伤程度较轻，损伤的细胞又有较强的再生能力，则可由损伤周围的同种细胞增生、分化，完全恢复原有的结构与功能，称为完全性再生。如果肌肉损伤，它不能进行完全性再生修复，可经肉芽组织、瘢痕进行修复。

按再生能力的强弱，可将人体细胞分为三类。

1. 不稳定性细胞（labile cells）

是指一大类再生能力很强的细胞。在生理情况下，这类细胞就像新陈代谢一样周期性更换。属于此类细胞的有表皮细胞、骨组织等。

2. 稳定性细胞（stable cell）

这类细胞有较强的潜在再生能力。在生理情况下是处在细胞周期的静止期（G0），不增殖。但是当受到损伤或刺激时，即进入合成前期（G1），开始分裂增生，参与再生修复。属于此类细胞的有软骨细胞（构成关节软骨）、成骨细胞（形成骨细胞，构成骨）、纤维母细胞（合成胶原纤维、弹性蛋白）等。

3. 永久性细胞（permanent cells）

是指不具有再生能力的细胞，此类细胞出生后即脱离细胞周期，永久停止有丝分裂。属于此类的有神经细胞（包括中枢的神经元和外周的节细胞），另外心肌细胞和骨骼肌细胞再生能力也极弱，没有再生修复的实际意义，一旦损伤破坏则永久性缺失，代之以瘢痕性修复。瘢痕组织主要有胶原纤维构成。如果损伤范围很小，较轻时则可以通过卫星细胞转化为肌纤维，从而生成肌肉组织，恢复正常功能。

但是反复的微细损伤会延缓机体修复的过程。

（三）炎症反应的重建期

随着修复的进行，再生的组织可以承受的应力也应达到一定的水平，在韧带和肌腱中的 III 型胶原被更加结实的 I 型胶原所代替。纤维的排列得到改善、纤维连接更加结实。骨组织中的新骨成熟和矿物质含量增加，逐渐恢复正常功能。这一过程的长短取决于损伤程度、其后的康复训练、运动员的身体素质及所参加运动的要求。

（四）慢性炎症期

一般的急性炎症在3～10天会消退，这是修复过程正常的表现。但是有时炎症的症状会持续存在，这就是有慢性炎症发生了。如果发生慢性炎症其愈合过程将被明显延长。一般情况下，慢性炎症的发生有四个常见原因：

1. 异物或者细菌污染。
2. 微生物感染，如结核菌。
3. 抗原抗体反应，如类风湿关节炎。
4. 损伤源持续存在，如持续的机械或者化学刺激。

第四节　运动损伤的一般处理方法概述

一、基本现场处理

运动损伤的现场处理主要是针对急性损伤，其处理原则被简称为PRICE：P——保护受伤部位、避免加重损伤；R——休息和限制活动，以促进修复和避免再次损伤；I——冷敷，减轻肿胀、出血和疼痛；C——局部加压包扎，以减轻肿胀和进行适度的固定；E——抬高上肢，减少血流量、减轻出血、减轻肿胀。这一过程应该持续24～48小时，因为出血可能要到48小时候才能停止。

冷敷是多数损伤现场处理的第一步，但是判断其损伤程度比进行冷敷更加重要，如果对于有内出血这类的严重损伤者不及时找专业人员处理，后果会很严重，也不是冷敷可以解决的问题。所以现场处理的第一步是损伤情况判断。

（一）保证生命安全：首先检查意识，如果意识丧失要尽快找急救人员进行救护，并保护好现场，不要让人随意移动伤员。在保证生命安全的前提下，再对损伤进行处理。

（二）对怀疑有脊柱骨折的伤员更不要轻易进行移动。进行简单的损伤情况检查，以了解受伤情况。

（三）进行15～20分钟冷敷，并用绷带加压包扎。

（四）减少或者限制肢体活动，如果有骨折或者关节脱位，要进行临时夹板固定。

（五）休息时将伤肢抬高，以减轻肿胀和疼痛。

二、常见运动损伤处理方法

（一）物理疗法

1. 冷　敷

运用比人体温度低的物理因子（冷水、冰、蒸发冷冻剂）刺激来进行治疗的一种物理疗法。冷敷主要通过降低组织温度，使周围血管收缩，减轻神经敏感度，达到消炎、镇痛、解痉挛的效果

（1）方法：用冷水浸泡、冰袋外敷，每次15～20分钟。有条件可用冷却镇痛气雾剂喷涂患部。使用时应距皮肤30～40厘米垂直喷射，时间约为5～12秒。有时为了加强作用，可在20秒后再喷一次，但不要超过三次，以免发生冻伤。面部损伤不宜用此法。

（2）适应症：主要用于急性闭合性组织损伤的早期，也可用于急性期后的治疗，具有消炎、解除肌肉痉挛的作用。

（3）注意事项：冷敷应在伤后尽快进行，但要注意时间及局部组织情况，特别是使用气雾剂时，如发现皮肤麻木时应停止使用，防止组织冻伤。

2. 热　疗

热疗是运用比人体温度高的物理因子（传导热、辐射热等）刺激来进行治疗的一种物理疗法。

（1）作用：热疗可使局部血管扩张，促进淋巴循环，提高组织新陈代谢。缓解肌肉痉挛，促进瘀血和渗出液的吸收，加速坏死组织的消除，因而有消肿、镇痛、散淤、解痉、减少粘连和促进损伤愈合的作用。

（2）方法：最简便易行的温热疗法是将毛巾用热水浸透置于伤部，无热感时更换，每次约半小时，每天1～2次。也可用布袋装热沙或热盐或用热水袋进行热敷。其次也可用各种中药进行薰洗。

（3）适应症：适用于急性闭合性软组织损伤的中后期及慢性损伤。

注意事项：应用温热疗法时要注意避免发生烫伤，如有皮肤过敏者应停止治疗。高热、恶性肿瘤、活动性肺结核、有出血倾向者及急性软组织损伤的早期禁止使用温热疗法。

3. 拔罐疗法

拔罐疗法是以罐为工具，借热力排除罐内空气，造成负压，使罐吸附在皮肤上，产生温热刺激并引起局部毛细血管扩张和皮下瘀血以治疗伤病的一种方法。该方法简便易行，是我国传统疗法之一。

适应症：一般适用于陈旧性损伤、慢性劳损等。

4. 电刺激疗法

（1）电疗

电疗是通过专门的电疗机，利用电流对人体的良好刺激来达到治疗效果。根据电流形式的不同，可分为直流电与交流电。直流电可单独使用外，还可与药物结合使用。交流电可分为低频、中频和高频。

电疗方法主要针对慢性粘连、愈合迟缓、肌肉劳损、废用性肌肉萎缩以及急慢性疼痛等。

（2）光疗

光疗法是利用各种光源的辐射或太阳能，作用于人体达到防治疼痛的一种物理疗法。主要有红外线、紫外线等。

光疗法是借助于温热效应改善局部神经和肌肉的血液循环，有利于营养物质的吸收和代谢产物的排泄。主要适用于亚急性和慢性软组织损伤，如肌肉劳损、慢性关节炎等。

（3）热电磁疗

热电磁治疗仪具有温热疗、电疗、磁疗的优点，将几者结合成一体。温热可增加血液循环，低频脉冲能促进静脉和淋巴回流，使肌肉放松；低频可深及肌肉，使肌肉放松。磁场可抑制神经系统，有镇静作用，还可对体内水分子产生影响，有利于渗出液的吸收，对局部肌肉疲劳有较明显的疗效。

注意事项：有下列情况，应不作或慎作电刺激疗法：严重心脏病（尤其带有心脏起搏器者）、严重动脉硬化、高热、有出血倾向、活动性肺结核等。

5. 体外冲击波疗法

冲击波是压力急剧变化的产物。在短短的几纳秒内产生很高的压力幅度，这是冲击波独有的特性。压力急剧变化产生的冲击波具有很强的张应力和压应力，能够穿透任何弹性介质，如水、空气和软组织，但是其作用机理不清。

临床上将体外冲击波用于医疗开始于20世纪80年代初，最初将其用于对肾结石的碎石治疗，而后延用到骨科和外科进行肌腱附着点损伤、骨折延期愈合和骨不连的治疗。现在主要用在慢性损伤后一般保守疗法治疗效果不好时使用。

（二）药物治疗

1. 各种外敷中药、熏洗剂：如，新伤药、云南白药、云香精、正骨水等，对损伤后超过24～48小时的局部进行外敷和擦洗，具有活血化瘀、促进再生、减少粘连等作用。

2. 常用西药

（1）红药水

为2%的红汞溶液，消毒防腐作用较弱。对组织刺激性小，常用于皮肤擦伤。但不可与碘酒合用，因二者会起化学作用产生碘化汞，失去杀菌作用，且对人体有毒，用时需加注意，另外，红汞不能用于口腔内伤口。

（2）紫药水

为1%的龙胆紫溶液，消毒作用比红药水强，对组织无刺激性，无毒。可用于皮肤和粘膜损伤，口腔内伤口也可用。但因其收剑作用较强，涂后伤口结痂较快，不宜用于关节部位。为防色素沉着，一般面部不宜使用。

（3）碘酒

常用2%的碘酊，消毒作用强，对组织刺激性大，一般不宜直接涂于伤口，常用于未破的疖、疮及皮肤消毒。

（4）酒精

消毒用为70～75%的酒精，浓度过高过低其消毒作用都会减弱。酒精对伤口有刺激，一般不宜涂伤口，只宜涂在伤口四周，以消毒。

（5）生理盐水

为0.9%的氯化钠溶液，有抑制细菌的作用，对组织无刺激作用，常用于清洗伤口。

（6）消毒药膏

具有消炎杀菌作用。常用于脸面部与关节部的损伤。

（7）封闭

包括1～2%盐酸普鲁卡因和肾上腺皮质激素类药：盐酸普鲁卡因有麻醉止痛，促进病变组织代谢的作用；肾上腺素有防止水肿及抗创伤性炎症的作用，并能抑制结缔组织增生，减少瘢痕形成。常用于闭合性软组织损伤早期和中期，作痛点局部注射，一般用量为

5～10 毫升。

主要适应于腱鞘炎、滑囊炎、肌肉拉伤、创伤性肌腱炎及慢性创伤性关节炎等。治疗时一个部位每周一次，一个部位注射次数不宜超过 3 次。使用过多，可影响组织修复，使组织韧度降低，易于断裂。

第五节　运动损伤的处理原则

运动损伤发生后的合理处理对损伤的愈合过程有重大影响，合理的处理可以减轻伤员的痛苦、加速损伤的愈合，不合理的处理可能会加重损伤、甚至危及生命。因此，要注意掌握损伤的处理原则及其方法。

一、急性闭合性软组织损伤处理

（一）早　期

伤后 24 或 48 小时内，主要表现为红、肿、热、痛、功能障碍，炎症反应严重。

处理原则：止血、止痛、防肿、制动和减轻炎症反应。

处理方法：伤后即刻冷敷、加压包扎、患肢抬高、适当制动。还可使用止痛药物和点穴、针刺治疗。

（二）中　期

早期至症状基本消失，主要表现为疼痛、肿胀、功能障碍。

处理原则：改善血液和淋巴循环，促进组织代谢，促进淤血和渗出吸收，加速再生修复。

处理方法：综合治疗方法和功能锻炼。

（三）后　期

损伤基本修复、痛肿基本消失，但功能尚未完全恢复。主要表现为锻炼时有痛感，肌力未恢复，严重者可能由于组织粘连、疤痕收缩而出现伤部僵硬，活动受限等。

处理原则：增强和恢复肌肉、关节功能，软化疤痕、松解粘连。

处理方法：以按摩、理疗、功能锻炼为主，适当配以药物治疗，如旧伤药外敷或海桐皮熏洗药熏洗。

二、慢性损伤

慢性损伤的病理变化主要为变性和增生，由于局部代谢障碍而引起组织形态和功能的改变。

主要表现：局部酸痛、无力、活动受限、局部发凉等，具有反复发作的特点。

处理原则：改善伤部血液循环，促进组织的新陈代谢，合理安排局部负荷量。

处理方法：与急性损伤中、后期处理方法一致，但应特别注意功能锻炼，以维持运动水平。

第六节 常用包扎及贴扎方法

一、绷带包扎法

（一）环形包扎

环形包扎法为包扎法中最简单的一种，多用于包扎肢体粗细均匀的部位，如额部、手腕和小腿部。也是几乎所有绷带包扎的开始和结束时的包扎方式。包扎时张开卷带把带头斜放在受伤部位，然后用左手拇指压住带头，右手将卷带绕肢体包扎一圈后将带头小角反折，然后继续包扎，第二圈盖住第一圈，包扎3～4圈即可，用粘膏将尾固定，或将带尾剪开成两头打结。

（二）螺旋形包扎

多用在上臂、前臂下段、小腿下段、大腿下段等粗细相差不大部位。方法是：先按环形包扎开始，然后将卷带向上斜行缠绕，后一圈须盖住前一圈的1/2～2/3，最后以环形包扎结束。

（三）转折形包扎

多用在前臂、小腿、大腿等粗细相差大的部位。方法是：先按环形包扎开始，然后上缠每圈盖住前圈的1/3或1/2成螺旋形。

转折形包扎法亦名反折螺旋形包扎法。适用于包扎粗细不匀的肢体，如前臂、大腿和小腿等处。包扎时以环形包扎法开始，做螺旋形包扎时用左手拇指压住卷带，将其上端反折，压住前一圈的1/2～2/3，每圈之转折线应互相平行。

（四）“8”字形包扎法

“8”字形包扎法适用于包扎关节部位，包扎方法有两种：

1. 从关节远端开始，先做环形包扎法，然后由下而上、由上而下地来回作“8”字形缠绕，最后在肢体上部以环形包扎法结束。

2. 从关节正中开始，先做环形包扎法，然后将卷带斜行缠绕一周在关节上方，一圈在关节下方，两圈在关节凹面交叉，反复进行逐渐离开关节，最后在关节的上方或下方做环形包扎结束。

二、贴扎术

贴扎是一种将胶布贴于皮肤以达到增进或保护肌肉骨骼系统的无创性治疗方法或者技术。贴扎术常用于骨骼肌肉系统损伤的处理，目的为固定关节位置及限制软组织的活动以让软组织在稳定的状况下进行修复。其原理并非给予身体任何外来物质去修补受伤的组织，而是提供组织较好的环境，让身体自然的修补机制去修复。

（一）用　途

1. 运动伤害（例如：韧带扭伤，肌肉拉伤，挫伤）的急性处理，给予压迫、固定，减轻症状及缓解疼痛。

2. 保护软组织，限制软组织的活动。

3. 限制关节活动。

4. 提供关节的稳定性，预防伤害。

5. 给予软组织额外的支持，减少伤害的发生。

6. 治疗慢性的肌肉骨骼系统伤害。

（二）器　材

贴扎需要的工具有胶布，人工皮膜，剪刀，粘着喷剂。贴扎所使用的胶布主要分为有弹性和无弹性两种。

1. 无弹性胶布

早期是以无弹性的胶布为主，运动贴布为其代表，特性为质地较厚重，不具弹性，粘着力牢靠。但透气性较差，易过敏，固定关节的效果佳，却也相对限制关节活动度。使用运动贴布最好搭配护肤膜（人工皮膜、underwrap）使用。

（1）无弹性的胶布的使用目的

· 给予急性受伤部位压迫，预防肿胀。

· 固定受伤的关节，防止不必要的动作。

· 给予关节预防性的固定，预防伤害。

（2）无弹性的胶布的优点

· 提供关节强力的固定，限制关节活动的效果好。

· 粘性较强。

2. 有弹性的胶布

有弹性的胶布（如肌内效贴布 kinesiology tape）目前临床已被广泛使用，此类胶布的特性为具有延展性。如肌内效贴布有和肌肉的延展性相当的 140% 的弹性，并且有相当的防水与透气性，使用时感觉较舒适，且不会对关节活动造成限制。

（1）有弹性的胶布的目的

· 帮助肌肉收缩以增强肌肉力量。

· 阻止肌肉收缩以放松肌肉。

· 假想成在皮肤外贴上一条额外的肌肉帮助收缩，如此可以减轻肌肉收缩的负担。

· 增进淋巴和血液循环，帮助软组织的修复。

· 减轻疼痛。

（2）有弹性的胶布的优点

· 不会使关节活动受到限制

· 透气性高，较舒适。

· 耐水性。

· 抗敏感。

三、肌内效贴（Kinesio tape）

有关传统贴扎方法对运动员损伤预防和治疗作用一直存在争议，但是运动员们也一直在使用这种贴扎进行损伤预防和治疗。直到2008年北京奥运会上，我们在许多运动员的肩部、手臂、腿部和背部看到了一种新型的彩色贴扎技术——肌内效贴，肌内效贴的手段早已存在，只是没有引起人们的注意。传统贴扎技术是利用胶布在关节或者损伤部位形成比较结实、没有弹性的固定带以支撑或者限制关节或者肌肉的活动度。肌内效贴所采用的材质则是结实而柔软，通过其特有的方式结合有弹性和无弹性的贴布进行损伤保护和预防。该产品声称除了可以保护损伤的肌肉和关节，通过拉起皮肤还具有缓解疼痛，促进血液循环作用。据称该贴扎技术比传统贴扎法具有更好的缓解疼痛和促进损伤愈合作用。

（一）肌内效贴布法的原理

肌内效贴布可增加皮肤与肌肉之间的间隙，促进淋巴及血液循环，减少引致疼痛的刺激物质。其张力更可减轻肌肉紧张及疲劳，支撑软弱的肌肉组织。如配合正确的部位贴法使用，便可达致减轻疼痛、肿胀、促进康复机能及增进运动表现等效果。

（二）肌内效贴布法的四大主要功效

1. 使肌肉功能回复正常
2. 促进淋巴及血液循环
3. 减轻疼痛
4. 矫正关节问题

本章提要

1. 运动损伤是指在运动过程中发生、或者与运动有密切关系的相关因素作用下所发生的损伤。它的发生与运动项目，训练安排，运动环境，运动者的自身条件以及技术动作有密切的关系。

2. 不同运动项目会发生身体不同部位的损伤，是运动项目的特殊技术要求和人体本身存在解剖生理弱点决定的。

3. 运动损伤按照损伤性质而分为急性损伤和过度使用损伤。

4. 急性损伤按照损伤部位皮肤粘膜的完整性分为开放性损伤和闭合性损伤。

5. 开放性损伤是损伤部位的皮肤、粘膜的完整性遭到破坏。常见损伤有切伤、刺伤、擦伤、裂伤。

6. 闭合性损伤是损伤部位的皮肤及粘膜完整，发生的是深层组织的损伤。如挫伤、扭伤、拉伤。

7. 拉伤：肌肉、韧带等收到超过自身承受能力的被动牵拉或者主动收缩导致的损伤。如肌肉拉伤、韧带拉伤。

8. 扭伤：关节产生超出正常范围的活动，导致周围组织受到牵拉或者挤压导致的损伤。如踝关节扭伤、膝关节扭伤。

9. 骨折：骨或者骨小梁的完整性遭到破坏。如前臂骨折、小腿骨折等。

10. 关节脱位：构成关节的骨之间的正常关系被破坏。如肘关节脱位、肩关节脱位等。

11. 骨折的种类包括以是否有伤口与外界相通而划分的：闭合性骨折——没有伤口与外界相通；开放性骨折——骨折位置有开放的伤口。

12. 关节及其周围结构（关节囊、韧带）创伤常常由于关节扭伤或者受到直接撞击而导致关节扭伤、脱位、半脱位。

13. 急性韧带损伤被称为拉伤，根据韧带损伤程度不同而分为：一至三度拉伤。

14. 肌肉或肌腱急性损伤可由于肌肉被被动拉伸过度或者自身强烈收缩所导致。可以分为：一至三度拉伤。

15. 过度使用性损伤是由于受到肌肉收缩时所产生的大小相等、方向相反的肌肉收缩力作用而导致的明显或者微细损伤。以疼痛和功能丧失为特征。

16. 过度使用性损伤根据疼痛程度不同可以分为四个阶段：轻微损伤，仅仅在运动后疼痛。中度损伤：运动中疼痛，但是不影响运动能力。明显损伤运动中疼痛，影响运动能力。严重损伤：慢性、持续性疼痛，包括安静时。

17. 损伤的危险因素可以分自身因素和外界因素。

18. 损伤的预防也可以从自身因素和环境因素两个方面进行考虑。

19. 炎症的特点：组织损伤一旦发生，机体将会进行修复。组织损伤的修复过程必须有炎症过程，我们损伤后出现的局部疼痛、肿胀、灼热感都是炎症正在发生的表现。

20. 组织修复（或者是炎症反应）过程可以划分为三个阶段：急性期、修复期、重建期。这三个阶段之间没有明显的界限，会同时存在。

21. 运动损伤的现场处理主要是针对急性损伤，其处理原则被简称为PRICE。

22. 急性闭合性软组织损伤处理方法：早期：伤后即刻冷敷、加压包扎、患肢抬高、适当制动。还可使用止痛药物和点穴、针刺治疗。中期：综合治疗方法和功能锻炼。后期：以按摩、理疗、功能锻炼为主，适当配以药物治疗。

23. 慢性损伤的病理变化主要为退行性变，处理方法：与急性损伤中、后期处理方法一致，但应特别注意功能锻炼，以维持运动水平。

参考文献

［1］罗阿尔·贝尔，斯韦内·迈赫伦主编．运动损伤临床指南［M］．高宗玄译．北京：人民体育出版社，2007.

［2］T. McGuine，Sports injuries in high school athletes：a review of injury – risk and injury – prevention research，Clinical journal of sport medicine：official journal of the Canadian Academy of Sport Medicine 2006，16，488 – 499.

［3］M. MacKay，A. Scanlan，L. Olsen，D. Reid，M. Clark，K. McKim and P. Raina，Looking for the evidence：a systematic review of prevention strategies addressing sport and recreational injury among children and youth，Journal of science and medicine in sport / Sports Medicine Australia 2004，7，58 – 73.

［4］S. M. Weldon and R. H. Hill，The efficacy of stretching for prevention of exercise – related injury：a systematic review of the literature，Manual therapy 2003，8，141 – 150.

第十章 体育运动意外事故的急救与处理

体育运动中的意外事故是指体育运动过程中发生的，与体育运动环境相关因素有关、而且不可预料的伤害事故。

意外事故的发生，常常会给体育运动参加者的身体和心理带来一定的伤害，甚至会导致体育运动参加者的死亡。因此，要认真研究各类意外事故的发病原因和机理，掌握意外事故的各种表现，以便正确判断伤情及其种类，准确、迅速地采取相应的急救措施，力求使体育运动中意外事故造成的危害降低到最低水平。

掌握一些常用的创伤救护和急救方法，对于意外事故的及时处理，减轻体育运动参加者的损伤程度，挽救生命，有着非常重要的意义。

第一节 溺 水

溺水是人体在水中淹没，水充满呼吸道和肺泡而引起窒息，吸收到血管内进入循环系统的水引起血液渗透压改变、酸碱平衡失调及电解质紊乱，以及各种组织损害，直至造成呼吸和心跳停止而死亡。

一、原因与机理

（一）原 因

1. 溺水者游泳技术较差；
2. 机体处于过度疲劳状态或饥饿状态；
3. 在水中突然出现肌肉痉挛（抽筋）；
4. 进入水草密集区或激流险滩等，无法控制自己的身体；
5. 潜泳前做过度的深呼吸。

（二）机 理

人体淹没于水中后，首先由于生理本能反应会屏气，防止水进入呼吸道。接着屏气导致缺氧越来越严重，被迫进行代偿性深呼吸，使大量的水及泥沙进入呼吸道和肺泡，妨碍了气体交换，引起全身缺氧和二氧化碳滞留，呼吸道内的水迅速经肺泡吸收到血液循环系统内，引起体液成分变化等一系列症状。

溺水还会引起喉头、气管的反射性痉挛；水中的杂草异物等会堵塞呼吸道，发生窒息。溺水者的挣扎会进一步增加机体的耗氧量，从而引起昏迷，导致死亡。

二、表　现

由于窒息，溺水者面部青紫肿胀，双眼充血，口腔、鼻腔充满泡沫、泥沙或藻类，全身浮肿，肢体冰冷；呼吸困难或停止，血压明显下降，心音减弱或消失；胃内充满水而上腹部胀大。

三、急救处理方法

（一）判断溺水者的意识，以及有无呼吸心跳：如其呼吸心跳均停止，应立即进行心肺复苏，包括人工呼吸和胸外心脏按压。经抢救心跳呼吸仍没有恢复的，应至少坚持抢救一小时以上。

（二）清理呼吸道：将溺水者口腔鼻腔内的泥沙和异物清除，无意识者将其舌拉出口外，以免舌松弛、后坠堵塞呼吸道。

（三）倒出胃内积水：

1. 急救者取半跪位，将溺水者的腹部放在急救者的膝盖上，使其头部下垂，并用手平压背部。

2. 抱起溺水者的腰腹部，使背部向上，头部下垂。

3. 抱住溺水者的两腿，腹部放在急救者的肩部，快步奔跑，使其胃内的积水排出。

（四）拨打急救电话“120”：急救之前，先拨打急救电话“120”，迅速与当地医院或急救中心取得联系，以便得到医疗单位的及时救治。

第二节　热损伤

热损伤（heat illness）包括热力烧伤（burn）和中暑（heat - stroke）等两种类型。热力烧伤在体育运动中比较少见，故本节主要讨论中暑导致的热损伤。

中暑是指人体在高温环境下，由于水和电解质丢失过多、散热功能衰竭引起的以中枢神经和心血管功能障碍为主要表现的热损伤疾病。

一、病因和发病机理

（一）病　因

1. 环境温度超过皮肤温度（32 ~ 36℃）；
2. 阳光直射头部，引起颅内温度过高；
3. 空气温度过高；
4. 场馆通风不良；
5. 运动量过大，排汗量增加；

6. 水分和无机盐类补充不足；
7. 机体机能状态不良，对高温耐受能力下降。

（二）发病机理

正常人体在体温调节中枢的控制下，产热和散热处于动态平衡状态，在运动状态下，体内代谢过程加强，产热增加。此时，机体通过皮肤血管扩张、血流加快、汗腺分泌增强及呼吸加深加快等生理反应，以辐射、传导、对流和蒸发等散热方式来维持正常体温。

高温情况下，血液和汗腺功能对调节体温起主要作用。周围环境的温度过高，使体内产热量大于散热量，体温调节中枢失控使体温急剧升高，同时汗腺功能障碍，出汗减少导致高热和无汗。高温对心血管系统也有相应的影响。由于皮肤血管扩张以达到散热的需要，心脏搏出量增加，导致心脏负荷加重。随着高温状况的持续存在，心脏功能逐渐不能适应机体的需要，心搏出量减少，皮肤血液流量减少而影响到了机体散热。高热导致的大量出汗还会使机体水分和氯化钠丢失，导致循环衰竭；水分和盐分的补充不足还会引起肌肉痉挛。

二、表　现

（一）中暑先兆

高温环境下，如有全身明显疲乏感，四肢无力、发麻、头晕、胸闷、口渴、大量出汗者，即为中暑先兆。

（二）轻症中暑

除上述症状外，若有下列表现之一者，为轻症中暑。
1. 体温超过38℃，但无神志不清。
2. 面色潮红，胸闷，皮肤灼热。
3. 面色苍白，脉搏细速，血压下降，皮肤湿冷。

（三）重症中暑

中暑时，可根据受热造成损伤时机体发生的不同类型的变化，把中暑分为四种类型：

1. 中暑热衰竭：饮水不足的老年人、儿童以及体弱多病者，常发生热衰竭情况。高温情况下从事室外作业的人员、高温环境下进行运动训练，并且补足了丢失的盐分而水分补充不足的运动员也有类似情况发生。这一类型中暑者体温不高，没有高热现象，患者先有头痛、头晕、多汗、恶心呕吐；接着出现口渴、疲乏无力、焦虑、胸闷、面色苍白、出冷汗、轻度脱水、脉搏细弱或缓慢、血压下降、心律不齐等。部分人员有晕厥、循环衰竭现象。

2. 中暑热痉挛：大量出汗引起体内电解质尤其是氯化钠丢失过多，导致肌肉兴奋性升高而发生头痛和肌肉痉挛等的情况，称为中暑热痉挛。在马拉松、铁人三项、越野运动、自行车等长距离对身体消耗比较大的运动项目中常见。轻型中暑热痉挛仅出现局部对称性肌肉抽搐，重型患者出现大肌肉群痉挛，阵发性加重，以下肢和腹肌痉挛最为常见。

发病过程中，患者意识清楚，体温正常。

3. 中暑高热：患者持续在高温环境下工作或训练数小时后，出现高热、无汗、昏迷的症状，称为中暑高热，又称热射病。老年人和体弱者、慢性病患者在夏季持续高温数天后容易发生。中暑的症状轻重不同，轻者为虚脱状态，重者出现典型的高热、无汗、昏迷症状。发病比较急，体温上升、呼吸加快、脉搏细速。重者体温可持续在41℃以上，可导致昏迷，因心力衰竭或呼吸衰竭而死亡。

4. 日射病：某些在高温环境下运动和工作的人员，由于太阳光直接照射到头部，辐射热直接穿透颅骨，导致脑内出现高温，影响脑组织供血供氧而产生的热射病类型，称为日射病。

实际生活及工作中，中暑常常以多种混合形式存在。

三、急救处理方法

（一）中暑先兆和轻症中暑的急救

1. 迅速使中暑者离开高温环境，到阴凉通风处平卧休息。

2. 饮用凉茶、淡盐水或其他清凉饮料。

3. 可服用仁丹、十滴水、藿香正气水等解暑药物，或于太阳穴等处涂抹清凉油、风油精等外用药物。

4. 采用刮痧疗法，针刺或点按合谷、大椎、风池、足三里等穴位。

5. 体温升高者，可用冷敷或冷水、酒精擦拭其颈侧部、腋窝等处，以进行物理降温。同时按摩中暑者的四肢及躯干，促进血液循环，加速散热。

6. 迅速与医院联系，请专业医务人员做进一步的诊断和处理。

（二）重症中暑的急救

1. 头部及全身物理降温，配合药物降温。

2. 纠正水电解质及酸碱平衡紊乱。

3. 对症治疗各种并发症。

第三节　冷损伤

冷损伤指冻伤（frostbite），即低温对机体组织造成的损伤，根据损伤的程度可以分为冻疮（chilblain）、冻伤和冻僵（frozen stiff）。

一、病因和发病机制

（一）病　因

1. 在低温环境中停留或运动时间过长。

2. 缺乏保暖的衣物和鞋袜。

3. 机体过度疲劳或饥饿状态。

4. 雪崩、海难、空难等意外事故。

（二）发病机制

最初接触冷刺激时，机体出现一系列兴奋性变化：精神兴奋、代谢率增高、心跳和呼吸加快，寒战，周围血管收缩，皮肤苍白冰冷、体内产热增加。

当长时间暴露在寒冷环境中，各种生理过程由上述变化逐渐转为抑制，心跳呼吸减慢、血液浓缩及粘稠度增加、反射迟钝、关节肌肉僵硬、活动困难、出现嗜睡状态。严重时，呼吸心跳停止。

长时间暴露在 0 ~ 10°C 低温和潮湿环境中，机体组织可以形成冻疮。当皮肤温度降至 −5°C，即可造成组织的冻结性损伤。在此温度下，机体细胞内液形成冰晶，导致细胞本身的变性、坏死。深度冻伤可使肢体致残，全身性冻伤可危及生命。

二、表　现

（一）冻　疮

见于手、足及耳廓、鼻尖等暴露部位的肿胀、瘙痒、刺痛，冻疮局部皮肤呈紫红色，有时出现水疱和糜烂面。

（二）冻　伤

冻伤可以根据组织的损伤程度分为三度。

1. 一度冻伤：伤及皮肤表皮层。局部轻度肿胀，形成红斑，可有麻木、瘙痒、疼痛等异常感觉。约一周后可以自愈。

2. 二度冻伤：伤及皮肤真皮层。局部肿胀、呈青红色，伤处灼痛、发痒。2 ~ 3 周愈合，一般不留瘢痕。

3. 三度冻伤：伤及皮肤全层和皮下组织。局部由褐色变成黑色，出现明显的组织坏死，感觉消失。经久不愈，愈合也会留下瘢痕。一些深部的冻伤还会伤及肌肉骨骼，留下肢体伤残。

（三）冻　僵

全身僵硬、感觉迟钝、麻木、乏力、神志不清、出现幻觉。严重者出现昏迷、心律失常、甚至心跳骤停。

三、急救方法

（一）冻疮处理

迅速脱离低温环境，脱去潮湿的衣服和鞋袜，给热饮料及高热量的流质或半流质食物。冻疮部位外用冻疮膏，糜烂面可涂抹抗生素软膏，促进愈合。

（二）冻伤、冻僵的急救

1. 快速复温：使用40～42℃恒温水浴复温15～30分钟，或用热水袋、水瓶或温热毛巾加温，也可将冻伤肢体放在正常人腋窝、胸腹部复温，不可用火烤、捶打、用雪搓等方法，以免加重损伤，冻结在肢体上的衣服鞋袜一时脱不下来，不要生拉硬拽，可待解冻后脱下，要尽量减少组织受冻时间，减轻冻伤程度。

快速复温后，应在22～25℃室温内继续保暖，卧床休息。

2. 对一、二度冻伤局部用0.1%新洁尔灭溶液清洗。干敷料包扎。外用冬青膏等涂抹，或用辣椒杆、艾蒿杆水浸泡。

3. 对三度冻伤，应保护创面，保暖包扎。待坏死组织自行脱落后，再由专业医务人员做进一步处理。

第四节　晕厥与脑震荡

一、晕　厥

晕厥（syncope）指由于一过性脑血流量不足所引起的短暂性意识丧失。

（一）病因和发病机理

1. 病　因

（1）情绪刺激、焦虑、恐惧、外伤、疼痛、女子月经期；

（2）机体疲劳、饥饿状态；

（3）卧位或蹲位突然站起时；

（4）长距离或长时间运动后突然停止；

（5）衣领过紧、颈部突然旋转或按摩刺激颈部时；

（6）夜间尿排空时引起周围血管扩张。

2. 发病机理

脑血流量受脑血管阻力和动脉血压的影响，后者是主要因素。当血压变化过快、幅度过大或植物神经的调节作用失调时，则脑血流量可能低于30毫升/分/100克脑组织而产生晕厥。晕厥的发作与晕厥者当时的体位有关。

（二）表　现

1. 晕厥多在站立时发生；

2. 发作前多有全身不适、心悸、胸闷、头昏、耳鸣、眼花、恶心、面色苍白、出冷汗等表现；

3. 晕厥时间约数秒至数分钟；

4. 发作时脉搏浅弱、呼吸浅表、血压下降、两眼上翻、瞳孔放大；

5. 少数人有短暂性肢体轻微抽动；

6. 一般无大小便失禁；
7. 苏醒后意识清楚，常感到疲乏无力，头痛、恶心、情绪紧张，不留任何后遗症；
8. 常在几小时后完全恢复正常。

（三）急救处理方法

1. 针对病因采取预防措施；
2. 在晕厥发作时，要及时给予搀扶使其安静平卧，避免发生伤害性跌倒；
3. 发作后的伤员应安静平卧，松开衣领，保持头扭向侧方；
4. 可给热茶或糖水；
5. 避免不必要的询问和打扰；
6. 与医务人员取得联系，做进一步的检查处理。

二、脑震荡

脑震荡（concussion）指头部受到暴力作用导致的一过性广泛脑组织功能障碍。脑震荡是一种最常见的轻度原发性脑部损伤，可以单独发生，也可以与其他颅脑损伤合并存在。

（一）病因和发病机理

1. 原　因

（1）头部受到直接暴力打击（加速性损伤）；
（2）头部以较快的速度撞击到静止的物体（减速性损伤）；
（3）坠落时双足或臀部着地，外力经脊柱传到头部；
（4）外力作用于躯干某部引起躯干的变速运动，头部受到震动。

2. 发病机理

其发病机理意见不一，一般认为，当头部受到外力作用后，脑组织移位使脑干受到牵拉扭转，引起脑干网状结构的一时性功能障碍。同时因外力作用引起颅内压的变化，脑血管运动功能紊乱以及脑脊液动力学改变也间接地影响脑干功能。

（二）表　现

1. 伤后立即发生意识障碍，历时约数秒或更长，直至数十分钟。

2. 意识障碍程度可为一时性神志恍惚或意识丧失。

3. 清醒后常有逆行性遗忘，伤者对受伤当时的情况及受伤经过不能回忆，但对受伤以前的事情能清楚地回忆。

4. 头晕、头痛、恶心、呕吐、耳鸣、心悸、失眠、健忘、烦躁不安等症状可持续数日，以后逐渐减轻。

5. 如有下列情况发生，应考虑可能有严重的颅脑损伤：

（1）意识丧失在半小时以上；
（2）耳、鼻、口流血或脑脊液；
（3）清醒后头痛、恶心、呕吐剧烈者；

(4) 两瞳孔不对称或变形者；
(5) 清醒后出现第二次意识丧失。

(三) 急救处理方法

1. 立即让伤员安静平卧，密切观察；
2. 保证休息和充足的睡眠，少做脑力活动和体力劳动；
3. 对症服用镇静、止痛和改善脑细胞代谢的药物；
4. 请医务人员做进一步的检查和处理；
5. 如有异常情况发生，立即将伤员送往医院治疗。

第五节　运动中腹痛

运动中腹痛是指发生在体育运动中的急性腹部疼痛。

一、腹痛的原因

(一) 腹部遭受外力打击

体育运动中，腹部受到拳打脚踢，身体冲撞，或受到运动器械的撞击，可引起腹部肌肉挫伤和腹腔脏器的损伤。如果打击波及到腹腔神经丛，可引起反射性腹痛，如果打击波及到腹腔内的实质性脏器，可出现突然性的剧烈疼痛。

(二) 准备活动不充分

运动前没做好充分的准备活动，循环系统、呼吸系统、神经系统和运动系统的机能还没有充分动员起来，此时立即进入紧张激烈的体育运动中，就会因为机体协调性差，心肌收缩力不足，心搏出量少，影响静脉回流，导致下腔静脉、肝静脉回流受阻，使肝脾瘀血肿胀，肝脾脏器被膜上的神经反射性地受到牵张而导致腹痛。另外，准备活动不足时，初次参加体育运动者，常常由于呼吸肌协调性差而出现呼吸浅快，使肋间肌和膈肌过于频繁的收缩运动，引起呼吸肌痉挛并产生疼痛，出现左右季肋部的腹痛。

(三) 饮食问题

运动前大量摄入蛋白质和脂肪含量较多的食品，或摄入粘食和油炸等不易消化的食物，或食入豆荚、萝卜、芹菜、花生米等含纤维素多且易产气的食物，或食入过冷、过硬的食物，这些食物都会使胃肠道充盈，胃肠道蠕动增强，平滑肌痉挛而造成腹痛。

饮食后过早参加体育运动，运动前或运动中饮水过多，特别是在夏季饮用冷饮过多，也是引起运动中腹痛的原因之一。

另外，如果食用了不卫生的食品，发生食物中毒或胃肠功能失调，也可在运动中出现腹痛。

（四）腹部疾病

腹部疾病是引起腹痛的常见病理因素。常见的腹部疾病有：

1. 炎症性腹痛：腹腔或邻近腹腔的脏器发生炎症，如急性胃炎、急性胆囊炎、急性阑尾炎、急性胰腺炎、急性腹膜炎、盆腔附件炎等。炎症导致的腹痛，其特点多为持续性疼痛，疼痛部位一般与病变器官部位一致，即疼痛部位可以提示原发病变的位置，常伴有不同程度的发热和白细胞计数增高。

2. 脏器破裂性腹痛、穿孔性腹痛：腹部脏器破裂、溃疡穿孔或血管破裂出血时，根据破裂、穿孔脏器的不同，有消化液或血液流入腹腔，刺激腹膜引起腹膜炎，引起全腹的疼痛，以及压痛、反跳痛、肌紧张的表现。这种腹痛的表现为发病突然，病情危重，短时间内病人即可出现面色苍白、四肢厥冷、血压下降、脉搏细快等失血性休克的症状。

3. 梗阻性腹痛：各种原因使肠道阻塞而引起的腹痛，特点是腹痛可能有绞痛、胀痛、钝痛等多种表现，并伴有腹胀、呕吐、排气排便停止。

4. 结石性腹痛：胆囊结石、胆管结石、泌尿系统结石均可引起强烈的腹痛，特点是剧烈绞痛，难以忍受，有时随体位改变而缓解。

5. 寄生虫性腹痛：主要是蛔虫引起的胆绞痛或肠绞痛，少年儿童多见。腹痛呈阵发性绞痛，有时伴有钻顶痛，时轻时重，位置不固定。

二、表　现

腹痛的临床表现呈多样性。疼痛的性质可因疼痛部位或病变严重程度而出现差异。运动中的腹痛可根据相应区域，初步判断腹痛的原因。

运动中出现的腹痛一般以局部不适感觉和钝痛为主，无明显的压痛，常伴有头痛、恶心、呕吐、腹泻等。如果出现持续性剧烈腹痛，按压腹部有压痛，局部腹肌紧张或有反跳痛者，应考虑有相应区域深部脏器组织的损伤或疾病。此种情况若伴有高热、寒战，或有出血性休克或创伤性休克表现者，应马上请专业医务人员进行进一步的诊断和处理，并及时转送医院。

三、处　理

（一）运动中出现与呼吸相关的腹痛时，应减慢运动速度，降低运动强度，同时用手按压疼痛部位，通过深呼吸来调整呼吸深度和频率，直至疼痛缓解。如果腹痛一直得不到缓解，应立即停止体育运动，到场外做进一步的诊断和处理。

（二）点按、针刺或艾灸穴位止痛：选中脘穴、天枢穴、足三里等穴位。

（三）腹部按摩：按揉腹部、拿揉腹肌。

（四）服用解痉镇痛药物：阿托品、普鲁本辛、颠茄片等，对于持续性剧烈腹痛且原因不清者，暂时不要用药物缓解止痛。

（五）必要时需要医务人员对运动中腹痛患者做进一步的诊断和处理。

第六节　肌肉痉挛

肌肉痉挛（cramp）是指骨骼肌发生的非自主性强直收缩。俗称“抽筋”，多见于小腿腓肠肌和足底的屈趾肌。在游泳、足球、篮球、长跑、马拉松、自行车等运动中多见。

一、病　因

（一）寒冷环境

寒冷环境中运动，体温散失增多，如果运动时间过长，机体会通过骨骼肌的颤动和痉挛来增加热量的生成，使体温保持正常。此外，寒冷环境中，肌肉容易发僵变硬，粘滞性增加，肌肉收缩舒张力量增加，也容易造成肌肉痉挛。

（二）高热环境

炎热的夏季做较长时间、较大强度的户外运动时，机体通过大量排汗的方式散发体内的热量，同时也使大量水分和电解质随汗液的排放而丢失，机体出现酸碱平衡失调和水电解质紊乱，同时神经－肌肉兴奋性增强，出现肌肉痉挛。

（三）肌肉疲劳

持续长时间的大强度运动或运动过分集中于机体局部，使局部肌肉连续收缩做功，无法得到充分的放松和恢复，导致肌肉局部代谢产物堆积，炎性介质刺激，肌肉收缩与放松的协调性降低而出现肌肉疲劳状态，此时，若再做冲刺等突然发力的动作，即易出现肌肉痉挛。

（四）饥饿状态

进行运动时，机体热源物质的消耗增加。在持续长时间的运动中，这些消耗的物质不能得到及时的补充，即处于饥饿状态，血糖水平下降，低血糖严重时可以引起肌肉痉挛和低血糖昏迷。

（五）过度换气

初次运动者的呼吸调节能力较差，若在运动中频繁呼吸，可导致过度换气，出现呼吸性碱中毒，血中的碳酸含量变化，严重时可出现呼吸肌痉挛和其他骨骼肌痉挛。

（六）精神因素

机体应激反应过强或精神处于紧张状态。

（七）躯干或肢体保持不变姿势时间过长

姿势不变会导致姿势肌和拮抗肌僵硬，引起肌肉痉挛。

（八）癫痫病发作或癔病痉挛

有时癔病的大发作会危及生命，因此有癫痫病史者严禁参加具有危险性的体育运动，防止发生生命意外。

二、表 现

全身各处的骨骼肌都可出现肌肉痉挛，但以四肢特别是小腿腓肠肌最易出现。

肌肉痉挛时，局部肌肉挛缩僵硬，肢体屈伸受限，伴有疼痛，肌肉痉挛持续的时间为数秒至数分钟。

三、处 理

（一）掌握自救方法

游泳时出现小腿腓肠肌的痉挛是最危险的，需要游泳者熟练掌握自救处理方法。

在水中出现小腿腓肠肌痉挛时首先要保持镇静，深吸一口气，屏气浮于水中，屈体前倾，用健侧的手扳住痉挛下肢的足趾，用力向身体方向扳起；同时，用痉挛侧手掌压住痉挛下肢的膝关节，使之逐渐伸直。一次操作不能缓解痉挛，可以连续做几次。同时也可以一方面用痉挛侧手掌在痉挛侧小腿后方拿捏腓肠肌，并协助痉挛下肢做几次屈伸，也可逐步缓解痉挛僵硬的肌肉。

如果痉挛者附近有救生员，可迅速向救生员求救，帮助解除肌肉痉挛，救护肌肉痉挛者上岸，再做进一步处理。救生员可在水中先试行解除痉挛，如未缓解，则应及时将痉挛者护送上岸。如果痉挛者出现溺水情况，应按照溺水急救措施及时处理。

（二）牵拉、按摩痉挛肌肉

小腿腓肠肌痉挛时，可伸直膝关节，并用力使踝关节背伸，牵拉伸展痉挛的腓肠肌。同时，按揉和拿捏痉挛的肌肉，点按或针灸委中、承山、涌泉、昆仑、太溪等穴位。

（三）针对痉挛的病因进行相应的处理，以解除痉挛

1. 寒冷环境中出现的肌肉痉挛要注意保暖，在水温、气温较低、风速较大的环境中运动时，要注意运动时间不要过长。

2. 合理安排运动强度，注意休息。

3. 高温环境中要防止中暑，主要补充水分和电解质。

4. 适时适量进食，防止低血糖发生。

5. 及时预防和治疗各种能产生肌肉痉挛的疾病，严禁癫痫病人和癔病病人参加具有危险性的体育运动。

6. 组织游泳时，应了解水域周围的情况，安排救生员和准备救生设备。

7. 对体育运动参加者进行必要的安全教育，使其掌握自救和互救的知识。

第七节 咬蛰伤

体育运动中，运动者可能受到毒蛇、黄蜂、蜈蚣、蝎子蜇伤或猫、犬类的咬伤抓伤。对此类意外损伤的判断和处理也应当有一定的认识。

一、毒蛇咬伤

人体被毒蛇咬伤后，伤口处，多有两个或四个较粗大而深的齿印，创口皮肤多呈灰黑色或黄色。局部发热、肿胀、疼痛或麻木，肿胀多向四周扩散，并沿着淋巴管向心性蔓延，体温可明显升高。不同种类毒蛇咬伤的中毒表现有所区别，有的以头晕、头痛、烦躁、抽搐等神经系统损害为主，有的以伤口出血不止，周围皮肤发紫、发黑，呕血、黄疸、贫血等心血管和血液系统受损害为主。

被毒蛇咬伤后，应立即采取以下措施。

（一）用止血带、布条等结扎伤肢的伤口近心端，制止毒素向心性蔓延，松紧度以能阻止静脉回流而不妨碍动脉血运为宜。结扎后应每隔 20 分钟左右放松一次，每次 1～2 分钟。

（二）伤口可用水、3% 过氧化氢溶液或生理盐水冲洗。

（三）用吸盘式吸引器或火罐拔出伤口内毒素，也可用口吸出毒素，注意要边吸边吐。

（四）经过上述处理后，用蛇药涂抹在伤口周围。

（五）迅速将伤者送往医院，请专业医务人员处理。

二、蜂蜇伤

蜂蜇伤后的伤处可见黑点，有肿胀、出血、水泡或丘疹，局部明显疼痛，可有头痛头晕、恶心呕吐、发热等全身中毒反应。蜂蜇伤后应采取以下措施。

（一）用消毒的钢针将伤处的蜇刺剔除，切勿挤压。

（二）伤口周围用蛇药研成粉末，水调后外敷，并口服蛇药片，每次 10 片，每日 3 次。

（三）局部疼痛明显者，可用利多卡因或普鲁卡因等局麻药在局部予以封闭。

三、蜈蚣咬伤

咬伤局部可见 2 个小点，肿胀、疼痛明显，可伴有头痛头晕、发热呕吐等全身中毒的症状。蜈蚣咬伤后应采取以下的措施。

（一）局部伤口用 5～10% 碳酸氢钠溶液或肥皂水涂抹，以中和酸性毒液，也可涂抹虫咬皮炎药水。

（二）有全身症状者可口服蛇药，每次 5～10 片，一日 3 次。

（三）疼痛剧烈者可用利多卡因局部封闭。

四、蚂蟥叮咬伤

蚂蟥学名水蛭，通过吸盘吸附人体吸血，使叮咬处流血不止，且易发生感染。被蚂蟥叮咬之后，可采取以下措施。

（一）轻轻拍打蚂蟥吸附附近的皮肤可使其震落，或用火柴烧灼使其脱落，也可在蚂蟥身上滴数滴浓盐水、醋、碱水、肥皂水、酒或碘酊使其脱落。

（二）叮咬处可用碘酊消毒，再用酒精脱碘，用无菌棉球压住伤口止血，止血后用无菌敷料包扎。

（三）蚂蟥钻入人体，通过在虫体上点滴麻醉药物，即可取出虫体。

五、蝎蜇伤

蜇伤处剧烈疼痛、肿胀、变黑或起水泡，少数人会出现全身中毒症状。被蝎子蜇伤应采取以下措施。

（一）立即拔出毒刺，局部冷敷。

（二）症状明显者，可扎止血带并切开伤口引流毒液。

（三）伤口用5%碳酸氢钠溶液或0.2%高锰酸钾溶液冲洗，也可用虫咬皮炎药水涂抹。

（四）疼痛明显者可用奴夫卡因局部封闭。

（五）内服、外用蛇药。

（六）若出现呼吸抑制应立即进行人工呼吸。

六、犬咬伤

家犬或猫等动物对人体的咬伤，主要危险是受伤者可能发生狂犬病。

狂犬病的潜伏期为2~20天，长者可达3~5年。发病初期，病人疲乏无力，不思饮食、头痛、恶心、失眠、或有极度恐惧感，伤口肿、痛、麻木。24~48小时后，症状明显加重，咽喉部出现痉挛，吞咽食物和呼吸困难，声、光、水、风等刺激均可引起剧烈的肌肉痉挛，继而全身瘫痪，心力衰竭而死亡。

在犬、猫咬伤后应采取以下措施。

（一）用肥皂水或清水反复冲洗伤口，伤口一般不予缝合，若缝合一定要放置引流条。

（二）注射破伤风抗毒素，并给予抗生素消炎治疗。

（三）注射人用狂犬病疫苗。

第八节　骨　折

骨折（fracture）是指骨或骨小梁的连续性中断的损伤。

一、分　类

（一）按照骨折的损伤程度分类

1. 不完全骨折：骨的连续性未完全破坏，如裂纹骨折或青枝骨折。
2. 完全骨折：骨的连续性完全破坏，多伴有移位和功能障碍。

（二）按照骨折的稳定程度分类

1. 稳定性骨折：位置无变化的骨折，或嵌插骨折。
2. 不稳定性骨折：粉碎性骨折、骨块缺损或合并脱位的骨折。

（三）按照皮肤、粘膜损伤的情况分类

1. 闭合性骨折：皮肤、粘膜的完整性未遭到破坏，骨折端与外界不相通。
2. 开放性骨折：皮肤或粘膜有破损，骨折端与外界相通。

（四）按照骨折后的时间分类

1. 新鲜骨折：骨折伤后 1 ~2 周。
2. 陈旧骨折：骨折伤后 3 周以上。

二、表　现

（一）全身表现

观察血压、脉搏和呼吸的变化，对开放性骨折、多发性骨折，骨盆、颅底、肋骨、脊柱等部位骨折，要注意是否有创伤性休克或失血性休克的出现。

（二）局部表现

1. 疼痛和压痛：骨折部位有不同程度的疼痛和压痛。

2. 肿胀、出血或瘀斑：骨折处常有肿胀，局部皮肤出现紫色、青色或黄色的瘀斑，开放性骨折有创口出血。

3. 功能障碍：骨折后功能障碍表现为活动受限和不能负重，引起功能障碍的原因有疼痛、肌肉反射性痉挛、骨骼的杠杆作用被破坏合并其他软组织损伤等。

4. 畸形：完全性骨折多有明显畸形，如短缩、旋转、成角、侧方移动和分离。

5. 反常活动：完全性骨折的断端可出现假关节运动，如不进行必要的处理，可因骨折端刺破邻近的血管和神经而加重损伤。

6. 骨擦音和骨擦感：骨折端互相摩擦可产生骨擦音，或用手摸到骨擦感，但不要为了确定诊断而有意测试骨擦音，以免增加局部损伤。

（三）X 线检查

骨折的确诊要求有 X 线检查的支持，同时可以明确骨折部位、骨折类型、移位的方

向和程度。根据需要拍摄正、侧、斜或其他特殊投照方位的 X 线片。如有必要也可做 CT、MRI 或超声波检查来明确诊断。

（四）并发症

早期并发症有血管损伤、神经损伤、脏器损伤、感染、缺血性痉挛及脂肪栓塞等。晚期并发症有坠积性肺炎、尿路感染、褥疮、关节僵硬、缺血性坏死、骨化性肌炎及骨骼发育障碍等。

三、急救处理

（一）迅速脱离致伤环境，使伤员安静平卧，等待进一步处理。

（二）有出血情况要及时止血，采用局部加压包扎、指压止血、止血带加压止血相结合的方法效果较好。

（三）创伤性休克或失血性休克者，要尽快让专业医务人员进行抗休克治疗。

（四）采用夹板、硬纸板或木棍、球棒等为伤员做骨折的临时固定。以减轻伤员的痛苦和减少并发症。

（五）临时固定后的伤员可搬运至医院，由专业医务人员做进一步诊断和处理。

（六）骨折临时固定的原则如下。

1. 不要随意移动伤肢，如有成角畸形的肢体，应向肢体长轴方向轻轻牵引后摆直固定。

2. 对开放性骨折露出伤口外的骨片或软组织，不要随意去除或直接塞入伤口内。

3. 夹板的长度和宽度要合乎要求。下肢的夹板长度要超过骨折上、下两个关节，宽度与被固定肢体的直径接近。

4. 夹板固定的松紧要适度。固定过松将起不到固定的作用，过紧则可能造成血液循环不畅或压迫神经等造成损伤加重。可通过检查被固定部位的肌肉主动收缩观察是否存在肌无力，肌肉被动牵拉有无疼痛。骨折肢体的手指、脚趾应暴露，以便观察肢体末梢血液循环情况。

四、特殊部位骨折的急救处理

（一）颅底骨折的急救处理

颅底骨折的伤员眼眶可有瘀血肿胀，形成“熊猫眼征”，鼻孔、外耳道中可有血液、脑脊液流出，耳后、颈项部软组织可见瘀斑或血肿，并伴有不同程度的意识障碍或肢体活动受限。

颅底骨折的急救处理如下。

1. 伤员安静卧床，头高位或半坐位。

2. 耳鼻出血或脑脊液流出不要塞住，也严禁冲洗和滴药，只需盖以酒精纱布，保持局部清洁，防止感染即可。2 周内脑膜可自行愈合，脑脊液外流自然停止。

3. 伤员不要咳嗽或擤鼻涕，避免任何使腹压增高的动作。

4. 脑脊液外漏的伤员，严禁做腰椎穿刺。以防颅内负压造成耳鼻部脑脊液回流入脑，导致颅内感染。

5. 有脑水肿和颅内感染者应对症治疗。

(二) 脊柱骨折的急救处理

严重的脊柱骨折可能伤及脊椎椎管内的脊髓，造成不同程度的截瘫。如果脊柱发生不稳定性骨折后现场急救搬运不当，可使脊髓受压，造成或加重截瘫病情。

因此，对待可能有脊柱骨折伤情的病人，要仔细询问伤者受伤当时的情况。如有以下情况，就应当加以注意：高处坠落伤，足跟或臀部落地；重物坠落砸伤头部或肩背部；脊柱或肩背部直接受到暴力打击等。

检查可疑有脊柱受伤的伤者时，要注意以下检查要点：背部棘突部位的压痛、肿胀情况；背部脊柱部位的局限性隆起；脊柱的成角畸形，尤其是后凸畸形；双下肢麻木和活动受限情况。

抢救脊柱损伤者时要注意不要加重脊柱损伤，这样就要求对现场的处理和搬运非常小心处理。

1. 在抢救被埋在倒塌物品之下的伤者时，决不可只顾用力牵拉露在外面的肢体。

2. 在检查和搬动伤者时，应避免脊柱的弯曲和扭转，要使脊柱保持在正中直立位置。

3. 颈椎骨折的伤者要有专人扶持颈部保持颈部中立位置，必要时可用颈托或钢丝头盔固定保护。防止颈部的扭转和转动。

4. 胸腰椎骨折的伤者至少要三人以上共同操作搬运，三人在伤者同一侧，一人托肩胛部，一人托腰部和臀部，一人托伤者伸直的双下肢。三人同时将伤者抬起并放到硬质担架上，伤者取仰卧位，腰部可以垫一块10cm以内的软垫。如果只有软质担架，伤者应取俯卧位进行搬运。

5. 搬运脊柱骨折合并脊髓损伤者，要保持伤者呼吸道通畅，注意保暖，防止发生冻伤或中暑。

(三) 肋骨骨折的处理

胸部损伤中最常见的是肋骨骨折。肋骨共有12对，第1～2肋形成胸廓的上口，第10～12肋游离形成浮肋，第3～9肋位置相对固定，因此肋骨骨折多发生在第3～9肋骨。骨折时，尖锐的骨折断端会向内移位，可刺破胸膜和肺组织或肋间血管，形成皮下气肿、咯血、血胸或气胸。

各类肋骨骨折的表现和处理如下。

1. 单根肋骨骨折

骨折局部疼痛，压痛，深呼吸、咳嗽或转动体位时疼痛加重，无呼吸困难、憋气或发绀。可服用止痛药物或行肋间神经阻滞（封闭）或骨折处的封闭，用较宽的医用橡皮膏固定胸壁也足以起到固定的作用。

2. 多根多处肋骨骨折

为较严重的肋骨骨折，损伤处形成胸壁软化，即所谓的“连枷胸”，骨折局部出现“反常呼吸”，即吸气时伤处胸壁软化区向内陷，呼气时胸壁软化区向外突出，同其他正常胸壁呈反向运动。反常呼吸运动阻碍静脉回流，严重影响呼吸循环功能，甚至会发生休克。急救处理方法是在软化区局部放置棉垫，然后再用橡皮膏固定、加压包扎，以减少反常呼吸运动。

3. 气 胸

空气经损伤的胸壁、肺组织或支气管创口进入胸膜腔称为气胸（pneumothorax）。在胸部创伤中的发生率仅次于肋骨骨折，常常为肋骨骨折的并发症。

气胸按照胸膜腔压力与外界压力的不同，可以分为三类。

（1）闭合性气胸：胸壁的创口在进入空气后迅速闭合，此时空气不再进入胸膜腔，胸膜腔内压力小于大气压，称为闭合性气胸。

伤者可有胸闷和气促，听诊有呼吸音弱等表现。急救处理方法可在患侧胸壁锁骨中线第二肋间穿刺，将积气抽出，使肺部恢复膨胀。

（2）开放性气胸：胸壁的创口受伤后不能闭合，空气经胸膜腔与外界相通的裂口随呼吸自由出入胸腔，胸腔内的压力与大气压相同，称为开放性气胸。

伤者出现气促、呼吸困难和紫绀。呼吸时伤口会有空气经狭窄的胸壁裂口出入胸膜腔的“嘶嘶”声。此时应立即用多层的无菌纱布或厚的棉垫填塞压迫伤口，再加用橡皮膏和绷带扎紧，使空气不再进入胸膜腔，使开放性气胸变为闭合性气胸。然后再按照闭合性气胸的急救方法抽气处理。

（3）张力性气胸：肺内组织或支气管破裂与胸壁相通后，胸壁创口起到单向活瓣的作用，即吸气时空气可经创口进入胸膜腔，呼气时活瓣关闭，空气无法排出，使胸膜腔内压力大于大气压并持续增高，称为张力性气胸。

伤者因伤侧肺组织压缩较严重，出现极度呼吸困难，脉搏细弱，紫绀，休克等，可见颈静脉怒张，气管向健侧移位，皮下气肿，有广泛捻发音。发现伤者存在张力性气胸的情况下，应立即在伤侧锁骨中线第二肋间处用一粗针头刺入胸膜腔内紧急排气，以解除胸膜腔内的高压状态。也可以在穿刺针头的尾部绑缚一橡胶指套，指套末端剪开一条长约1cm的裂隙作为活瓣，使空气只能在呼气时从胸膜腔内呼出，吸气时指套裂隙闭合，空气不能进入。伤者取半卧位，持续氧气吸入。鼓励伤者深呼吸，护理人员要帮助伤者咳嗽排痰。

气胸病情变化较快，因此凡有并发气胸的伤者，在做急救的同时应立即与急救中心或医院取得联系，由专业医务人员接诊并做进一步诊断和处理。

第九节 关节脱位

关节脱位（dislocation）是指损伤导致关节组织结构的改变而影响到关节面正常对合关系。

一、分 类

（一）按照脱位的原因分类

1. 先天性脱位：因先天关节结构发育异常而形成的关节脱位。

2. 外伤性脱位：外力作用导致关节结构的变化。

3. 病理性脱位：因病变破坏造成的关节关系改变。

4. 习惯性脱位：外伤性脱位后未能良好修复，导致关节囊松弛，反复发生关节脱位者。

（二）按照关节脱位发生的时间分类

1. 新鲜脱位：伤后不满 3 周的关节脱位。

2. 陈旧性脱位：超过 3 周以上的关节脱位。

（三）按照脱位的程度分类

1. 完全脱位：关节所包含的关节面完全脱离对合关系者。

2. 不完全脱位：关节面部分脱离对合关系，但尚有部分接触，称为不完全脱位。

体育运动中，外力作用使关节面相对关系发生分离，关节囊及其周围软组织有不同程度的撕裂，关节囊内、外形成血肿，关节周围肌群出现短缩。脱位后关节腔和新形成的组织间隙被血肿填充。如果不及时复位，血肿机化，瘢痕形成，将影响到关节复位和关节功能的恢复。

二、表　现

（一）损伤局部肿胀、疼痛及功能障碍。

（二）关节脱位后常有明显的畸形。触诊时在正常关节部位出现空虚，而在附近可能触及到不正常的骨性突起，正常关节骨性标志关系发生改变。如肩关节脱位时出现的“方肩”畸形，即为肱骨头向前方脱位到腋窝部，三角肌下空虚而出现的畸形。

（三）伤肢常呈弹性固定：即关节脱位后，由于相应肌群的痉挛及牵拉，使伤肢呈弹性固定于特定的体位。伤肢的主动运动障碍，在外力协助下做被动运动时有一定的运动范围，但是解除外力后伤肢常弹回原来的特定体位。如肘关节后脱位时常呈上肢的 135°固定，此时伤者自己无法屈伸伤肢，在他人协助下，伤肢仍可活动，但是当他人给予的外力撤离时，伤肢又会弹回到原来的固定角度。

（四）其他：关节脱位时还常常合并骨折或神经、血管损伤，要在检查诊断时加以注意，防止漏诊。

（五）X 线检查：是关节脱位时必须进行的一项常规检查。X 线检查可以显示关节脱位的方向和程度，以及判断有无合并骨折。有助于全面诊断和明确预后情况。

三、关节脱位的急救处理

（一）伤者离开受伤现场，取平卧位，注意保暖和保持环境安静。

（二）不要在受伤现场试图对脱位的关节复位，也不要随意按摩、牵拉脱位的关节。

（三）可作简单的固定和保护，转送医院，由专业医务人员进一步诊断处理。

（四）到医院后，对新鲜脱位应尽快复位。复位后加以确切固定，如石膏、支具、夹板、弹性绷带等，使破裂的关节囊及撕裂的韧带自行修复。单纯的关节囊撕裂伤需固定 1～3 周。固定期间，可作伤肢肌肉的静力训练，待解除固定后再做关节的活动训练，并加以由轻到重的负荷训练。

第十节 出血与止血

出血（hemorrhage；bleeding）是指由于各种原因引起的心脏或血管破裂后血液由血管内流出的现象。

一、出血的原因

（一）锐器直接损伤血管、心脏或其他脏器组织使血管破裂。

（二）钝性外力损伤皮肤、粘膜或皮下组织等，或引起皮下组织、肌肉、脏器的挫伤。

（三）应激状态下的消化道溃疡性损伤。

（四）血管病变导致的血管损伤。

二、出血的分类

（一）按照血液流向分类

1. 外出血：指体表有伤口，血管损伤后，血液经皮肤和粘膜的创口流出体外。此类多见于锐器伤或较重的皮肤挫伤。

2. 内出血：指体表没有伤口，血管损伤后，血液流向组织间隙、体腔（胸膜腔、腹腔、关节腔）或管腔（消化道、呼吸道）等。多为钝性外力所致。因其出血现象不易发现，更容易发生危险。

（二）按照损伤的血管分类

1. 动脉出血：动脉损伤所致。血色鲜红，多呈喷射状，出血量大，速度快，很快出现休克状况并危及生命。

2. 静脉出血：静脉损伤所致。血色暗红，出血一般为涌出，出血速度较慢。但是不及时止血也会导致休克。

3. 毛细血管出血：一般是创面渗出或流出，出血速度缓慢，常常在压迫后出现凝血而停止。

（三）按照出血的时间分类

1. 初期（原发性）出血：血管损伤后立即发生。

2. 中期（反应性）出血：多于伤后 24 小时再次发生出血现象。

3. 晚期（次发性）出血：多于伤后数日发生出血现象。

三、表　现

出血量不多时，机体可自行代偿补充血容量，贫血症状不明显。

若出血量较多，主要表现即为失血性休克的一系列征象：心慌气短、头晕、耳鸣、恶心、面色苍白、表情淡漠、神志恍惚、四肢厥冷、脉搏细数、血压下降、呼吸浅快等。

发生在四肢的血管损伤，通常伴有骨折和其他组织损伤，局部肿胀疼痛，或有伤口外出血、肢端发凉、发绀和功能障碍等。

四、常用的止血方法

止血（hemostasis）是指制止各种内外性出血所采用的方法。

（一）加压包扎止血法

这是急救中止血最常用的方法，绝大多数出血均可用本方法止血。

用消毒纱布或干净毛巾、棉垫等，叠成比伤口略大的厚垫放在伤口上，外用绷带或三角巾包扎（图 10－1）。包扎的松紧要适度，注意肢体末梢血运情况，应能摸到远端肢体的动脉搏动，皮肤颜色无明显青紫。

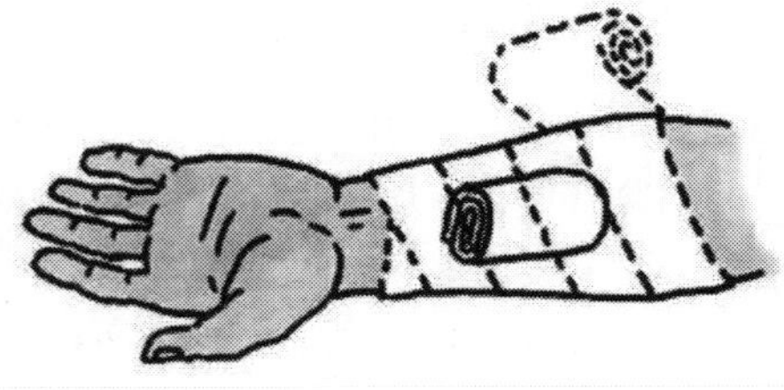

图 10－1　加压包扎止血法

（二）指压止血法

当急救处理动脉出血时，如果一时找不到包扎材料或止血带时，或转运伤者途中放松止血带时，都可以用指压止血法临时止血（图 10－2）。但是这种方法的缺点是止血不易持久。

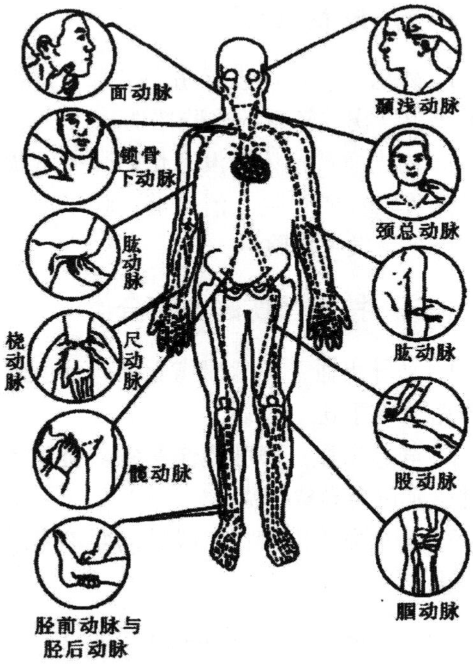

图 10－2　指压止血法：止血带绑缚完成后，应做出明显的标记，记录上止血带的准确时间，若伤者转运的时间过长，应每隔 60 分钟松开止血带 2 分钟。松开止血带时，要用指压止血法压住主要出血的动脉，防止大量出血

（三）止血带止血法

对于四肢大血管的止血，可以用止血带止血。

止血带可选择弹性好的橡胶管或橡胶止血带。止血带的部位尽可能靠近伤口的近心端，但不能在骨性隆起或神经浅表而无肌肉保护的部位。

止血带绑缚的位置：上肢结扎于上臂的上三分之一处，禁止扎在中下段，以免损伤桡神经。下肢则要扎在大腿中下部。如用气囊止血带，上肢止血气囊的压力不要超过 40kpa（300mmhg），下肢压力不要超过 80kpa（600mmhg）（图 10－3）。

止血带也可以用三角巾、毛巾、宽布条等代替，但不要使用没有弹性的绳子、铁丝、电线等。

上止血带之前，先将伤肢抬高，尽量使静脉血回流，用纱布或棉垫做成环形衬垫后，再以止血带环绕肢体数圈再扎紧。注意止血带不要扎得过紧，以免损伤神经、血管、肌肉等，止血带也不能过松，过松的止血带不但不能阻断动脉血流，反而使静脉血不能回流，加重出血，使肢体远端出现肿胀。

（四）屈肢加垫止血法

当前臂、手部出血，或小腿、足部出血时，可在肘窝、腘窝处加棉垫，再屈肘或屈膝，用绷带 8 字形包扎止血（图 10－4）。

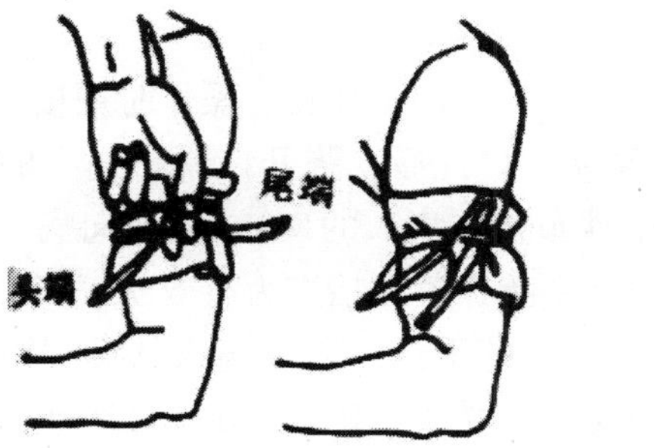

图 10－3　止血带止血法

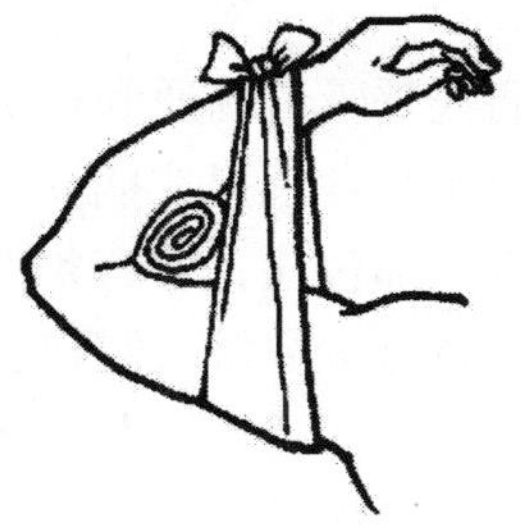

图 10－4　屈肢加垫止血法

第十一节　心肺复苏

某些意外情况，如触电、溺水、一氧化碳中毒或某些药物中毒、严重创伤和大出血引起的呼吸、心跳停止后，造成血液循环停止。脑细胞对缺氧十分敏感，一般在血液循环停止 4～6 分钟后大脑即发生严重不可逆的损伤。因此，在这种情况下及时进行心肺复苏术非常重要。

现场心肺复苏术（CPR cardiopulmonary resuscitation）主要包括人工呼吸和胸外心脏按压，使血液循环恢复，从而抢救生命。其徒手操作现在已经被证实为一种国际通用的实用且极为有效的方法。

标准的心肺复苏术包括三部分，可以概括为 ABC 三个步骤：A.（Assessment & Airway）判断意识和畅通呼吸道；B.（Breathing）人工呼吸；C.（Circulation）人工循环。

一、判断意识和畅通呼吸道

发现昏迷倒地的病人后，轻拍病人的肩部并高声喊叫："喂，你怎么了？"若无反应（可立即同时掐压人中、合谷穴 5 秒钟），立即向周围呼救，并打急救电话"120"。

将患者放置成复苏体位，即病人仰卧，头、颈、躯干平直无扭曲，双手放于躯干两侧。翻转病人的时候注意先将病人的双下肢交叉，扶住病人的颈部和上肢翻转，尤其注意病人脊柱不要扭曲，以免加重损伤。应放置病人仰卧于硬板床或地面上，以便于下一步胸外按压操作的进行。

摆好体位后，松开伤员领口，解开衣服纽扣、领带、腰带，保证呼吸畅通。

用仰头举颏法使病人气道开放：抢救者一手置于病人前额使头部后仰，另一手的食指与中指置于下颌骨近下颌角处，抬起下颌，保持呼吸道通畅。清除口中的异物和分泌物，如有义齿要先取出。

畅通呼吸道之后，要立即判断病人有无呼吸，抢救者将脸贴近病人的口鼻，感受有无气息并仔细听病人有无呼吸声；同时眼睛侧视病人胸部，观察有无起伏。可以用口诀来表示“一看二听三感觉”，注意这三个动作应当几乎同时完成，以尽快缩短判断的时间。若都无反应，则说明病人已无自主呼吸，要立即对其进行口对口人工呼吸抢救。

二、人工呼吸

保持病人呼吸道畅通和口部张开的位置下进行口对口人工呼吸。操作时用按于病人前额的一手拇指与食指捏住病人的鼻孔，抢救者深吸一口气后，张开口紧贴病人的口（要将病人的口全部包住，若有条件可先用一块无菌纱布盖住病人的口），快速向病人口内吹气，同时眼睛可侧视病人胸部，观察病人胸部有无上抬，若上抬方为有效吹气。

一次吹气完毕后立即与病人口部脱离，放松捏鼻的手指，以便病人从鼻孔将气体呼出。此时抢救者深吸气，进行下一次吹气。吹气的频率为 8 ~ 10 次/分。每次吹入的气体量约为 800 ~ 1200ml。

注意吹气量不可过大，否则容易引起胃内大量充气。此时眼睛观察胸部起伏时，会观察到胃部鼓起，提示吹气量过多。

三、胸外心脏按压

人工呼吸两次完毕后，判断病人有无脉搏。抢救者一手置于病人前额仍使其头部后仰，另一手触摸病人颈动脉。抢救者应以食指及中指指尖触及气管正中部位（男子可先触及喉结），然后向旁滑开 2 ~ 3cm，在气管旁软组织处轻轻触摸颈动脉搏动。判断病人没有脉搏后，应立即进行胸外心脏按压。

按压之前应快速定位，即找到心脏按压的准确部位：首先以食指、中指并拢沿病人肋弓处向胸骨正中滑动，在两侧肋弓交点处寻找胸骨剑突（胸骨下切迹），以此作为定位标志，然后将食、中两指横放在剑突下方，食指上方的胸骨正中部位即为按压区。按压的范围应在胸骨正中中下 1/3 区域。

抢救者按压时应将一手掌根重叠放在另一手背上，十指相扣，但下面的手指不要接触胸壁。抢救者双臂应伸直，双肩在病人胸骨上方正中，垂直向下用力按压。按压时要以髋关节为支点，利用体重，并以肩臂部用力。按压的频率为 100 次/分，按压深度为 4 ~ 5cm。

胸外心脏按压用力应平稳、有规律，不能间断，也不可忽快忽慢，禁止冲击式按压，按压时手指不要压在胸壁上，否则易引起肋骨或肋软骨骨折。

按压时用力应垂直向下（注意肘关节一定要伸直），不要左右摆动，双手掌要重叠放置，不可交叉，按压放松时定位的手掌根部不可离开胸骨定位点。

抢救者在按压时要数出声来：“1，2，3，4……30”。按照国际标准，单人和双人进行心肺复苏术，遵循上述步骤，都要先进行两次人工呼吸，然后进行30次胸外心脏按压，即吹气和按压的比例是2∶30。双人救护轮换心外按压时候要做满5次心肺复苏。其中一人给予人工呼吸时候，胸外按压的抢救者可以稍做暂停。

每组循环操作中，人工呼吸完毕后进行胸外心脏按压时，都要判断脉搏和重新进行胸部按压定位。

如此反复进行，直到专业医务人员赶到或病人恢复自主呼吸和心跳。

四、《2010美国心脏协会心肺复苏及心血管急救指南》对心肺复苏术的更改与建议

（一）建议单人施救者先开始胸外按压，然后再进行人工呼吸（C－A－B而不是A－B－C）。单人施救者心肺复苏应以30次胸外心脏按压开始，以避免急救中首次心脏胸外按压时间后延所产生的不利影响。

（二）按压速率应为每分钟至少100次。

（三）成人按压幅度已由4至5厘米更改为至少5厘米。

五、心肺复苏术的有效指标和结束指标

（一）心肺复苏有效指标

1. 按压时在颈动脉处应摸到搏动，或听到收缩压在90毫米汞柱以上。
2. 面色、口唇、指甲床及皮肤等色泽转红。
3. 扩大的瞳孔再度缩小。
4. 呼吸改善或出现自主呼吸。

只要有前1～2项有效指标出现。心脏按压就应坚持下去。

（二）心肺复苏结束指标

1. 患者恢复自主呼吸和心跳。
2. 急救医护人员赶到。
3. 心肺复苏1小时以上，仍未恢复，确认死亡。

本章提要

1. 溺水是水进入人体呼吸道和肺泡引起窒息，以及一系列体内组织损害甚至导致死亡。溺水后的急救应立即进行心肺复苏。

2. 中暑是人体在高温环境下，由于水和电解质丢失过多，散热功能衰竭引起的以中枢神经和心血管功能障碍为主要表现的热损伤疾病。中暑分为中暑热衰竭、中暑热痉挛、中暑高热、日射病等四种类型。急救时要迅速脱离高温环境，使用解暑药物、物理降温等方法治疗。

3. 冷损伤指冻伤，即低温对机体组织造成的损伤，根据损伤的程度可以分为冻疮、

冻伤和冻僵。冻伤按照组织损伤程度可以分为三度：一度伤及皮肤表皮层；二度伤及皮肤真皮层；三度伤及皮肤全层和皮下组织。急救时要迅速脱离低温环境，快速复温。

4. 晕厥指由于一过性脑血流量不足所引起的短暂性意识丧失。晕厥多与体位变化有关，持续时间约数秒至数分钟，苏醒后很快恢复正常。发生晕厥时要及时使患者平卧防止摔伤。

5. 脑震荡是头部受到暴力作用导致的一过性广泛脑组织功能障碍。脑震荡是一种最常见的轻度脑部损伤。受伤后有意识障碍和逆行性遗忘。注意观察病情，有病情加重情况及时处理。

6. 运动中腹痛的原因可能有直接外力打击、准备活动不充分造成呼吸肌痉挛、饮食不卫生以及各种腹部疾病等。运动中出现与呼吸相关的腹痛时，应减慢运动速度，降低运动强度，同时用手按压疼痛部位，通过深呼吸来调整呼吸深度和频率，直至疼痛缓解。

7. 肌肉痉挛是指骨骼肌发生的非自主性强直收缩。多见于小腿腓肠肌和足底的屈趾肌。注意游泳中出现的小腿腓肠肌痉挛，要掌握自救处理方法。

8. 咬蛰伤会出现全身中毒反应，急救时需要了解咬伤类型，冲洗消毒处理好伤口，使用专用药物、疫苗和抗毒素等。

9. 骨折是指骨或骨小梁的连续性中断的损伤。临床表现为全身和局部表现以及 X 线检查表现和并发症等，局部表现分为疼痛和压痛、肿胀出血瘀斑、功能障碍、畸形、反常活动、骨擦感和骨擦音等，急救时要及时止血、包扎、临时固定、搬运至医院。

10. 关节脱位常表现为损伤局部肿胀、疼痛、畸形、弹性固定以及合并症等，必须进行常规 X 线检查明确诊断。急救时不可在现场复位，可作简单的固定和保护转送医院。

11. 出血分为外出血和内出血，其中内出血不易发现，更加危险。止血的方法常用的有加压包扎止血法、指压止血法、止血带止血法、屈肢加垫止血法等。

12. 休克是由于人体有效循环血量锐减，组织血液灌流量不足引起机体代谢障碍和细胞受损，是临床常见的危重状态之一。典型的休克表现为血压下降，其中收缩压降至 70mmhg 以下，脉压差小于 20mmhg，心率加快、脉搏细弱、全身无力、皮肤湿冷、反应迟钝、神志模糊和昏迷等。可分为休克代偿期和休克抑制期。现场急救时要想到有休克的危险，及时转送医院。

13. 心肺复苏包括人工呼吸和胸外心脏按压。标准的心肺复苏术包括三部分，可以概括为 ABC 三个步骤：A.（Assessment&Airway）判断意识和畅通呼吸道；B.（Breathing）人工呼吸；C.（Circulation）人工循环。学生要熟练掌握心肺复苏术的具体操作步骤和有效指标以及结束指标。

参考文献

[1] 高维纬. 体育保健学 [M]. 沈阳：辽宁教育出版社，1995.

[2] 全国体育学院教材委员会. 运动医学（第 2 版）[M]. 北京：人民体育出版社，2005.

[3] 姚鸿恩. 体育保健学 [M]. 北京：人民体育出版社，2001.

[4] 吴在德，吴肇汉. 外科学（第 6 版）[M]. 北京：人民卫生出版社，2007

[5] 王安利. 运动医学 [M]. 北京：人民体育出版社，2008.

第十一章 体育运动中常见的运动损伤

运动创伤种类繁多，其诊断和治疗也较为复杂，如何以最小的干扰，在最短的时间之内达到最佳的治疗效果，并达到最大限度地恢复运动员的运动能力，一直是运动医学领域探索和追求的目标。

骨、肌肉肌腱等软组织作为完成运动的主体，在各个项目的运动中都发挥着非常重要的作用，在运动损伤中，最常见的也是骨骼肌肉的损伤。骨骼肌损伤是运动损伤中最常见的损伤之一，可因受到打击、撞击、碾压等直接暴力而导致肌肉的挫伤和捻挫伤，治疗不当可导致肌纤维的纤维钙化以及骨化性肌炎，甚至更严重者可严重影响运动员的训练甚至正常生活。关节软骨一旦损伤，会遗留永久性的病变，不能完全修复，治疗困难，常常会影响运动员的训练和成绩的提高，并导致运动员的运动寿命缩短。运动创伤中的骨折和脱位，相比较临床的骨折和脱位，更要求早期的明确诊断，准确的复位，有效的固定，以及正确的功能锻炼，使骨折尽早愈合，机体功能得以尽快恢复。

本章从各个损伤的概念、病因病理、检查诊断以及治疗康复等几方面入手，介绍了各个骨骼肌肉相关的损伤，使读者了解软组织损伤、软骨损伤、骨折以及脱位的相关情况，对于学好运动创伤学有重要意义。

第一节 软组织损伤

一、肌肉拉伤

（一）概 念

肌肉主动强烈收缩时所遇阻力过大或过度被动拉长所造成的肌纤维损伤、部分断裂或完全断裂称为肌肉拉伤。它可发生在肌腹、肌腱或两者结合处，常因准备活动不足、肌肉疲劳、用力过猛或动作错误等原因造成，以田径运动中发生率最高。

肌肉拉伤有主动拉伤和被动拉伤两大类。主动拉伤是由于肌肉没有活动开或受到外界强烈刺激（如肌肉挫伤）而产生强烈收缩或做动作用力过猛（如杠铃下蹲负重过大），此时收缩力量超过了肌肉本身的承受能力而发生拉伤，如在100米赛跑中，运动员起跑用力加速时，后蹬腿；跳远助跑至踏跳后蹬用力都易造成腘绳肌的拉伤。被动拉伤是指由于肌肉受暴力牵拉时，超过了肌肉本身特有的伸展性而发生拉伤，多见于作“压腿”、“前踢腿”等柔韧性练习中，动作幅度过大，肌肉被过度牵拉而受伤，其中以大腿后群肌肉拉伤最为常见，如运动员训练腘绳肌的柔韧（如压腿、劈叉），或跨栏运动员过栏时前腿摆动前伸再突然弯腰，或短跑运动员屈膝向前摆腿，跳跃时伸膝屈髋落地及抓举时弓箭步等都易拉伤腘绳肌；投掷运动员投掷过程中肩袖完成减速动作时造成的撕裂伤等。

（二）病因病理

1. 肌肉的训练不足是发生此类损伤的内在因素：具体表现为柔韧差，力量弱。在生理上股后肌群的肌力是其拮抗肌（股四头肌）的1/2；在训练中如果只注意股四头肌的训练，而忽视股后肌群的训练，容易导致此类损伤；如果在训练中出现疲劳及肌肉僵硬更容易激发肌肉拉伤。

2. 准备活动不充分，肌肉的生理机能尚未达到适应活动所需要的状态；或不当的使用暴发力牵拉肌肉；技术动作不正确，用力过猛或动作错误。

3. 长时间的训练或连续比赛产生疲劳积累也很容易导致急性受伤。

4. 气温过低、湿度太高、场地不良等原因都可造成肌肉拉伤，以田径运动中发生率最高。

肌肉拉伤是肌肉主动收缩所产生的张力、重力或对抗所引起的肌肉过度牵伸所致。这是一种作用于肌肉的间接损伤，好发于跨越两个关节的肌肉，如腘绳肌、股四头肌、小腿三头肌等，其中以腘绳肌拉伤最为常见。

肌肉拉伤的实质是肌肉组织的过载，组织学表现为肌纤维或/和结缔组织连续性的中断，甚至整个肌肉的完全断裂。肌肉主动收缩时被牵拉易引起拉伤，尤以大强度离心收缩时最为常见。目前普遍认为，人体肌肉拉伤是主动肌收缩的同时，拮抗肌亦收缩，超过了肌肉组织承载所致。

（三）征　象

疼痛因伤情轻重不同，轻者休息位不痛，只有在重复损伤动作时疼痛；重者在任何情况下都有明显的疼痛。重者出血较多，形成大血肿，不久皮肤出现瘀斑。受伤肌肉主动收缩或被动拉长时疼痛加剧，肌肉阻力或抗阻力试验阳性。肌肉断裂者可感到或听到断裂声，断裂音响高低不一，重者如弓断弦，甚至周围的人都能听到，轻者只有本人能听到；一端断裂局部可触到凹陷或一端异常膨大，肌腹中间断裂则出现“双驼峰”畸形。

（四）诊　断

有明显的拉伤史，同时存在局部的肿胀、皮下淤血。在最初临床检查时要分析受伤原因，之后对受伤肌肉进行仔细的观察触摸。肌肉拉伤后阻力或抗阻力试验呈阳性。由于处理方法不同，预后不同，因此要区分两种不同的血肿：肌肉内血肿和肌肉间血肿。前者可由肌肉拉伤或挫伤导致，血肿在未受损的肌筋膜内，如果肌外膜无受损，在受伤肌肉内出血，进而使肌肉内压力升高而导致疼痛或功能丧失。当肌筋膜破损时，在筋膜之间出现血肿，而不引起肌肉内压力的增高。

根据严重程度将肌肉拉伤分为三度（O’Donoghue；1970）：1. 轻度拉伤，只有很少肌纤维撕裂，组织炎症反应较轻，肿胀及运动时的不适感不明显，基本没有力量素质丢失或活动受限。但是，轻微的肌肉拉伤也可能会使运动员感到很痛苦；2. 中度拉伤，肌肉有实质性的损伤，有大量肌纤维断裂，并有力量素质明显下降；3. 重度拉伤，大多是肌肉肌腱结合部位的完全断裂，功能完全丧失。肌肉完全断裂时，患肌发生明显移位；肌肉收缩时，局部有隆起现象，易于诊断。

部分肌纤维断裂的症状体征常不典型，诊断时主要注意与延迟性肌肉损伤相鉴别。两者都易发生于大强度离心运动，都可表现为局部疼痛和肿胀，收缩时有不适感。但肌肉拉伤多在运动期间发生，有明显的急性疼痛的经历；延迟性肌肉损伤多在运动后 12～24h 开始出现症状，无明确外伤史。

肌肉拉伤还应与肌肉挫伤相区别，两者都为闭合性损伤，都可表现为出血、皮下淤血及功能障碍，但挫伤部位易确定，而肌肉拉伤部位，单纯靠临床检查多不能准确定位，尤其是血肿很小的深部肌肉拉伤，因而常需借助仪器设备，如超声图、CT、磁共振成像等。

（五）治　疗

1. 现场处理

对于闭合性损伤，肌肉轻度拉伤者，首先冷镇痛气雾剂或冰块冰敷，弹力绷带加压包扎，局部制动，暂停训练或比赛，30 分钟后除去冷敷，改用海棉或棉花加压包扎，减少伤肢的活动，抬高上肢休息；怀疑完全断裂的肌肉拉伤，应在局部加压固定患肢的情况下，立即送医院确诊，尽早进行手术缝合。对开放性损伤，应早期清创缝合，预防感染。

2. 一般治疗

早期治疗主要是减少血肿的形成，减少组织间隙水肿，减轻组织缺血，加速组织再生，按照 RICE（休息、冰敷、加压包扎及抬高患肢）常规治疗。实施最佳的加压包扎（皮肤压力约为 85mmHg）；在损伤部位进行冰疗（冰袋），每次 15～20min，间隔 30～60min。伤后休息 1～3 天，并立即使用非甾醇类抗炎药物。受伤后 2～3 天限制肌肉的主动收缩。当有较大肌肉血肿或完全断裂时，要采用手术治疗，避免形成过多疤痕组织，防止因局部高压造成肌肉缺血性坏死或肌间隔综合症。受伤 2～3 天后可进行超声治疗，有助于减轻再生初级阶段的疼痛。一般每次治疗 10～15min，10～15 次为一个疗程。

中期治疗在受伤 3 天后，对较小的部分撕裂和较轻的肌肉间血肿采用弹性绷带进行保护，并进行特殊肌肉练习为主的保守治疗。无负重的静力练习和不增加疼痛前提下增加负荷的练习（疼痛只出现在增加负荷的初始阶段）。逐渐过渡到不负重或轻度负重的等动练习，必须小心和有控制地进行。负重较轻的动力练习要尽早开始，但训练需要特殊的器械。进行局部的冷疗和热疗的交替治疗。在热疗时进行不产生疼痛的主动或被动的牵伸练习效果较好。为保证牵伸练习在无痛的前提下进行，需逐渐扩大牵伸幅度，由刚开始的 10～15s 逐渐延长到 1min。伤后进行康复训练一定要做准备活动，并且进行全方位训练，结合伸展练习。

在损伤愈合的最后阶段，应在教练和体能教练的监督下进行与专项有关的训练。如果损伤肌肉的症状没有改善，应重新考虑肌肉间血肿与组织破坏是否存在，并重新进行临床检查。可在损伤区域进行肌肉间压力测量、穿刺、抽吸（如果波动存在）、软组织 X 线检查或超声检查以及外科手术干预都是必要的。在较大肌肉间出现血肿、重度拉伤或撕裂，以及中度拉伤有一半肌腹撕裂时，常需要手术治疗。

（六）康复训练

总体上，症状消失早期开始肌肉练习，可先做等长练习，再做等张练习，在无痛范围内逐步加大负荷。要特别注意逐步牵伸受伤肌肉，防止其缩短，充分恢复肢体的柔韧性，以免再度拉伤。断裂范围较大时宜在肌肉拉长位做早期固定，以防挛缩。酌情做按摩、热疗或其他理疗。肌肉完全断裂时，手术缝合后固定 3～4 周，再进行牵伸肌肉的练习及肌力练习，以增加力量拉长瘢痕的训练为主。在恢复正常训练前，应进行肌肉强度训练测试。

1. 各部位常见肌肉断裂的康复方法

肩袖肌断裂：加压包扎后用肩的外展夹板固定 3～4 周，以后再开始三角巾悬吊的弯腰，肩的回旋运动；或术后加压包扎随即用三角巾悬吊，尽早开始做托肘腰肩的回旋运动。但 4～6 周后开始肩袖肌群的渐进抗阻力练习。

肱二头肌长头断裂：早期进行肩关节活动并加强三角肌、肩和肩袖肌群的力量，多可早期恢复训练。缝合后尽早进行肱二头肌长头腱的牵拉并配合肩关节活动；三周后开始肱二头肌力量练习；肩周肌可早期开始练习，两个月可参加训练。

肱三头肌断裂康复：术后用棉花夹板加压包扎肘伸直位石膏托固定，每日练习手及腕的屈伸及握拳活动。用棉花夹板的好处是止血并使肘关节有 10°～15°的屈伸活动以防止关节粘连。4～5 周后去固定练习屈肘活动，并辅以环转运动。术后 6 周可开始肱三头肌的伸肘练习，逐渐过渡到抗阻练习，并辅以被动屈肘以恢复屈肘角度。术后 6 个月可正常训练。

股四头肌或腘绳肌断裂的康复：康复成功的关键在于早期膝的屈伸活动。伤后用厚棉花夹板加压包扎，做受伤肌肉的抽动练习或电刺激肌肉收缩运动。3～4 周去固定，在床上被动提膝或后伸，做足不离床的屈伸运动。术后 6 周开始练习直抬腿助力保护练习（被动将患肢抬高 90°，在康复师的保护下缓慢放下）或直腿后伸助力保护练习；同时在床边做垂腿的膝屈伸练习。下地走路时需用双拐并以直腿石膏托保护。术后 8 周去拐，3 个月开始慢跑，6～8 个月开始训练。

小腿后群肌断裂：术后长腿棉花夹板加压包扎，并以石膏托将膝踝屈曲固定，48h 后做趾的屈伸活动；3 周后将长腿石膏固定除去，在床上练习小腿三头肌的抽缩活动，下地时用双拐，并用短腿石膏托保护，避免摔倒；术后 5 周开始无负荷的肌肉力量练习并逐渐过渡到抗阻练习；术后 3 个月开始慢跑；术后 6 个月可开始训练。

跖长肌断裂：伤后平卧，足下垫枕，使踝关节背屈 90°，将跖长肌的断端拉开，同时冰敷后棉花加压包扎，2 天后下地走路；一般 2 周后可开始训练。

2. 肌肉康复的原则

肌肉部分断裂的康复：肌肉部分断裂的治疗原则是“拉长固定”。伤后立即冰敷加压包扎，并将患肢受伤肌肉置于拉长位，做姿势治疗或固定，目的是使肌纤维不因瘢痕挛缩而变短，致使运动时正常肌肉部分不用力，而受伤纤维处于受牵拉状态。一般 1 周后可开始活动；以增强肌力拉长瘢痕的训练为主。

肌肉血肿的康复：肌肉拉伤时必须超声检查以排除局部血肿；一旦发现应立即手术清除做必要的缝合，术后康复原则同上。

（七）预　防

预防肌肉拉伤现象的发生，首先应充分做好准备活动，平时训练中应加强易伤部位肌肉的力量和柔韧性练习，使屈肌和伸肌的力量达到相对平衡。其次要合理安排运动量，纠正技术动作上的缺点和错误。另外要重视训练场地的建设和保养，让训练场地始终处于良好的使用状态。准备活动应包括一般性准备活动和专门性准备活动两个方面。一般性准备活动应包括慢跑、全身各关节都参与的徒手操，目的是提高体温，让全身的关节都得到运动。专门性准备活动应着重强调即将要参与运动的身体部位的骨、关节、肌肉的动作。

二、肌肉挫伤

（一）概　念

肌肉挫伤是指体表的部位受到钝性器械的打击或其他外力直接暴力作用而导致的皮下肌肉的闭合性损伤；而伤部皮肤往往完整无损或只有轻微损伤。运动时的相互冲撞、踢打以及身体撞到运动器械均可发生局部肌肉挫伤。挫伤的程度根据组织所受的压力、内出血的程度来判断，多发生于接触性项目中，如足球、篮球、武术散打、拳击、跆拳道等运动项目。滑雪运动和滑冰运动在滑行过程中以及体操运动中也常由于动作失控和装置的固定作用导致跌倒挫伤。

（二）病因病理

直接的挫伤破坏深部与骨骼相连的肌纤维，如果撞击时肌肉处于放松状态，压力可从表层向深层肌肉传递，尽管在肌肉间歇有液体存在，压力仍波及骨骼上才停止，肌肉被压在骨骼上而受损伤；肌肉收缩时造成的挫伤比放松时发生的挫伤表浅。

（三）征　象

有明显的挫伤史，单纯肌肉挫伤，局部出现疼痛、肿胀、皮下淤血、压痛和功能障碍等症状，血肿严重者可出现波动感。股四头肌、腓肠肌严重挫伤引起肌肉断裂而出现断端隆起，断裂部明显凹陷等。

轻度挫伤：压痛局限，四肢的挫伤在关节处可屈曲 90°位，下肢有轻跛。

明显挫伤：局部明显肿胀，可以摸到肿块，四肢挫伤时在关节处不能屈曲 90°位；下肢跛行，起立或爬楼梯都会有疼痛。

严重挫伤：广泛肿胀，摸不到肌肉的轮廓，关节屈曲更受限，下肢跛行明显，非用拐不能走路，有时关节内出现积液。

（四）治　疗

一般性肌肉挫伤，在局部使用冷镇痛气雾剂或冰块冰敷，后用新伤药、弹力绷带加压包扎。伤势轻者可在采取保护措施下继续训练或比赛；伴有严重休克的挫伤，如睾丸、腹部挫伤，首先要止休克，然后让患者在适当的体位休息；上肢的挫伤可利用绷带悬吊患肢休息；下肢挫伤静卧于床上，同时冷敷加压包扎。如果肿胀严重影响血液循环，应将肢体适当固定后及时送医院手术治疗。

（五）康复训练

限制活动期：相关关节的屈伸活动都应该禁止，但可做受伤肌肉的“抽动”活动；轻度挫伤，约24h后开始；严重者，约48h后开始。

恢复活动期：当受伤的肌肉伤情稳定，患者可以自己控制肌肉收缩时，即可开始轻微的伸屈活动；可用超短波、涡流浴、超声波来增加活动度。如股四头肌的挫伤，活动时首先应是腰的伸直功能练习，练屈曲时应根据病情缓慢进行，不能急躁；先仰卧于床上做腰的屈伸活动，不应在床边伸屈或负重伸屈；下地时应在护理人员的帮助下拄拐行走；如果这时膝突然屈曲，其治疗应重新开始，直至膝可以屈曲至90°，走路不用拐。属轻微挫伤型可直接过渡到功能恢复期。

功能恢复期：逐渐增加肌肉的抗阻练习，直到在整个关节活动范围内完全恢复正常；并逐渐参加一些非对抗性的活动。如股四头肌挫伤时，可进行游泳、网球等活动。

（六）预　防

特别注意各种运动项目固有的危险；强调各类运动项目的规则；使用保护器具；一般预防措施的重要性，如准备活动、伸展练习、整理活动、保护支持带的使用等；对运动损伤产生原因的理解；一般身体训练对预防肌肉损伤的作用。

三、开放性软组织损伤

在体育运动中，开放性运动损伤多出现在学校体育活动、较为激烈的对抗性体育项目、高速运动的体育运动项目等情况。所谓的开放性软组织损伤，就是指由于覆盖人体表面的皮肤、粘膜组织在运动中很容易受到暴力发生完整性的破坏，这种皮肤或粘膜的完整性遭到破坏，称为开放性损伤。

开放性损伤大致分为：擦伤、裂伤、刺伤、割伤、撕脱伤和挤压伤。

（一）擦　伤

1. 概　念

皮肤表面受到外力或表面粗糙的物体摩擦或碰撞引起的皮肤表层的开放性损伤称为擦伤（abrasion）。

2. 特　点

皮肤的表皮甚至真皮层受到破坏，有零散的小出血点，皮肤上有擦痕。

3. 征　象

皮肤的表皮损伤、脱落，真皮层也可能受损，浅表擦伤仅有皮肤点片状出血或有少量血清渗出液。

4. 处　理

首先对创面进行清洗，小面积擦伤时用1%～2%红汞液或紫汞液涂抹即可；面部擦伤使用0.1%新洁尔灭溶液涂抹伤口。关节部位的擦伤可用消炎软膏涂抹后进行包扎。大面积污染较重的擦伤，先用生理盐水冲洗伤口，然后在1%盐酸利多卡因局部麻醉下，用毛刷轻轻刷洗，清除沙粒等其他污染异物，再敷上凡士林纱布，加盖消毒纱布并用绷带加压包扎。伤口应遵医嘱按时换药，必要时服用抗生素。

（二）裂　伤

1. 概　念

人体受到钝性暴力直接打击，引起皮肤和皮下软组织出现不规则的撕裂性损伤，有时可直达深筋膜浅面的开放性损伤叫裂伤（laceration）。

2. 特点和征象

伤口边缘不整齐，常有不同程度的污染和出血，会有局部炎症反应，血管充血、通透性和渗出增加。严重时会发生出血性休克。

3. 处　理

如果创口污秽，需要对创口进行清理，同时注意止血，较严重时可用压迫法止血并及时送医院，进行临床处理。后期处理应遵医嘱按时清创换药，避免感染。

（三）刺　伤

1. 概　念

尖锐长细物刺入皮肤或人体后，引起皮肤或皮下及深层组织器官的开放性损伤叫刺伤（punctured wound）。

2. 特　点

伤口小、创道深、创底常有污染，严重者还可能发生厌氧菌感染或脓毒症。

3. 征　象

局部炎症反应，红肿热痛，局部血管充血、通透性和渗出增加。

4. 处　理

小刺伤出血，无需立刻止血，适度放血，有助于将创口深部的污物带出。然后再用双氧水或70%～75%酒精涂擦清创消毒，伤口内如有异物应及时取出再消毒包扎。大刺伤应及时送医进行临床处理。

（四）割　伤

1. 概　念

由刀器或锐利的物体造成的皮肤或皮下软组织、粘膜等的开放性损伤叫割伤（cutting wound）。

2. 特　点

多为刀刃、玻璃片或铁片等造成，损伤范围不同，伤口的长度和深度不同；伤口边缘比较平整，有时会因边缘组织破碎而比较粗糙，个别会出现小动脉破裂出血呈喷射状。

3. 征　象

浅部割伤时局部组织炎症反应，轻度的疼痛和红肿，并发感染时局部的疼痛和红肿加重，还可能发热等，严重时出现化脓性病变。深度割伤出血严重要送医缝合。

4. 处　理

浅表小伤口先用等渗盐水清洁组织间隙，再用70%～75%酒精消毒外周皮肤。可用胶布固定创缘使皮肤完全对合，再涂擦碘伏，外加包扎。注意按时每日涂抹碘伏一次，十天左右除去胶布，注意及时进行皮肤消毒。严重者割伤者及时止血、及时送医进行临床处理。

（五）撕脱伤和挤压伤

1. 概　念

指关节韧带或身体其他部位受到外力作用造成的开放性损伤分别称为撕脱伤（avulsion）和挤压伤（crush injury）。

2. 机　理

关节韧带或肌腱起止点从骨端附着处断裂或皮肤被外力撕脱，或某一部位受到相反方向的外力挤压引起损伤。

3. 征　象

局部炎症反应，疼痛、肿胀或触痛，还会引起肌腱、滑囊等组织发生炎性病变。

4. 处　理

首先保持冷静，早期清洁污染的伤口，创面用无菌消毒敷料包扎止血，然后送医进行临床处理。

第二节　软骨损伤

一、概　念

髌骨劳损是指髌骨软骨软化症和髌骨周缘腱止装置的慢性损伤（又称髌腱末端病）。这两种损伤可单独发生，亦可同时存在，其病因和症状基本相似。多见于排球、篮球、田径、体操、举重等项目。

二、病因病理

主要是膝关节（尤其是半蹲姿势）长期负担过度或者是细微损伤积累而成。也可以因髌骨遭受一次外力撞击或者股四头肌一次猛烈牵扯所致，但因此原因而发生髌骨劳损的较少。当膝关节处于半蹲姿势时候，内外侧韧带相对松弛，致使膝关节稳定性下降，此时维持膝关节的稳定性能主要依靠髌骨和股四头肌，因而髌骨周缘腱止部和髌韧带所受的前拉力及髌、股骨相应关节面上所承受的挤压力较大。若半蹲位发力或扭转活动时，周缘腱止部和髌韧带附近所承受的牵拉张力更大，髌骨关节面之间必然产生挤压、捻错和摩擦。如果这些力的作用超过了组织细胞的生理负荷，就会影响局部的新陈代谢，导致局部组织的破坏，从而引起腱纤维出血、变性、增生、钙化和软骨细胞肿胀、纤维变性等一系列病理改变。

髌骨劳损有明显的项目特点，如在篮球运动中的防守、进攻、急停与上篮；排球运动中的半蹲起跳和救球，铁饼运动员的半蹲转体，跳高运动员最后一步制动、踏跳转体等都要求半蹲位发力，并且发生膝关节的屈曲扭转。这样髌骨与股关节面之间，必然产生挤压与捻错，使软骨面的某一部分发生病变。若训练方法或者运动负荷不合理，在一段时间内膝关节的这种负荷过多，就会引起髌骨劳损。

三、征　象

从患者特有的病状和体征来看，该病多为逐渐发病。初为膝关节慢性隐痛，与运动量关系密切，运动量大时明显加重，运动量小则相应减轻，而且出现运动后加重。

个别患者膝痛与天气变化有关。当膝关节局部受凉时，病状加重，暖则症状缓解。由于膝关节周围皮下脂肪较少，抵御寒冷的作用明显不足，膝关节非常容易遭受风寒侵袭，出现风湿性疼痛，在加上髌骨劳损的发生，局部组织代谢进一步发生障碍，所以病症会明显加重。

四、诊　断

检查时可用拇、食二指将髌骨向远侧方向推压，嘱病人收缩股四头肌，常常发生剧烈疼痛。早期 X 线可无明显改变。

五、治　疗

（一）训　练

治疗该病的原则是早发现，早处理。处理的关键是合理的安排训练。

轻型：应避免膝部负担量过大。在全面训练的基础上，加强股四头肌的力量训练，在从事容易发生髌骨劳损项目的训练时，可以规定从事该专项训练的股四头肌的肌力标准，例如踝部负重 30 ~ 40kg 内完成膝关节屈伸 10 次以上才可以参加专项训练。每次训练后做单足半蹲实验，以便早期发现及时治疗并注意局部保暖。

中型：明显影响运动训练，应减少半蹲发力的各种练习，在症状不加重的前提下，加强股四头肌练习，加强身体其他部位及全面的素质锻炼。

重型：不仅影响运动训练，同时也明显影响日常生活。应该完全停止引起膝关节负重运动的训练，全面治疗，必要时可以进行手术治疗。对于老运动员或者成绩较差的运动员，应该退出集训，休息治疗。

（二）中药外敷法

软骨组织的再生能力较差，没有特效药物治疗髌骨劳损。但是通过中药治疗有一定的疗效。如常用的中药渗透外敷法：红花、生川乌、草乌、当尾、自然铜、马钱子、桃仁、甘草各 30g，生姜 9g，以上药物用白酒浸泡 1 周。使用方法：取 6 层纱布垫，将药酒滴上，以略湿为度，然后敷在髌骨上，再以绷带捆缚。

（三）中药内服法

可选用具有活血祛瘀，行气止痛之功效的中成药（如小活络丹）口服。

（四）按摩法

用于治疗伤病的按摩称为治疗按摩。患者取坐位，自患者大腿至膝关节拿捏数次，先使肌肉放松，然后在痛处用揉按手法，由轻渐重，然后再取轻手法按摩3～5min，直至关节内没有发热感为止。点按患者的血海、阳陵泉、委中、委阳、合阳、承筋、承山等穴位。将患肢屈曲，尽量使足跟接近臀部，随即伸直反复数次。经上述手法按摩之后，可缓解肌肉痉挛，加强局部血液循环，具有消肿止痛解除肌腱粘连和肌肉萎缩之功效。

（五）手术治疗

凡是长期保守治疗无效，病状加重者，影响正常生活和锻炼者，可以考虑手术治疗。

综上所述，也可以根据患者情况及医生的建议运用体疗、理疗、封闭疗法等多种方法进行治疗。最主要还是以预防为主，应合理安排运动量、运动强度，并在正确的指导下进行练习。

第三节　关节脱位

一、概　念

构成关节骨端关节面的正常对应关系发生异常变化，并造成关节的基本结构及辅助装置的损伤和关节功能失常者称为关节脱位，俗称脱臼。

关节脱位多发生于活动频繁、活动范围大的关节，以肩关节、肘关节最多，运动损伤中手指的指间关节挫伤脱位也很常见。关节的稳定性由骨骼、关节囊、韧带和肌肉共同维持，而脱位的发生，必然带有上述结构的异常。

运动损伤或外科手术后所遗留的关节不稳是当前运动医学、矫形外科治疗和手术的难点。运动损伤中最常见的不稳关节有：肩关节、腕关节、膝关节和踝关节。表现在运动中同一关节的反复损伤、关节疼痛、打软现象，对运动体位改变的保护性慢半拍，急跑、急停、转向跑等能力的减退。

二、病因病理

运动创伤中关节脱位最常见的病因为直接或间接暴力，以间接暴力最常见，如篮球运动员过度伸指接球、触球过猛、掌指关节极度背伸、掌骨头穿破掌侧关节囊向掌侧脱出。又如，任何情况下摔倒时肩关节处于外展位、肘或手触地躯体向前倾斜，均可通过传导暴力而使肱骨头向前滑脱导致肩关节前脱位；而当肩关节处于外展位，外力直接作用于肱骨头后部也可造成肩关节前脱位。

关节不稳通常是运动劳损或者急性受伤后所致，也可由家族性因素和内在胶原不正常引起，这种胶原不正常会导致关节囊和韧带松弛以及伴随肌肉活力的改变。因此，关节动力和/或静力约束受到损伤，或肌肉不平衡、挛缩，或创伤性、非创伤性韧带松弛，以及伴随的骨性和关节周围软组织的缺损，均可导致发生关节不稳。

三、征　象

半脱位或全脱位，表现为疼痛、肿胀、关节运动受限、畸形和弹性固定等。

关节不稳的患者可能会有恐惧不安、疼痛、无力和活动受限等症状。恐惧不安是关节不稳的典型症状，患者会有关节不稳、失效或伴有神经性质的打软，如踝关节首次扭伤后，反复发生踝关节内翻扭伤，即使在平坦的路上行走也会发生，即对患足的“不安全感”。疼痛是常见的临床症状，如肩关节前方不稳定表现为前恐惧症。

根据局部受伤史、症状与体征，结合普通 X 线检查结果能明确诊断。

四、治　疗

对于关节脱位的治疗，在条件允许的情况下，可采用手法整复，越早越好，这样不仅可以减少病人的痛苦，而且容易复位成功。若时间较久，关节周围肌肉挛缩，局部血肿机化成瘢痕组织，软组织粘连，则手法复位比较困难。对于复位困难或合并骨折等较为复杂的脱位，则可行手术切开治疗。脱位整复成功后，将患肢固定在合适位置，一般为 2 ~ 3 周，若有软组织的撕裂，则应有足够时间的固定保护。

复位后固定的关节可进行静力性收缩等练习。解除固定后，逐步进行主动功能锻炼。其目的是促进局部血液循环，促使功能尽快恢复。在锻炼过程中应注意循序渐进，切忌粗暴用力。同时，可辅以中药、针灸、按摩、理疗等治疗。

五、康复训练

见骨折的康复训练。

第四节　骨　折

一、概　念

运动系统是由骨、骨连接和骨骼肌组成的，骨骼构成了人体的支架，是人体重要的组织器官，起着保护、支持和运动的作用。

骨质的化学成分主要由有机质和无机质组成。有机质主要为骨胶原纤维束和粘多糖蛋白等，保持骨的柔韧性和弹性。无机质主要是以碱性磷酸钙为主的盐类，主要成分是磷酸钙、柠檬酸钙和磷酸二氢钙等，保证骨的强度和刚度。骨胶原纤维和骨钙盐的比例随年龄的增长而变化，儿童时期大约各占一半；成年人有机骨基质约占 1/3，无机骨基质约占 2/3；老年人有机骨质减少更多，无机骨质相对增加，致使骨的脆性增加，强度减低。

骨或骨小梁的完整性和连续性发生离断即称为骨折（fracture）。骨折在生物力学特性上表现为在外力作用下，骨组织某一区域的应力超过骨材料所能承受的极限强度而导致的骨材料的断裂。若骨骼本身有病变、在遭到外力时发生骨折者，则称为病理性骨折。

二、病因病理

在剧烈运动尤其是对抗性强的运动中，骨折并不罕见。运动中最常见的骨折是一次性暴力所致，而疲劳性骨膜炎和疲劳性骨折则是由慢性损伤积累所致。因此，根据病因，可将骨折分为外伤性骨折、疲劳性骨折和病理性骨折。

骨折可由直接暴力或间接暴力引起。当外力直接作用于骨骼局部，并引起骨折者，属直接暴力。间接暴力是指外力通过传导、杠杆或旋转等作用间接地引起骨折，以四肢及脊柱较为常见。如，运动员不慎摔倒手掌撑地，体重与地面反作用使前臂产生弯曲，造成桡骨远端处骨折。

此外，肌肉强力收缩可引起肌起点或肌止点处的骨质被拉下一块而形成撕脱性骨折，好发于胫骨粗隆、肱骨大结节、坐骨结节等处。

疲劳性骨折（fatigue fracture），又称应力性骨折（stress fracture），在运动中也非常常见，并且一旦发生常由于疼痛影响训练和成绩的提高。运动员在长期系统训练的过程中反复剧烈的运动负荷使骨组织的力学性能降低，往往会在长骨皮质内出现大量的微细损伤，若继续进行高强度的训练，原有的微细损伤没有足够的时间进行修复将进一步融合，形成更大的显微裂纹，最终引发皮质内的骨折出现。然而，在这个过程中，如果减少训练负荷或停止训练，骨单位改建使微细损伤得以修复，可避免疲劳性骨折的出现。运动员的疲劳性骨折最常见于胫骨骨干的后内侧，过多跑、跳和下蹬活动使小腿后方的胫后肌和屈趾屈拇肌反复收缩，刺激和牵扯附着部位，致使此处骨膜松弛或分离，骨膜充血、肿胀及骨膜下出血，局部骨质初期可成脱钙或骨小梁骨折；在跑跳活动中，身体重力与支撑面之间的作用力作用于小腿骨面，反复相同节奏的连续压力作用集中在一点时，导致冲击集中而发生骨折。跖骨骨膜炎以及跖骨疲劳性骨折，多发于第二、三跖骨。

三、征　象

全身表现，可为休克、发热。局部表现，局部出现疼痛、肿胀、功能障碍。完全性骨折可表现为畸形、异常活动、骨擦音或骨擦感。

临床检查时，骨折的主要体征是压痛，为固定而局限的压痛。压痛是各种骨折共有的体征，局限性是指压痛局限在一个小范围，如一点或一条直线上。此外，骨折的另两个体征是纵向叩击痛和挤压痛，长管骨可沿其纵轴挤压或者纵向叩击，常可引发痛点处明显疼痛。

进行 X 线检查一般都能确诊，并可了解骨折的类型、骨折线走向，以便分析暴力来源和治疗的选择。CT 及 MRI 可发现一些轻微隐匿的骨折，如骨小梁部分骨折和一些不规则骨的骨折。

四、治　疗

骨折的治疗有三大原则，即复位、固定和康复治疗。

复位是指将移位的骨折段恢复至正常或者近乎正常的解剖关系，重建骨的支架作用。它是治疗骨折的首要步骤。早期正确的复位，是骨折愈合过程顺利进行的必要条件。

固定是将骨折维持在复位后的位置，使其在良好对位条件情况下达到牢固愈合，是骨折愈合的关键。可行外固定或者切开复位后内固定。

康复治疗是在不影响固定的情况下，尽快地恢复患肢肌肉、肌腱、韧带、关节囊等软组织的舒缩活动。早期合理的功能锻炼可促进患肢血液循环，消除肿胀；减少肌萎缩、保持肌肉力量；防止骨质疏松、关节僵硬和促进骨折愈合，是恢复患肢功能的重要保证。

（一）骨折自然愈合的基本过程

骨折的自然愈合过程是以二期愈合的模式从 X 线片和组织形态学变化进行描述的，这是当骨折复位不完全或固定不充分的情况下所见的骨折愈合方式。可通过膜内骨化和软骨内化骨和哈弗氏系统模造 3 种模式，可分为肉芽修复期、原始骨痂期、成熟骨板期和塑型期四个阶段。骨折愈合是一个连续不断的过程，一面被破坏清除，一面新生修复，四个阶段紧密相连，相互交错。

1. 肉芽修复期

骨折会伴有周围软组织的损伤或撕裂。骨折后，骨折断端和周围软组织血管破裂、出血，形成血肿，同时骨细胞、骨膜和周围软组织细胞坏死刺激导致局部创伤性炎症反应，局部血管扩张、充血，还有炎性细胞浸润。一般 6～8h 后，血肿开始凝结成含有网状纤维蛋白的血凝块。随后，新生血管逐渐长入血肿内，带来大量的间充质细胞并逐渐分化为成纤维细胞和吞噬细胞，随着血肿内血细胞的破坏，成纤维蛋白渗出，血肿被清除机化并演变为肉芽组织，继而形成纤维骨痂，此时骨折的两断端已经初步粘连在一起。此过程约在 2～3 周时完成。

2. 原始骨痂期

骨折后 24h，断端外骨膜及附近血肿中的成骨细胞、成软骨细胞和成纤维细胞不断增殖形成新生骨，称为外骨痂。来自髓腔内层骨内膜的膜内化骨及血肿中的软骨内化骨形成内骨痂。内外骨痂不断钙化沉积不断骨化，以网织骨的形式形成骨。此时由于骨折端复位不完全，固定不充分，只能以纤维组织和软骨组织修复，以适应断端活动的需要。当外骨痂会合，形成较牢固时，骨折部位微小的活动消失，纤维组织经软骨组织而骨化，形成内外骨痂相连的桥梁骨痂，这就意味着原始骨痂完全形成，一般在伤后 6～10 周左右完成。

3. 成熟骨板期

原始骨痂进一步改造，骨小梁逐渐增加，排列趋于规则，新骨替代完成，原始骨痂被改造为成熟的板状骨，达到牢靠的骨性连接，髓腔被骨痂封闭。此阶段在伤后 8～12 周完成。此时已达到临床愈合的标准。

4. 塑型期

在此阶段，根据人体需要，骨结构按照力学原则重新塑造，多余的骨痂被吸收，薄弱的部位得以强化补充，骨折痕迹消失，髓腔重新开放。这一时期约需 2～4 年。

（二）骨折自然愈合的方式

1. 二期愈合

上述骨折愈合方式为二期愈合。

2. 一期愈合

学者们提出若骨折部位能得到解剖复位，并予以坚强固定，骨折可以一期愈合的方式修复。一期愈合是以哈弗氏系统骨内膜造的方式直接修复骨折的，即以破骨细胞开始，血管长入，在吸收坏死骨组织的同时，有增殖活跃的成骨细胞随血管进入坏死的骨组织，达到骨折端皮质对皮质骨的接触愈合，故又称直接愈合和接触愈合。由于骨折端不可能完全接触，断端存在间隙，在内固定坚强的情况下，同样也是板层骨直接修复的，但新骨形成方向不是与骨折片的皮质骨走向平行，而是与其垂直。到后期随着骨的模造重新排列，使之与皮质骨平行，此为间隙愈合的特点。当骨折以一期愈合的方式修复时，由于骨坏死区的吸收及时被新骨修复，见不到骨吸收的间隙，也见不到内外骨痂，因此髓腔始终是通畅的。

3. 第三种愈合方式

这种愈合方式是指骨折在获得良好复位、合理固定和积极的功能练习时出现的一种优化骨愈合方式，即骨折断端是以哈弗氏系统骨内模造的方式直接修复，同时通过膜内化骨的方式形成少量外骨痂。在骨折愈合过程中，X 线片显示没有骨吸收的征象，并有连续外骨痂形成。CT 扫描表明骨折部的骨密度接近正常，皮质骨厚度超过正常骨，髓腔内没有骨痂或仅有很少量内骨痂。经生物力学测试，骨折部愈合后的强度和刚度接近甚至超过正常骨。

（三）骨折愈合影响因素

骨组织的再生能力很强，一般的单纯性骨折数周内就会有肉芽组织的连接，2～3 个月就有原始骨痂连接，4～5 个月后骨连接已经足够坚强。然而有许多因素会影响骨组织的修复，包括全身性因素和局部因素、医源因素和药物因素。

全身因素包括年龄、活动水平、营养状况、内分泌水平、并发疾病因素、药物影响等。局部因素包括骨折部位、损伤严重程度、治疗水平、有无感染和内固定药物过敏等。一般成人常见骨折的临床愈合时间，锁骨骨折、肱骨干骨折为 1～2 个月，尺桡骨骨折 2～3 个月，掌指骨骨折 3～4 周，股骨颈骨折 3～6 个月，股骨干骨折 3～3.5 个月等。

（四）骨折愈合的标准

临床骨折愈合的标准为：1. 骨折断端无压痛；2. 局部无纵向叩击痛；3. 骨折断端无异常活动（主动或被动）；4. X 线片显示骨折线模糊，有连续性骨痂通过骨折断端骨折线；5. 外固定解除后，肢体能达到以下要求：上肢向前伸手持重 1kg 达 1min；下肢不扶拐在平地连续行走 3min，并不少于 30 步；6. 连续观察两周，骨折断端不发生畸形。

骨性标准：1. 具备以上临床愈合的所有条件；2. X 线片显示骨痂通过骨折线，骨折线消失或接近消失，皮质骨界限消失。

五、康复训练

复位、固定和运动治疗（功能锻炼）是骨折和脱位治疗的三个基本环节，复位和固定是治疗的开始，而治疗的效果却必须从功能上进行衡量。

（一）运动治疗

1. 第一期运动治疗

骨折后康复训练一般分两期进行，第一期是指在愈合中外固定尚未去除，也称愈合期。此时康复锻炼的作用是：对抗肢体的失用性和反射性改变，包括肌肉萎缩、关节痉挛和骨质疏松等；此外，适当的运动治疗可对骨骼施加良性应力，加速骨痂生长促进骨折愈合；保持全身健康，防止运动不足引起的并发症。

第一期运动治疗在骨折固定良好，患者情况稳定时开始。内容有：

（1）伤肢近段和远端未被固定的关节进行各方向的主动运动，可能时施加阻力，或者给予助力或做被动运动。应尽量维持各关节正常的活动范围，在上肢应注意肩外展与外旋、掌指关节屈曲及拇指外展，在下肢则应注意踝关节背曲，防止足下垂。

（2）骨折复位基本稳定并无明显疼痛时，患肢被固定区域的肌肉可进行等长收缩。一日多次，用力程度逐渐增加。

（3）可在卧位、坐位和站立位进行全身保健操。包括受伤肢体的运动、躯干运动和深呼吸练习，患肢可保持安静。

（4）关节内或干骺端骨折切开复位内固定后，若固定牢靠可在术后数日内进行连续被动运动（continuous passive motion，CMP）；关节内或干骺端骨折无内固定或内固定不牢靠，则于制动 2～3 周后，每日取下外固定做受累关节的不负重的主动或助力运动，逐步扩大运动范围，运动后再行固定。骨折初步愈合后，再行 CPM 以恢复关节活动度、促进骨折部位的修复与重塑。

2. 第二期运动治疗

第二期也称恢复期，此时骨折已经愈合，外固定已去除，患者处于功能恢复阶段。其主要作用是促进肢体基本功能即关节活动度和肌力的恢复，进而在此基础上恢复运动技能、日常生活活动和工作能力。主要内容有：

（1）恢复关节活动度的练习，即 ROM 练习，包括主动活动、被动活动、助力运动、关节功能牵引。受累关节做各个方向的主动活动，逐渐增加活动范围，用力至有轻度痛感。被动活动由患者自己或治疗师进行，牵伸挛缩和粘连组织，注意动作要缓和平稳，切忌使用暴力，以免引起附加损伤如组织撕脱和骨化性肌炎。助力活动可由患者或他人施加助力，更多是通过棍棒、滑轮以及特殊的器械由患者的健肢对患肢施加助力，用力以引起轻度疼痛为宜。关节功能牵引是恢复关节活动度的有效方法，适用于矫治较牢固的关节挛缩畸形。方法是在适当姿势固定关节的一端肢体，在另一端肢体上以适当重量直接或通过滑轮按需要方向作持续 10～20min 的牵引，牵引力以引起适度紧张疼痛感但可容忍为宜。

（2）恢复肌力的练习。当肌力为 0～1 级时，可进行按摩、被动活动和试图引起肌肉主动收缩的练习，也可用低频脉冲电刺激疗法刺激肌肉收缩；肌力为 1～2 级时，可做助力运动或在减轻重力负荷的条件下进行主动活动，如在悬挂肢体的条件下摆动肢体或者在水中运动；肌力为 3～4 级时，应做主动运动及抗阻运动，一般着重于肌力的练习，同时进行肌肉耐力练习；同时，以等张、等动运动为主的动力性练习和以等长运动为主的静力性练习也广泛应用于骨折后的恢复期。

（3）恢复本体感觉的练习。骨折和脱位会伴有韧带、肌腱、关节囊等的损伤，可损害本体感觉。应注重闭链练习和平衡练习，平衡练习要循序渐进，如可使用阻尼可调的平衡训练仪。

（4）实用功能练习。关节活动度和肌力有一定恢复时，应进行必要的实用功能练习。上肢如衣食住行的各种日常生活动作，以及书写、工艺体操和使用各种工具等；下肢如改变体位、站立行走、上下楼、跑步、骑自行车等。对运动员则应进一步注重协调、灵敏等的相关练习。

每次运动治疗都应以准备活动开始，以放松活动结束，中间进行肌力、关节活动度、实用功能锻炼。锻炼应与必要的理疗结合进行。

（二）其他治疗

1. 理　疗

早期使用冷疗可以抑制炎症水肿，尤其在运动训练后有效。无热量的超短波可以消炎镇痛，改善血液循环，但在有金属内固定物者则禁忌使用。后期可使用石蜡疗法缓解痉挛，松解瘢痕，改善关节活动度。超声波对骨折延迟愈合者有效。此外，紫外线、红外线、离子导入和水疗等均能使用。

2. 作业疗法

针对患者具体的功能障碍，从日常生活活动、手工操作劳动和文体活动中选择有助于患肢功能和技能恢复的作业，上肢主要以各种精细的功能性动作为主，下肢主要以负重站立和步行能力为主。

本章提要

1. 体育运动中常见的软组织损伤有肌肉拉伤、肌肉挫伤和开放性软组织损伤。其中，开放性软组织损伤大致分为：擦伤、裂伤、刺伤、割伤、撕脱伤和挤压伤。

2. 肌肉拉伤有主动拉伤和被动拉伤两大类，可发生在肌腹、肌腱或两者结合处。

3. 肌肉本身柔韧性差、力量弱，准备活动不充分、暴力牵拉或者错误的技术动作导致用力过猛，长时间训练或比赛疲劳积累，以及环境气温过低、湿度太高、场地不良等都可造成肌肉拉伤的发生。应根据损伤的原因，做好预防工作。

4. 肌肉拉伤按严重程度可分为三度，轻度拉伤只有很少的肌纤维撕裂；中度拉伤有大量肌纤维断裂，力量素质明显下降；重度拉伤是肌肉的完全断裂，功能完全丧失。

5. 肌肉拉伤后应在拉长位给予固定。早期治疗应按照 PRICE 进行常规治疗；中期可进行无负重的静力练习和在无痛前提下的负荷练习；后期可进行与专项有关的训练。

6. 肌肉挫伤时伤部皮肤往往完整无损或只有轻微损伤。对于肌肉挫伤的处理应注意骨化性肌炎的发生。

7. 髌骨劳损是髌骨软骨软化症和髌骨周缘腱止装置的慢性损伤（又称髌腱末端病）。这两种损伤可单独发生，亦可同时存在，多见于排球、篮球、田径、体操、举重等项目。

8. 髌骨软骨软化症主要是膝关节长期负担过度或者是细微损伤积累而造成的，也可以因髌骨遭受一次外力撞击或者股四头肌一次猛烈牵扯所致，但此情况较少发生。

9. 构成关节骨端关节面的正常对应关系发生异常变化并造成关节的基本结构及辅助装置的损伤和关节功能失常者称为关节脱位，俗称脱臼。关节脱位多发生于活动频繁、活动范围大的关节，以肩关节、肘关节最多，运动损伤中手指的指间关节挫伤脱位也很常见。

10. 骨或骨小梁的完整性和连续性发生离断即称为骨折。根据病因，可将骨折分为外伤性骨折、疲劳性骨折和病理性骨折。运动中最常见的骨折是一次性暴力所致，而疲劳性骨膜炎和疲劳性骨折则是由慢性损伤积累所致。

11. 骨折的主要体征是压痛，为固定而局限的压痛。此外，骨折的另两个体征是纵向叩击痛和挤压痛。

12. 骨折治疗的三大原则为复位、固定和康复治疗。

13. 骨折自然愈合的过程有一期愈合、二期愈合和第三种愈合方式。按二期愈合的方式骨折愈合的基本过程可分为肉芽修复期、原始骨痂期、成熟骨板期和塑形期四个阶段。

14. 骨折后康复训练一般分两期进行。第一期是指在愈合中外固定尚未去除，也称愈合期。第二期也称恢复期，此时骨折已经愈合，外固定已去除，患者处于功能恢复阶段。

推荐阅读文献

[1] 高维纬．体育保健学［M］．沈阳：辽宁教育出版社，1995，345－346.
[2] 高维纬．运动医学［M］．沈阳：辽宁大学出版社，1999，278－381.

参考文献

[1] 高维纬．体育保健学［M］．沈阳：辽宁教育出版社，1995，345－346.
[2] 高维纬．运动医学［M］．沈阳：辽宁大学出版社，1999，278－381.
[3] 王安利．运动医学［M］．北京：人民体育出版社，2008，368.
[4] 吴在德，吴肇汉．外科学［M］．北京：人民卫生出版社，1984，177－183.

第十二章 身体各部位常见损伤

运动创伤是指在从事体育运动过程中及相关活动中发生的各种创伤。运动创伤是影响运动员正常训练与比赛，限制其运动成绩提高的重要原因。有效积极地防治运动创伤，不仅可以使运动员享受运动本身带来的快乐，还能最大限度地避免或减轻运动创伤造成的痛苦。

由于运动项目不同，造成损伤的部位也就各不相同。本章从人体在运动中不同部位的常见损伤（包括肩和上肢常见损伤、腰背部常见损伤、下肢常见损伤）详细阐述了在运动中容易产生损伤的发病机制、临床表现及体征、各种检查方法、损伤后的治疗康复，为今后科学训练、预防运动创伤的发生及创伤发生后的康复训练提供科学依据。通过本章的学习，能够初步掌握一些常见运动损伤的发生机制，并能对发生损伤的部位做初步诊断治疗，为以后的损伤康复打下良好基础。

第一节 肩带与上肢常见运动损伤

一、肩袖损伤及其断裂

肩袖是由冈上肌、冈下肌、小圆肌和肩胛下肌的肌腱组成，呈套袖样附着于肱骨上端的大小结节处，其腱性部分在止点处相互交织，形成腱帽样结构。

（一）病因病理

此病多先有肌腱的退行性改变，再由较轻的扭伤、拉伤或挫伤而引起断裂。个别病例是由较重的外伤致成。例如肩关节的骨折脱位。此外，当上臂突然外展又遇到阻力时，冈上肌的突然牵扯，也可引起该肌腱撕裂。撕裂的部位多在肱骨大结节以上 1.25 厘米处。破裂的程度有部分撕裂和完全撕裂。

运动员的肩袖断裂多为短纵裂，位于盂肱韧带与冈上肌之间。反复撞击的小创伤更容易使其变性增厚，致使与肩喙韧带间的间隙变窄，在游泳运动中，成为游泳肩。投掷所引起的肩袖断裂多属部分断裂，肩袖的关节层断裂，或大结节撕脱。

（二）征　象

多有急性损伤或反复、累积性损伤史。老年患者可无明显外伤史。主要症状是肩前方或三角肌外侧疼痛，不少人有撕裂或折断感，急性期疼痛剧烈，慢性期表现为自发性钝痛。肩部活动后疼痛加重。由于将上臂外展过肩会产生剧痛，患者一般将上臂垂于体侧。夜间疼痛加重，不能卧向患侧。

急性期伤处有压痛感。冈上肌受累时，压痛在大结节顶部。冈下肌受累时，压痛在大结节顶部的外侧。裂口影响到肱二头肌肌腱时，结节间沟处有压痛。肩胛下肌腱破裂时压痛在前下方。

患者肩关节上举功能受限制。患者抬臂力量减弱，虽然可以自由外展上臂，但只要外加轻微阻力，外展或前屈就有困难。

盂肱关节内出现摩擦音。病人在上举及旋转上臂时可以感到有声响。将手放到患者身上，令其上举及旋转能感觉到弹响。

急性期 2～3 周后即可出现冈上、冈下肌萎缩，冈下肌萎缩明显。病程长者小圆肌和斜方肌也有明显萎缩。

肩袖撕裂严重时，肩部常有隆起或沟状凹陷。隆起者为大结节骨突，凹陷为肩袖撕裂后留下的缺损。肩袖完全断裂时，患者不能外展上举上臂，而由耸肩来代替，这是由于肩袖不能稳定肱骨头，因此三角肌收缩时，肱骨沿其垂直轴向上，迫使肩胛骨在胸壁上抬起并旋转，导致肩肱结构破坏。

（三）诊　断

1. 肩痛弧试验

患者站立位接受检查，固定肩胛下角令患肢外展，正常时可无疼痛地自 0°上举至 160°，肩峰下有病变时，外展 60°出现疼痛，80°～120°疼痛最重，超过 120°后疼痛减轻。肩袖损伤轻微者，外展上臂时撕裂部分挤入喙肩韧带下方引起疼痛即肩痛弧综合征阳性。

2. 封闭试验

封闭试验对鉴别撕裂程度有价值。于痛点注射 1% 利多卡因 10ml，上臂可无痛外展 150°～160°，并能维持此姿势者，可能撕裂不大，非手术治疗可能有效。如果疼痛、肌痉挛消失后仍然不能外展，或只能轻度抗阻力外展，说明可能撕裂程度较大，需要手术治疗。

3. 臂坠落试验

被动抬高患臂至外展 90°～120°范围内，撤出支持，若患臂不能自主支撑而发生坠落及疼痛，表明有肩袖断裂可能。

4. 肩峰下撞击试验

向下压迫患臂肩峰部，被动上举患臂，在上举 60°～120°范围内出现肩峰下间隙部位疼痛或上举受阻为阳性。

对肩袖疾病作出早期正确诊断并非易事。对凡有肩部外伤史，肩前方疼痛并伴有大结节近侧或肩峰下间隙压痛者，若合并存在下列 4 项中的 1 项时都应该考虑肩袖损伤的可能性：臂坠落试验阳性；肩峰下撞击试验阳性；盂肱关节内出现摩擦音；举臂困难或 60°～

120°肩痛弧试验阳性。如同时伴有肌肉萎缩，表明病变已经进入慢性期。

（四）治　疗

治疗方法因年龄及撕裂的大小而异。青少年患者或撕裂较大者应早期手术修补，并早期开始活动。年龄较大，撕裂较小者，其治疗主要是对症治疗。尽早活动防止粘连并恢复肌力。伤后6周如果检查外展肌力仍差者应该进行修补手术。

二、肘内侧副韧带损伤

肘内侧副韧带包括前斜束、后斜束和横束。前斜束起自肱骨内上髁，止于尺骨突内侧，分成上下二部，肘部伸展时上部纤维束紧张，肘部屈曲时下部纤维束紧张，前斜束起自肱骨内上髁下端，呈扇状附于尺骨鹰嘴滑车内侧缘，后斜束是较薄的一层纤维。

（一）病因病理

任何暴力引起肘关节过度被动外翻、旋后、过伸，导致肘内侧副韧带被高张应力牵拉；或外力直接作用于肘内侧局部引起韧带局部的挫伤、挤压，部分纤维断裂或完全断裂；或因前臂屈肌、旋前圆肌的突然主动收缩，都可能造成尺侧副韧带或肌肉的损伤。

在运动创伤中，常见于标枪、手榴弹、体操、举重等项目，如当投掷标枪或手榴弹时的动作错误，前臂突然外展，致尺侧副韧带损伤；体操运动员从器械上掉下手掌撑地时，若前臂处于旋后位，肘微屈外翻，可以造成肘尺侧副韧带的部分或完全撕裂。

（二）征象与诊断

急性损伤时，肘关节内侧有不同程度的肿胀、疼痛。压痛点多位于尺骨的半月状切迹或肱尺关节间隙。当内侧副韧带完全断裂时，局部肿胀明显，压痛敏锐，局部功能严重受限制。少数可因治疗不当，发生肘内侧粘连甚至骨化，导致肘关节僵硬。

慢性损伤多有肘内侧持续性钝痛，开始活动和重复受伤动作时疼痛加重，休息后疼痛减轻，常有前臂发软、无力或工作能力下降等。

（三）治　疗

1. 急性损伤

宜局部立即冰敷，加压包扎，屈肘70°～90°位固定，抬高患肢。

2. 药物治疗

内服舒筋活血片或消肿止痛汤，外敷一号新伤药，局部肿胀明显减轻后，外敷二号旧伤药，内服正骨紫金丹，还可以配合一号洗药熏蒸患部，以起到消除肿胀、预防关节粘连作用。后期可以用三号薰洗药熏洗。

3. 手法治疗

初期以理筋手法为主，以消散肿胀。中后期手法时间可稍长，并增加揉捏、摇、屈伸手法，使关节滑利，但禁止做被动粗暴牵拉和屈伸肘关节的活动。

4. 理　疗

必须在伤后24h后采用。以超短波逆流及直流电碘离子导入为好。

5. 封闭疗法

急性和慢性损伤，局部疼痛明显，可以做局部封闭治疗。

（四）康复训练

早期应鼓励患者主动活动指、腕关节，中后期应该积极进行主动的屈伸肘关节活动。正式训练应该在2～3周以后，切忌过早，并需逐渐增加运动量。训练时应该暂时避免受伤动作的练习，否则易发生再伤或肘关节松弛，继发肘关节创伤型关节炎。单纯韧带损伤一般经非手术治疗可以痊愈。

陈旧性损伤，韧带松弛者，可以通过加强前臂屈肌肌群力量练习以及旋前肌力练习，有望获得满意的关节运动稳定性。无效者则应考虑韧带重建术。

三、腕三角软骨盘损伤

腕三角软骨盘损伤，又称为腕关节三角纤维软骨复合体损伤，是指在手腕极度过伸位前臂旋前或手腕极度屈曲前臂旋后的情况下所导致的损伤。本病多见于体操、排球、乒乓球、网球、击剑、摩托车项目等。是常见的运动损伤，常伴有下尺桡关节不稳。

（一）病因病理

腕三角软骨盘为三角形纤维软骨复合体，起于桡骨尺侧，止于尺骨茎突基底部。若患者跌倒时，前臂极度旋转、手掌撑地，或手腕屈曲活动范围过大，可导致尺桡下关节韧带损伤、脱位和腕软骨盘损伤，有时可合并桡骨远端骨折。

长期在腕反复背伸支撑下做旋转动作，使三角软骨盘受到长期磨损和牵拉，也可造成软骨盘的慢性损伤，例如体操的鞍马支撑、单杠转体等动作，手腕长期处于背伸尺倾支撑下旋转，以致逐渐疼痛，出现症状。

（二）征　象

1. 腕三角软骨盘损伤常伴有尺桡远侧关节的损伤，临床症状轻重不一。主要表现为尺桡远侧关节及腕背尺侧疼痛或伴轻度肿胀，主动或被动前臂旋转时疼痛，腕背伸时明显，腕部无力。以尺桡远侧关节损伤为主者，可有关节松弛感，以关节盘为主的损伤可出现腕尺侧响声，关节绞锁等症状。

2. 查体时可见下尺桡关节或尺侧肿胀，腕周有压痛，前臂旋转痛，腕背伸痛，下尺桡关节松弛，软骨盘挤压实验阳性。

（三）治　疗

1. 急性损伤时应固定制动3～4周，辅以局封注射于腕周压痛点，配合按摩、理疗及中药治疗。

2. 按摩针灸治疗。

3. 理疗：超声波、激光等。

4. 手术：非手术疗法无效者，或严重者可进行手术。

（四）康复训练

慢性病例在护腕保护下，可参加运动训练，但应暂时减少手腕的支撑动作。可在弹力绷带固定下练习腕屈伸活动，以后逐渐加强腕部及前臂肌力训练，以不引起腕尺侧疼痛为度。

第二节　腰背部常见损伤

一、腰椎间盘突出症

腰椎间盘发生退行性变，在某些暴力性致伤因素影响下，纤维环部分或完全破裂，连同髓核向外突出或脱出，压迫或刺激相应部位的脊神经根或脊髓导致腰痛，伴一侧或双侧坐骨神经放射性疼痛的一组临床综合症。

腰椎间盘突出症是常见的运动损伤之一，多见于举重、跨栏、投掷和体操运动员，严重影响体育教学与训练，甚至会影响运动寿命。约60%的病人都有举抬重物或剧烈运动的外伤史。

（一）病因病理

椎间盘随年龄增长，会逐渐出现水分较少，失去弹性，椎间隙变窄、周围韧带松弛等一系列退行性改变，这是造成椎间盘纤维环容易破裂的内因。在椎间盘发生退行性变的基础上，当腰椎间盘突然或连续受到不平衡的外力作用时，均可使椎间盘的纤维环破裂，导致髓核突出。外伤使椎间盘承受超常生理范围的外力作用，影响椎间盘的渗透力和血运，加速退变的发生。急骤和过大的负荷及扭转可造成髓核脱出，对神经产生压迫，即使没有椎间盘的退变也可立即出现不同程度的功能障碍。

最常见的原因是在姿势不恰当或准备不充分的情况下搬动或抬举重物，或长时间弯腰后猛然伸腰等。甚至由于腰部的轻微扭动，如弯腰洗脸、打喷嚏或咳嗽后也可导致腰椎间盘突出症的发生。好发于腰4～5、腰5～骶1，因为这些部位处于腰骶角，正常状态下承受压力较大，因此易出现退变，当有外力作用时又会超负荷地承受其压力，因此较其他部位更易发生损伤。

突出后多刺激压迫一侧或两侧神经根或马尾，或有粘连充血水肿，神经变性产生坐骨神经痛或马尾神经症状。此外，由于髓核突出，椎间隙变窄，也使相应的小关节及其韧带的正常关系改变，引起小关节炎，这也是产生下腰痛的原因。

（二）征　象

腰椎间盘突出的症状多种多样，非典型的病例几乎可以涵盖腰部损伤的全部症状。

急性损伤典型的病人，损伤后即出现不同程度的腰痛、腰骶痛、电击样灼烧性疼痛、痉挛样疼痛，并可放射至臀部、大腿、小腿甚至足部，严重者可影响睡眠，被迫体位，活动明显受限。脱出者腰肌痉挛、剧烈疼痛，患者出现屈髋屈膝、腰侧弯的特有姿势。合并有脊髓与马尾神经受压时，根据受压程度不同临床症状也有差异，严重时大小便失禁，出现脊神经、坐骨神经、腓总神经受损的相关症状，以及马鞍状麻痹、足背伸功能障碍、走路出现“屈髋屈膝高抬腿”甩足的特有形态。此外，也可出现运动和感觉神经障碍，极少数较重的患者甚至下肢瘫痪。卧床休息常能使疼痛减轻，患者常取特殊的卧位姿势以减少疼痛。

（三）检　查

1. 压　痛

在病变腰椎间隙棘突间和棘突旁常有压痛点，棘突旁 1～1.5cm 椎间孔部压痛明显并伴有放射痛，90% 患者均为阳性反应。压痛点部位的不同对病变的定位具有特殊价值：L5～S1 受损，压痛点在 L5 棘突旁椎间孔部；L4－5 受损，压痛点在 L4 棘突旁椎间孔部；L3－4 受损，压痛点在 L3 棘突旁椎间孔部。腰部有明显的叩击痛。

2. 特殊检查

（1）直腿抬高试验（Lasegue's test）

患者仰卧，双下肢放平，先抬高健侧，正常时，腰骶神经根可有 4mm 的滑动范围，故因抬高腿到 70°不致其紧张；再抬患侧，病变严重者仅抬高 5～10°就会出现腰痛及小腿外侧、足背放射性疼痛，一般认为抬高在 50°以内出现疼痛者为阳性。运动员和一般人不同，一般人只能抬高到 90°，而体操、跳高运动员的柔韧性好，抬腿角度大，有窜麻即属阳性。

（2）直腿抬高加强试验（Braggard's test）

方法与直腿抬高试验相同。当直腿抬高出现腿足痛或麻时，稍稍降低腿的高度，症状消失，此时如果将足背伸，下肢窜麻症状又会出现，即属阳性。

（3）屈颈试验（Linder test）

患者坐位或者半坐位，两下肢伸直，此时坐骨神经已经处于一定紧张状态，然后向前屈颈，引起患侧下肢放射痛即为阳性。

（4）脊髓腔压力增加刺激坐骨神经的试验

包括挺腹闭气试验、颈静脉阻滞试验、压腹试验等。

（四）治疗及康复

可分保守治疗和手术治疗两种。近年来，多数学者倾向于进行综合性的保守治疗，尤其利用中西医结合合并体疗的综合疗法，效果较为满意。除急性损伤而导致明显脱出产生神经压迫，出现患肢麻痹及大小便失禁等严重临床体征需要急诊手术治疗外，一般都应先进行综合性保守治疗，95% 以上的患者可以获得痊愈。在保守治疗的不同阶段，配合不同的体疗方法可进一步缩短疗程，降低复发率，效果更为理想。但对“脱出型”损伤运动功能障碍者，应尽早考虑进行手术。

1. 发作期

（1）卧床休息

严重的患者早期应绝对卧床，包括进食及大小便均应在床上进行。卧床期间，要进行四肢的屈伸活动，并逐渐加大屈伸角度。疼痛减轻后可逐步下地活动，患者下地时应先由仰卧或俯卧位变为侧卧位，双髋膝半屈，双上肢支撑身体下床。通常严格卧床 3 ~6 周，用腰围保护逐渐进行站立、坐起或下床活动。因为坐位比站位对椎间盘的压力大，因此急性期应少取坐位。

（2）牵引

腰椎牵引可使腰肌松弛，后纵韧带紧张，椎间隙增大，有利于突出物还原，解除神经根受压，缓解疼痛。有床头牵引、电动牵引、人工滑轮牵引等，牵引重量为体重的 60% ~100%，由轻到重视病情逐渐增加重量。

牵引过程中如果病人症状加重就应调整重量及牵引力，甚至停止牵引。妊娠 6 个月以上，有较严重的高血压和心脑血管疾病的患者禁忌腰椎牵引。

（3）腰围支持带固定

腰围支持带可以减少脊柱活动，减少肌肉劳损及韧带负担，保护腰椎，减轻椎间盘的压力。但连续使用不要超过 3 个月以免腰肌萎缩，使用期间还要继续进行腰背肌锻炼。

（4）物理治疗

局部短波，超声波治疗可以消退炎症，减轻疼痛。

（5）针灸

针灸穴位可选取肾俞、环跳、承山、足三里、昆仑、三阴交及手掌第 4 ~5 掌指关节之间的坐骨神经痛点。

（6）按摩

按摩强调治疗师要认识本症，切忌手法粗暴，尤其是过度腰部屈伸、旋转的手法可能加重椎间盘的突出。对中央型腰椎间盘突出、有马尾神经症状者严禁推拿。

2. 缓解期

缓解期的运动治疗更为重要，通过严格的运动治疗使患者掌握平时工作生活中的正确姿势、体位和动作，减少腰部受压和损伤。同时通过腰部屈伸肌的训练和腰部活动，增强肌力，增加腰椎间的稳定性、协调性和灵活性，从而减少腰椎间盘突出症的复发。

（1）日常生活工作中正确姿势及动作训练

正确坐姿：日常生活中人们习惯弯腰驼背而坐，这样腰部压力增大，而理想的是尽量使腰椎前凸而坐，但这样腰肌费力太大，不能耐久，且腰肌易劳损。因此，日常生活中的坐姿应在腰肌尽量前凸的基础上回缩一点，使腰肌放松。但是长久坐仍是不利的，建议坐位 1h 后应起身活动腰部，进行腰部后伸可缓解肌紧张。

正确站姿：昂首挺胸，腰部轻度前凸，收腹，不要弯腰驼背，以防腰椎劳损。

搬运东西的正确姿势：双脚分开靠近重物站立；不要弯腰，屈髋屈膝至重物的高度；抱紧重物，并尽可能靠近自己；伸膝伸髋抬起重物，起身不要太猛；站起后要移动脚来转身，避免扭动下腰部。

（2）力量练习

在腰椎间盘突出症的治疗中，加强腰背肌肉、腹肌和腿部肌肉的力量对于维持脊柱稳定性以及防治腰痛具有重要意义。

腰部伸肌练习可首先采用俯卧位进行，逐渐过渡到站立位练习。也可进行单腿支撑的“背桥”练习，具体为：仰卧位，屈膝双足平放于床面，双上肢及一足撑地，另一侧下肢和躯干抬起做“桥”的动作，上身与抬起的腿成一直线，保持数秒后返回原位，重复数次。

有了足够的力量和柔韧性，还需要学会神经肌肉控制，按理想的顺序控制适当的肌肉工作。进行脊柱和躯干动态稳定性练习的第一步是学习在自然姿势下控制骨盆姿态，腹部和臀部肌肉同时收缩使骨盆后倾，并引起腰部曲线变平；其次，控制腹外斜肌以及腹部肌群和腰部伸展肌群共同收缩来保持腰部脊柱周围的包紧效果。可进行跪撑动作练习，难度要逐级递增，也可负重或在球上进行俯卧搭桥的练习以进一步增加训练难度。

二、急性腰扭伤

急性腰扭伤（acute lumber muscle sprain）是由于技术动作不规范，外力超过腰部软组织肌肉、筋膜和韧带的生理负荷，或准备活动不充分，或注意力不集中，或肌肉太放松的情况下突然用力等，均可造成肌肉、筋膜和韧带不同程度的纤维裂变等损伤。

急性腰扭伤可为腰骶、骶髂关节的错缝和韧带撕裂，棘上和棘间韧带撕裂及棘突骨膜炎，腰椎后关节滑膜嵌顿，竖脊肌、腰方肌、腰大肌以及腰臀筋膜撕裂等。损伤累及的组织可为一种，也可多种组织同时损伤。

腰椎处于身体负重力最强而结构又相对单薄的中轴部位，具有活动范围大、承受力强的特点，尤其腰骶部是躯干连接下肢的桥梁，又是脊柱生理性腰前凸和骶后凸的交界处，承受力和损伤的概率均增加。急性腰扭伤在临床上发病率较高，累及部位多为肌肉。90%的腰扭伤部位发生在腰骶部和骶髂关节部位，是很常见的运动损伤。

（一）病因病理

身体负荷过重，当身体负荷超过所能承受的生理范围，可发生腰部肌肉和筋膜撕裂。举重运动当举起杠铃后，若重量过大，而运动员腰背肌力量不足不能保持身体平衡，会使重心不稳而发生腰部扭伤。武术运动员在进行旋风腿动作时，跳起后身体扭转过猛等也可导致腰部急性扭伤。

在训练和体力活动中，动作或姿势不正确也是导致损伤的常见因素。搬运重物或举杠铃时，若直腿弯腰或提杠铃，可导致阻力臂增长，重力落在腰骶部可导致肌肉和筋膜发生撕裂。因此在搬运重物时，不要弯腰，屈髋屈膝至重物的高度，然后抱紧重物，并尽可能靠近自己。

脊柱过伸、过屈、过度扭转均可导致扭伤发生。在运动过程中，运动员常会对外力大小做出错误判断，若对外力估计过大，腰部肌肉采取强力收缩对抗外力，如乒乓球运动员大力抽球落空；若对外力估计过小，腰部肌肉募集不充分或肌力不足，如举重运动员挑战超重的杠铃；另外，在无准备状态下，进行某些弯腰转身动作时有外力撞击使腰部突然受力，这些均可引起急性腰扭伤。

（二）征　象

患者有明显的腰部急性外伤史。损伤即刻腰部组织可有组织撕裂感或响声，随即腰部出现刀割样或撕裂样痛，可牵扯到臀部以下。次日，腰骶部疼痛加重，肌肉痉挛不能直立，活动受限。咳嗽、深呼吸、大小便都可导致疼痛加剧。也有患者损伤当时疼痛不严重，1 ~ 2 天后才会出现剧烈疼痛。

检查时，可发现腰骶关节、髂嵴后部、腰肌以及第三腰椎横突尖有压痛。腰部肌肉肿胀和疼痛会引起保护性的肌痉挛反应，引起腰椎生理弧度消失；单侧肌肉痉挛时会出现腰椎侧弯。

损伤发生于骶髂关节时，骨盆分离试验、挤压试验、“4”字试验可呈阳性，而较为准确的试验是盖氏试验：病人仰卧，健肢屈曲由患者自己抱住，检查者将伸直的患肢向下压使之过伸，如果骶髂出现疼痛即为阳性。

（三）治疗及康复

1. 休　息

急性期应卧床休息，腰后垫一小枕可使腰部肌肉和韧带松弛，以促进撕裂的软组织修复以及淤血的吸收。待症状减轻后可下床活动，但前提是不引起疼痛加重。

2. 理　疗

伤后24h以内可进行冷敷；伤后3～4天开始进行理疗，包括热敷、超声波、蜡疗等。

3. 按　摩

损伤急性期，一般可在24～48h后开始对局部进行以解除痉挛、镇痛、舒筋活血为主的较轻手法，如摩、擦、揉、推、滚等。应注意对损伤局部不可有过重的刺激，有明显肿胀部位不宜做按摩。

损伤中晚期，腰部僵硬处适度用力给予手法治疗，以引起局部略微疼痛，但很快缓解并有舒适感为度，以达到活血散淤、减少粘连的目的。

4. 针　灸

针灸对肌肉拉伤有显著疗效，尤其电针效果更为理想。可取阿是穴、肾俞、命门、腰阳关、委中、昆仑等穴位。对有明显血肿的患者，局部不宜针灸，以免导致继发感染。

5. 封闭治疗

对有明显压痛点的患者可进行封闭治疗，以减轻疼痛。

6. 支具保护

用石膏、腰围、支架保护腰部，可防止肌肉被动伸展，有利于韧带损伤的愈合。

7. 运动疗法

急性腰扭伤卧床休息至疼痛减轻后，即可在无痛的前提下自主地、循序渐进地进行腰部肌肉适当力度的收缩和放松，这对减少粘连、瘢痕挛缩和肌肉萎缩有极为重要的作用。可在仰卧位下，踝背伸、膝关节伸直进行举腿内收的动作；仰卧屈膝“拱桥”将腰臀部抬起；仰卧踝跖屈，腰腿后伸引体向上；站立位左右旋腰；俯卧双手扶头，腹部垫枕，进行伸腰练习（注意腰部不能过伸）。

受伤两周后，可开始参加非对抗性的一般体育活动和较轻的体力劳动，但都以无痛为前提。损伤组织通常需要3～4周方能愈合，应使受伤组织完全愈合后才能参加正规的训练或重体力劳动。

此外，还要加强腰背肌以及整个核心部肌群的力量训练，加强腰部的动态稳定性，以防再次损伤。可用负重、瑞士球、悬吊等进行训练，难度要逐步递增。

第三节　下肢常见损伤

一、膝关节内侧副韧带不完全断裂

(一) 病因病理

这种损伤的机制主要是当膝关节屈曲时，小腿突然外展外旋，或者大腿突然内收内旋时产生。但由于其扭转力量较小，不足以使韧带完全断裂。这种损伤部位多在韧带的股骨附着处，也可在其下部或者后斜束。

(二) 征　象

受伤时膝部内侧常突然剧痛，但又立即减轻，仍可继续比赛，或者在裹扎绷带、粘膏固定后即能继续运动；不过随后疼痛又逐渐加重（局限于膝内侧），且于韧带受伤处有压痛（尤以股骨上的韧带附着点为明显）。这时，因局部损伤灶通过神经刺激中枢神经系统，引起半腱肌及半膜肌反射性的保护性痉挛，致使膝关节保持在轻度屈曲位置，被动使之伸直有抵抗感。如果在损伤处注射1%普鲁卡因10ml，则肌肉痉挛立即消除，膝关节可完全伸直。

因膝内侧副韧带未完全断裂，所以无论在膝关节的伸直位，或屈曲位（30°~50°）搬动时，都无超乎异常范围的膝外翻活动。只有在膝关节伸直时，以一手抵于膝外侧，另一手持小腿向外侧搬动时，或于膝屈曲30°，小腿外旋外展时，于韧带创伤处产生剧烈疼痛。

(三) 治　疗

损伤的早期治疗，主要是防止创伤部的继续出血，并予适当固定，以防再伤。一般采用的方法，一是在受伤后，局部立即以氯乙烷麻醉降温，直到皮肤上有一层薄霜出现时为止。然后以厚棉花夹板包扎固定。另一方面是以橡皮海绵及弹力绷带压迫包扎，然后局部再以冰袋冷敷并抬高患肢。休息30min后，再以原有的弹力绷带外面裹上棉花夹板。这样不仅可以止血，还可以制动。如无条件也可以石膏托固定。固定时间一般不超过3周。一般24h后，可打开棉花夹板与弹力绷带，重新观察局部的变化情况，一旦出血停止，治疗目标即应转向如何使出血吸收。这时就需要加强局部的淋巴、血液循环，采用局部热疗，外敷中药，按摩及康复训练。但创伤后的48h内，按摩与热疗只能在创伤的周围部分实施，3天后可在局部施用，但不应引起疼痛。

(四) 康　复

康复训练对一切膝关节创伤都非常重要。除应加强全身各健康部分的练习，以保存肌肉力量及已获得条件反射外，股四头肌与膝屈肌的锻炼也很重要。如果膝关节内侧副韧带的撕伤已经愈合，而股四头肌的萎缩尚未复原，则在上下楼梯时仍可有“脱膝感”或“不稳感”。

股四头肌的练习，应注意使肌力的负担循序渐进。当损伤性炎症消除后，可先做股四头肌的肌肉抽动，再做直腿抬高，以后再逐次练习直腿抬高的阻力运动及屈曲位伸膝阻力运动（直腿拉橡皮带、负重练习、蹬车练习、拉力练习）。一旦局部创伤的修复程度足以使患者站立时，即可用粘膏支持带及弹力绷带裹缚固定，练习走路。练习行走时应将鞋跟内侧楔形加高，这样就可以防止膝因外展及外旋而再伤。

如果是单纯的膝内侧副韧带的不完全断裂，按以上原则处理 10 天 ~3 周后即可恢复运动，甚至参加比赛。当从事新的训练和比赛时，膝关节内侧必须按照膝内侧副韧带的作用方向，用粘膏支持带固定，外面再裹以弹力绷带，以加强内侧副韧带的作用。于参加运动 10 天 ~3 周后，如无异常即可完全除去，如无反应可逐渐过渡到非周期性运动与竞技运动的练习。

二、膝内侧副韧带完全断裂

（一）病因病理

其机制与膝内侧副韧带不完全断裂相同，只是力量较大。其损伤部位最常见于韧带的浅层前部，其次是韧带股骨内侧髁附着点，再次是胫骨内髁。至于韧带的深层，可为股骨或者胫骨的附着点撕裂，或韧带与半月板的附着处撕裂。一般而言，韧带的完全撕裂，大部分都合并关节滑膜撕破产生关节内积血，并常合并内侧或外侧半月板撕裂及前交叉韧带损伤或者骨软骨骨折。

（二）征　象

受伤的当时，局部产生剧烈疼痛，但很快减轻，随又逐渐加重。继而膝的半腱半膜肌、股二头肌等产生反射性的保护性痉挛，膝被固定于轻屈曲位。这时，患者拒绝任何活动。因此，医生及时在疼痛减轻时即刻检查是极其重要的。检查时应寻找压痛点，确定损伤部位。然后，令病人平卧把膝关节伸直 0°位及屈曲 30°，置创缘下检查是否有不正常的关节内侧开口活动。如有不正常的关节间隙开口感又无抵抗即完全断裂。0°位松弛为前纵束断裂，30°松弛为后斜束断裂。最后，利用被动使膝屈伸及小腿旋转的方法，检查是否有“绞锁”征象，以除外半月板损伤。

（三）治　疗

如果早期已经肯定为完全断裂，即应早期进行手术缝合。内侧副韧带中部或者中部以上的断裂，若医疗条件欠妥或者患者皮肤条件、身体条件不好，或者伤后 1 周以上，而且肯定断裂的韧带未进入关节间隙，可采用石膏管型或者石膏前后托固定，不必手术。如合并半月板撕裂，也应同时切除；若有前交叉韧带损伤，亦可及时治疗。手术时机最迟不能超过伤后 2 周。手术后将膝关节屈曲 20°，于内收内旋位用石膏管型固定，4 ~6 周后除去。其余处理与韧带部分断裂相同。

（四）康　复

参考内侧副韧带部分断裂的康复过程，康复时机应根据原则后延。

三、膝关节半月板撕裂

半月板撕裂是膝关节最常见的运动损伤之一。多见于足球、篮球、体操等项目。近年来由于国内戏曲、武术、技巧的发展，在武术演员中也较多见。

（一）病因病理

半月板撕裂主要是间接暴力引起的。在伸屈运动中，半月板与胫骨平台关系密切。膝关节伸直时，半月板向前移动，屈曲时向后。而在膝关节旋转内外翻时，它又和股骨髁一起活动，使半月板与胫骨平台间摩擦。因此，在膝关节伸屈过程中如果同时又有膝的扭转内外翻动作，则半月板本身就出现不一致的活动，即矛盾运动，容易造成损伤。

小腿固定，股骨内外旋或内外翻位，再突然伸直，在体育训练中非常常见。此时，半月板处于不协调的运动中。如果半月板受到挤压更限制了活动范围，则造成撕裂。这是半月板最常见的损伤机制。如篮球运动中，运动员争球、切入投篮时跳起或落地往往同时伴有身体旋转。足球运动中追球疾跑转向或急停转身，都可发生内或外侧半月板的损伤。

体操运动中的筋斗及各种下法落地时，由于重心不稳往往造成膝关节急剧左右闪动，并有屈伸扭转动作。这很容易造成内、外半月板损伤。又如举重运动员由下蹲位起立时，为增大力量往往将双膝并拢呈双膝外翻姿势。此时，半月板受到挤压，膝关节又处于由屈到伸的负重运动中且半月板极度扭转，极易损伤外侧半月板。

膝关节突然猛力过伸及腘肌腱的前后断裂，也可使半月板边缘分离。如足球正脚踢球时“漏脚”，由于踢空，小腿突然向前使膝关节过伸，挤压半月板前角，可使其损伤。

在运动创伤中，少数病例并没有明显的受伤史，推测剧烈反复长期的小创伤或磨损也可造成损伤。

（二）征　象

1. 疼痛：一般认为，半月板损伤牵扯滑膜是引起疼痛的原因。在半月板撕裂即刻，往往合并滑膜损伤，或半月板移位牵拉滑膜，产生剧烈疼痛，尤以损伤侧明显。如单纯半月板中部撕裂而未影响滑膜，当时可无明显疼痛。半月板损伤后期，其正常应力受到破坏，运动时对滑膜产生牵扯张力可引起疼痛。有的运动员只当运动量大或强度大时才产生疼痛。疼痛的出现恒定在一侧才是半月板损伤的特点。

2. 关节积液：受伤早期产生急性创伤性滑膜炎或同时有韧带损伤，可引起关节积血而加重疼痛。抽出积血后可减轻疼痛。慢性期，在运动中因半月板异常活动牵扯滑膜，常出现少量积液，一般是黄色透明的粘稠液体。即所谓“慢性创伤性滑膜炎”。积液多少与运动量及强度有一定关系。

3. 响声：膝关节活动时在损伤侧可听到清脆的响声，有时伴有该侧疼痛。响声也应恒定在一侧。

4. 膝绞锁：膝突然不能伸屈，即所谓“卡住”。往往出现在慢性期。当走路或做某个动作时突然膝不能伸屈，常伴有酸痛，即是绞锁。这是破裂的半月板突然移位，塞在股骨髁与胫骨平台间引起的。有时病人再伸屈或扭转时可自行“解锁”（往往突然痛响），或经推拿“解锁”。

（三）治　疗

急性期：主要目的为治疗急性创伤性滑膜炎。若关节积血明显，应在无菌条件下关节腔穿刺，抽出积血。用棉花夹板加压包扎固定 2 ~ 3 周。固定 2 ~ 3 天后即可开始超短波宽谱等治疗。有利于消肿止痛。

慢性期：陈旧的半月板损伤是不能自行愈合的，但是可以没有症状或症状轻微。因此，要结合运动项目及症状决定治疗方案。没有症状的半月板损伤不必治疗，但应加强肌力训练稳定关节。

症状严重，肿痛明显，经常绞锁妨碍训练者应手术，根据情况可全切除，可部分切除。应尽量保留半月板，尽可能修整或缝合，减少生物力学的改变，避免继发关节软骨损伤。如已发生关节软骨损伤骨关节病，手术效果不佳。

症状不明显不妨碍训练者，应结合运动项目及性质特点处理，对膝关节要求较大的非周期性运动项目，如三大球类、体操等宜早期手术。否则易由于破碎半月板的磨损及关节运动走形轨迹改变而导致关节软骨继发损伤，或因动作失调引起其他意外损伤。对负担较小的周期性运动项目如跑项，可在严密观察下训练，对训练量及强度予以监督，必要时手术。

（四）康　复

术后 2 天即可开始股四头肌静力收缩练习，5 天后可直腿抬高练习。2 周后练习屈膝动作，但应减少反复屈伸以免刺激滑膜引起肿胀积液。2 周逐渐承重，逐渐去拐承重行走。不宜过早投入训练。一般术后 3 个月开始部分训练。训练的恢复要有计划按规律进行。原则是由少到多、由简到繁、由轻微到剧烈。先恢复周期性运动，后恢复非周期运动。增加的量以不加重关节的肿痛为标准。部分切除和关节镜下手术，1 周就可承重行走，屈膝活动也较早。

四、髌骨软化病

髌骨软化病又称髌骨软骨软化症，其主要病理变化是软骨的退行性变。在膝关节运动损伤中最常见。这种病对运动员的训练和成绩提高影响很大。

髌骨能保护股骨关节面；传递股四头肌力量；增加股四头肌的作用力矩，以加强股四头肌的力量；髌骨有“链带”作用，可增加膝的回转能力；髌骨的一个最重要作用是保护膝关节在半屈位的稳定性，防止膝异常的内收、外展，以及前后错动。

（一）病因病理

损伤机制：膝关节处于半蹲位，反复屈伸扭转，致使髌骨与股骨的相应关节面，相互异常错动、撞击与捻转摩擦所致。

（二）症状及诊断

1. 受伤史

一般都有典型的膝在半蹲位一次或反复过劳的受伤史，参照运动项目的技术特点，可助诊断。

2. 征 象

（1）膝痛或膝软：伤初，只在大运动量训练后，感觉膝酸软无力，上下楼梯时明显，休息后即消失，常被误认为是训练中的疲劳过度。以后症状逐渐加重。（2）假绞锁：髌骨软骨面不平“卡住”所致，轻微活动，在髌骨下即出现清脆响音，易误诊为半月板绞锁。（3）过伸痛：因脂肪垫受累发生充血、炎性渗出，甚至增生肥厚所致。（4）半蹲痛：这是该病的重要症状，多数运动员都诉说全蹲或完全将膝伸直时膝不痛。（5）髌骨加压股四头肌收缩试验、髌骨压磨试验、单腿下蹲试验阳性。

3. 诊 断

诊断髌骨软化症的主要依据是髌骨后的疼痛，髌骨压磨试验和单腿下蹲试验引起髌骨后疼痛。应该注意检查有无合并半月板损伤和创伤性关节炎等。

（三）治疗及训练

1. 训练安排

（1）轻型　可以正规训练，但应改变“单打一”的训练方法。

（2）中型　新运动员或成绩较差的运动员，应退出集训队伍从事治疗。成绩较好的老运动员，应根据以下原则训练：①避免或部分停止膝半蹲发力各种动作的练习；②在不加重髌骨症状的条件下，加强股四头肌练习。用股四头肌等长肌力训练以增强其力量并保持髌骨和股骨髁滑车正常轨迹的滑行；③练习、比赛时使用髌骨侧方推压的特别护具；④加强身体其他部位及全面的素质锻炼。但应控制训练时间和强度。尽量不完全停止训练，以避免因突然停训引起运动员全身功能紊乱的停训综合征。

（3）重型　患者应该暂时停止训练，做体疗治疗。可以采用上述的静力半蹲等练习方法。随着症状减轻逐渐增加时间及其他内容。

2. 局部非手术治疗

关节软骨受伤后其本身无再生修复能力，因此任何治疗到目前为止都是对症下药。其主要方法是关节腔内及髌骨周围痛点强的松龙加普鲁卡因封闭治疗，或用其混合液行直流电正极导入以消炎及抗自身免疫反应。应当指出的是关节内或局部痛点强的松类封闭注射时，每周以 1 次为宜，至多不超过 3 次。过多常促使软骨变性加重，对治疗不仅无益反而有害。

3. 手术治疗

凡长期保守治疗无效，症状逐渐加重，影响训练，或有离体绞锁等症状可以考虑手术治疗。

（四）预 防

1. 对运动员的选择

凡有本病的新运动员，不应该被选去集训，因为一个技术不成熟的运动员，要创造成绩，就必须从事艰苦的下肢训练，已经患有此病的人不可能承担这样的运动量。

2. 运动中预防

加强全面的身体素质（体力、耐力、速度与灵敏素质）训练。根据体育的教学原则

（循序渐进的增加运动量，分别对待不同的运动员等）训练，绝对避免采用“单打一”的训练方法。加强医师、教练员与运动员结合的训练制度。教练员在每次训练课的前后，让运动员做半蹲试验，以便及早发现此症。对易伤项目，应该规定可以从事此专项练习的股四头肌肌力标准，假如踝部负重 30～40kg，40s 内屈伸 10 次，能完成时，即可专项练习等。

五、踝关节外侧韧带损伤

踝关节外侧韧带（lateral collateral ligament，简称 LCL）是由距腓前韧带、跟腓韧带、距腓后韧带组成。距腓前韧带：起自外踝前缘，止于距骨外踝关节面的前方及距骨颈的外侧面，有限制足的过度跖屈及内翻功能。跟腓韧带：起自外踝尖前方到跟骨外侧面中部，有限制足内翻的功能。距腓后韧带：起自外踝后缘，止于距骨后突，有防止距骨向后脱位的作用。

（一）病因病理

踝关节损伤中，外踝韧带损伤较为常见，是创伤率在前五位的伤病之一，约占创伤总数的4.49%。其中主要原因是：①外踝较内踝长0.5cm；②内侧三角韧带较外侧三角韧带坚强；③距骨体前宽后窄，当跖屈时，关节不稳，允许较大的侧向和内旋；④旋后肌群远比旋前肌群有力。因此踝关节旋后位受伤较多。

1. 距腓前韧带

足在正常承重时，距腓前韧带与距骨的长轴方向一致。当踝跖屈时，其走行方向与胫骨纵轴一致，并变得紧张，此时如受到内翻应力时，距腓前韧带即产生撕裂。

2. 跟腓韧带

当踝关节处于跖屈，如内翻应力进一步增加时，除产生距腓前韧带外，还可以产生跟腓韧带损伤。如踝关节处于中立位，当踝关节极度内翻位时，则首先产生跟腓韧带损伤。

3. 距腓后韧带

为外踝韧带中最强的一束，主要限制踝关节过度背伸。距腓后韧带损伤主要是因为足超限内翻所致。

（二）征象及诊断

有明确的足踝后受伤史。损伤后腓骨下端、外踝前外方迅速发生肿胀、瘀血和疼痛，伤后 2～3 天最为明显。

检查可见局部有明显压痛。距腓前韧带损伤，压痛点在外踝前下方；跟腓韧带损伤，压痛点在外踝尖偏后下方约 1cm 处。同时还可作物理检查，一般在损伤当时尚处于疼痛休克期时操作，或在局麻下实施。以下试验有助于诊断：

1. 前抽屉试验

检查距腓前韧带的完整性。检查者一手固定胫骨远端，另一只手握住足跟部，向前方用力试图使距骨前脱位，有较大前移者为前抽屉试验阳性，提示有距腓前韧带断裂或松弛。

2. 距骨倾斜试验

检查跟腓韧带与距腓前韧带完整性。握住足跟部内翻距骨，正常人距骨倾斜度超过5°。与对侧相比有显著差异时，表明距腓前韧带及跟腓韧带完整性遭到破坏，应力位X线检查有助于诊断（倾斜角大于对侧10°为阳性）。

（三）治疗与康复

1. 扭伤和部分撕裂

（1）急救

受伤后立即采用RICE急救原则处理。以粘膏支持带或者绷带、弹力带固定，减少血肿形成。

（2）关节穿刺

如果部分断裂，踝关节腔已有明显积血者，应进行关节穿刺，将积血抽出，以消除创伤性炎症，并保护关节软骨。穿刺后应进行加压包扎。

（3）手法治疗

应该在12小时以后进行。①用拇指按压绝骨穴，持续1分钟，使其得气而感到酸胀；②轻抚摩、轻推法由踝的远端向近端按摩，以达到活血祛瘀的作用；③在肿胀、瘀血部位用连续密集的指切推挤手法，自肿胀瘀血的远端挤向近端，并挤过踝部的小腿十字韧带和小腿横韧带。指切从肿胀的中线开始，经过第一次指切，沿着中线形成一条凹陷的浅沟，把肿胀淤血分割成左右两半。然后再从浅沟两侧逐次指切，切到整个肿胀的边缘为止。④3~4天后，肿胀已消退，则改用在足踝部及小腿做抚摩、揉、揉捏、摇晃等手法，再加针刺足三里、解溪、昆仑、太溪等穴。

（4）功能锻炼

急性期（第1周）扶拐部分负重，并间断地抬高患肢，加强肌肉等长锻炼。若病情改善，2~3周后应进行关节活动度练习、强化肌肉练习，本体感觉训练，及支持带保护功能锻炼。

2. 韧带完全断裂

踝关节韧带完全断裂一般不需要手术治疗，伤后可用支具将足固定在旋前位。3~4周后解除固定，配合中药内服、熏洗和按摩治疗，并加强功能锻炼，一般效果较好。必要时进行手术修补，手术治疗仅适用于踝关节不稳定的患者。

本章提要

1. 诊断肩袖断裂的主要试验有肩痛弧试验、封闭试验、臂坠落试验、肩峰下撞击试验。

2. 肘内侧副韧带包括前斜束、后斜束和横束，任何暴力引起肘关节过度被动外翻、旋后、过伸，导致肘内侧副韧带被高张应力牵拉；或外力直接作用于肘内侧局部引起韧带局部的挫伤、挤压，部分纤维断裂或完全断裂；或因前臂屈肌、旋前圆肌的突然主动收缩，都可能造成尺侧副韧带或肌肉的损伤。

3. 腕三角软骨盘损伤是指在手腕极度过伸位，前臂旋前或手腕极度屈曲前臂旋后的情况下所导致的损伤。本病多见于体操、排球、乒乓球、网球、击剑、摩托车项目等。是常见的运动损伤，常伴有下尺桡关节不稳。

4. 腰椎间盘突出症是常见的运动损伤，多见于举重、跨栏、投掷和体操运动员。常用的特殊检查方法有直腿抬高试验、直腿抬高加强试验、屈颈试验、脊髓腔压力增加刺激坐骨神经的试验。

5. 当身体负荷超过所能承受的生理范围，可发生腰部肌肉和筋膜撕裂，造成急性腰扭伤。

6. 膝部的常见损伤有膝关节韧带断裂、半月板损伤、髌骨软化病等。轻、中度膝关节的损伤可通过保守治疗治愈；严重的损伤往往需要手术治疗。

7. 踝关节韧带的损伤多见于外侧韧带损伤。

推荐阅读文献

[1] 曲绵域，于长隆．实用运动医学（第4版）[M]．北京：北京大学医学出版社，2003.
[2] 田佳．运动创伤学 [M]．北京：北京体育大学出版社，2008.
[3] 王安利．运动医学 [M]．北京：人民体育出版社，2008.

参考文献

[1] 曲绵域，于长隆．实用运动医学 [M]．北京：北京大学医学出版社，2003.
[2] 赵平，阚竞，李坤．损伤性疼痛诊疗与康复 [M]．北京：北京体育大学出版社，2011.
[3] 田佳．运动创伤学 [M]．北京：北京体育大学出版社，2008.
[4] 韦贵康．实用骨关节与软组织伤病学 [M]．北京：人民卫生出版社，2009.
[5] 赵定麟，赵杰，王义生．骨与关节损伤 [M]．北京：科学出版社，2007.
[6] 石作砺，于葆．运动解剖学运动医学大辞典 [M]．北京：人民体育出版社，1996.
[7] 周秉文．腰背痛 [M]．北京：人民卫生出版社，2005.
[8] 张世明．中西医结合运动创伤学 [M]．北京：北京大学医学出版社，2008.
[9] 王安利．运动医学 [M]．北京：人民体育出版社，2008.
[10] 姜增明，崔言举．颈肩背腰腿痛——解剖与临床 [M]．济南：山东大学出版社，2009.
[11] 刘煜，孙呈祥．骶髂关节扭伤的手法治疗体会 [J]．北京中医药大学学报（中医临床版），2010，17（6）：36.
[12] 杨健科，李红彪，李杰．踝关节韧带损伤38例的运动康复疗效分析 [J]．现代中西医结合杂志，2010，19（16）：2025－2026.
[13] 诸新兰．69例三踝骨折患者的术后护理与康复训练 [J]．浙江创伤外科，2010，15（4）：560.